第一部第一章　**大地の創造**（本文89頁より）

第一部第二章　**人の創造1**（本文92頁より）

第一部第三章　**人の創造２**（本文97頁より）

第一部第五章　**山々の創造**（本文104頁より）

第二部第四章　とうもろこしの奇跡（本文147頁より）

第二部第六章　フンアフプーとイシュバランケーと鼠（本文161頁より）

第二部第九章　シバルバーの館（本文176頁より）

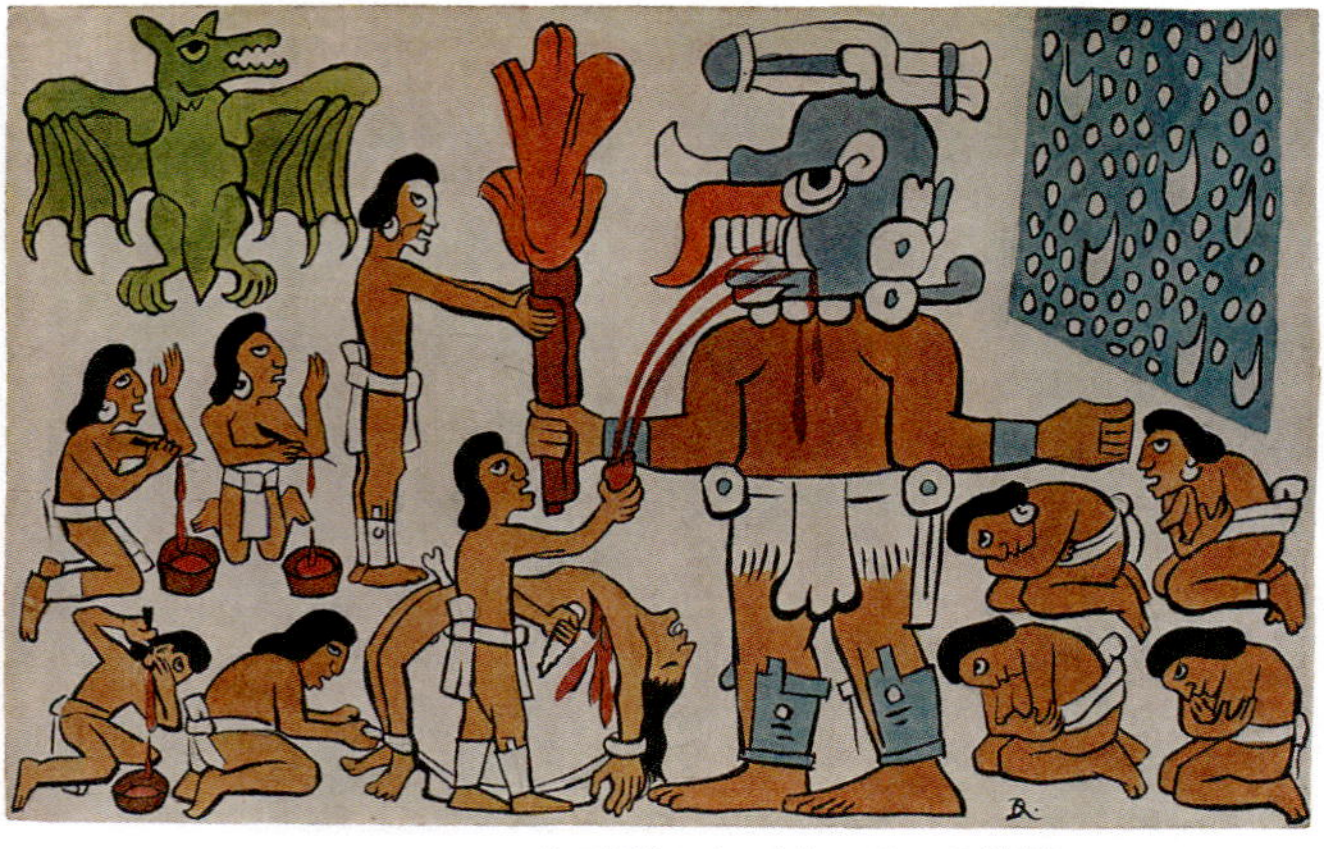

第三部第六章　トヒールへの供犠（本文227頁より）

中公文庫

マヤ神話 ポポル・ヴフ

A・レシーノス 原訳
林 屋 永 吉 訳

中央公論新社

太陽と死の神話（書評）

三島由紀夫

古代マヤ文明の口誦文学が、キチェー語のテキストに再構成され、それをアドリアン・レシーノスが忠実にスペイン語訳したものを、林屋永吉氏がレシーノスの詳細な註釈と共に、見事な日本語に移したのがこの本であって、一大奇書というべきである。

私のマヤ文化に対する関心は、メキシコのユカタン半島の、チチェン・イッツアやウシュマルのマヤ文化の遺跡を訪れたのち、モーレイの『古代マヤ』を読んで、ますます深められたが、日本ではマヤに関する本がほとんど出版されていない。この『ポポル・ヴフ』に次いで、モーレイの著書などの邦訳も待たれるのである。

熱帯的怪奇と煩雑

マヤ民族には幼児の尻に蒙古斑があるそうで、これがわれわれにふしぎな民族的親近感を与えるが、その文明は、独自の二〇進法の算術のおどろくべき発達や、古代ギリシヤの都市国家を思わせる整備された政治組織などをのぞいては、わが民族の好尚とはまるでちがった熱帯的怪奇と煩雑に充ちている。殊にトルテカの影響を受けてからは、有名な人間供犠がさかんになると共に、建築様式にも荒々しい誇大な趣が加わり、この『ポポル・ヴフ』を読んでも、すべては目くるめく太陽のもとの荒御魂《あらみたま》の跳梁であって、出てくる人物がみんな素盞嗚尊《すさのおのみこと》のヴァリアシオンのように思われるのである。

『旧約聖書』の模倣だといわれる天地創造の章がおわると、やがてマヤとはつきものの玉蜀黍《トウモロコシ》が、ヴクヴ・カキシュの入れ歯として使われるが、マヤの先住民である先マヤ族は、西暦紀元前一〇〇〇年ごろに、玉蜀黍の栽培をはじめたといわれている。

つづく第二部は、神話的英雄フンアフプーとイシュバランケーの物語であるが、このかなりのんき気で、働くことがきらいで、乱暴で、いたずら好きで、しかも知略のある二人の若者は、世界各地の神話伝説に幾多の類型を持つ動物との交渉や助け合いや残酷な試練をくぐり抜けてゆくのであるが、マヤの独自の宗教的相貌がその姿をはっきりあらわすのは、彼らの死の場面と再生復活の物語である。「我々をだまさないで下さい。死が我々を待っているということを、一体我々は知らないとでも思っているのですか」

この死の前の美しい宣言は、あのように太陽と死に親近している今日のメキシコ人の口から洩れても、すこしもふしぎのないものだ。

そして遊戯のような事もなげな夥しい再生と復活の秘蹟をのこしたのちに、かれらは空にのぼって星に姿を変えてしまう。

第三部から、この国の歴史がはじまり、「供犠師の国——メキシコのトルテカ族をさす——の人達が、キチェーはじめ、その他の部族と一緒になり、共にもどかしく太陽の出を待つ」ことになる。

第三部は『ポポル・ヴフ』の頂点であって、ここでは太陽の出現がサスペンスを形づくり、被造物はすべて集まって曙の到来をねがうのである。「夜が明けるのを待とう」「太陽が出るのだけでも、見ることができればよいのに」

かくてついに太陽は上り、「人間のように立上って登った」けれど、「太陽の熱はとても耐えられないほど熱」かった。そしてそれによって、神とあがめられていたピューマも、ジャグワも、蛇も、カンティも、怪鬼も、ことごとく石に化してしまうのである。

このあたりの記述を読む私の目には、ありありと、灼熱の密林の中にそそり立っていたマヤのピラミッドや、その浮き彫りの夥しいジャグワや蛇の姿が浮かんで来、事実、マヤの文化そのものが、こんな劇烈な太陽の光のために石化して、今に遺されたのではないかという気がするほどだ。待ちに待たれた暁のこのような怖ろしい相貌には、マヤの宗教の独自の悲哀の本質が露呈しているように思われる。

美しい簡素な訳文

林屋氏の訳文は簡素で美しく、この訳によって『ポポル・ヴフ』は単なる研究書としてでなく、一般読者の机辺《きへん》に親しまれるものになった。また造本・印刷がきわめて美しく、近ごろまことに稀な、愛蔵に耐える美本となったことは喜ばしい。

（『朝日ジャーナル』一九六一年八月六日号より転載）

目次

太陽と死の神話　三島由紀夫　3
入門　アドリアン・レシーノス　11
訳注　75
ポポル・ヴフ
序文　84
第一部　86
第二部　124
第三部　207
第四部　242
付録　首長の起原の書　290

訳注　293
原訳者あとがき　アドリアン・レシーノス　350
訳者あとがき　林屋永吉　355

＊（　）はアドリアン・レシーノスによる原訳注、〔　〕は訳者注を示す。

マヤ神話　ポポル・ヴフ

挿画　ディエゴ・リベラ

入門

アドリアン・レシーノス

I　原住民族に関する諸物語

メキシコの南、グァテマラには、豊かな土地があって、しかもここにいろいろな種族が住んでいることを、かねてから聞いていたエルナン・コルテス Hernán Cortés は、メキシコをまず征服してしまうと、自分の部下のなかでも最も勇敢なペドロ・デ・アルバラード Pedro de Alvarado をこの地に派して、彼らを平定しようと決心した。

十六世紀におけるグァテマラには古代マヤ族の後裔によっていくつかの原始国家が形成されていたが、そのうち、勢力のうえからも人口のうえからも最も重要であったのが、キチェー Quiché とカクチケール Cakchiquel の二国であった。この両国は、政治や経済面でも、また領土についても、たがいに優位を争い、いくたびも戦を交えていたが、スペインが新大陸を征服しはじめたころにはキチェー国が、文化の面でも力のうえでも、中米地帯における最もすぐれた国となっていた。

一五二四年、アルバラードがその軍勢を率いてキチェーの国境に迫ったとき、彼らはこれに激しく抵抗して戦ったが、結局はスペイン人の武器と戦術の前に屈服しなければならなかった。キチェー国の王たちは勝利の見込みがないのをみて、首都ウタトラン Utatlán にアルバラードを平和裡に迎えることを申し出た。申し出を受けてウタトランに入ったこのスペインの将軍は、彼らが自分たちをウタトランの狭い町や城塞にひき入れてから攻撃しようと計画しているのを見破り、ただちに町を出て反撃し、キチェーの王たちを捕え、おそれおののく住民の前で彼らを叛逆者として死刑に処し、町を焼き払ってしまった。

アルバラードは、この戦の模様を報じたエルナン・コルテス宛の書簡のなかで、キチェーの王たちが抱いていた計画について述べてから、最後に次のように記している。[1]

彼らが、国王陛下〔スペインの〕の命を執行する者に対し邪悪な意図をもっていることがわかりましたので、この地の平安のため、彼らを火あぶりにし、町を焼き払って、土台からくつがえすよう命じました。と申しますのも、この町は、人間の住む所というよりは、盗賊の住家に近く、きわめて危険、かつ堅固な町であったからでございます。

ウタトランの住民の一部、とくに貴族たちは、自分たちの館が焼け崩れるのを見て、キチェーのむかしの人々がチュイラー Chuila つまり「いらくさの町」とよんでいた近辺の村チチカステナンゴ Chichicastenango へ移って行ったものと思われる。

その後、スペイン人は、このチチカステナンゴの村にサント・トマス Santo Tomás

の名を冠し、その住民の宣撫を宣教師の手に委ねたので、宣教師たちは彼らをカトリックに改宗せしめ、かつ旧大陸の文化になじませたのであった。

この村は、その後ずっと、サント・トマス・チチカステナンゴとよばれてきたが、スペインの三百年にわたる統治の間にキチェー族の重要な集団地として繁栄を招来し、今日ではグァテマラにおける原住民族の最も大きな町として、その自然美と、住民の特異で、しかも華麗な風俗から、観光客のメッカとなっている。

十八世紀の初め、この町のチチカステナンゴ修道院には、聖ドミニカ教派のフランシスコ・ヒメーネス神父 Padre Fray Francisco Ximénez が住んでいた。ヒメーネス神父は聡明で、情深く、土語に通じ、原住民の教化にその情熱を捧げ、彼らにあらゆる援助の手をさしのべていた。

こうしたことからこの神父は、おそらく彼らから非常な信頼を得て、インディオたちのいろいろな昔話や伝説を聞くことができたものと思われる。すなわち、ヒメーネス神父は各種の土語に通じていたが、とくにキチェー語については文法的研究まで残しているから、キチェー族とはその言葉で自由に話ができたのであろう。こうした有利な条件が、原住民族の外来者に対して抱きがちな不信を克服することに役立って、キチェー族秘蔵の、その歴史を記した文書をも手に入れることができたものであろうと考えられる。

マヤ・キチェー地方地図
〔ジビルチャルトゥン〕
メリダ
イツァマル
ユカタン
チチェン・イッツァ
コスメル島
マヤパン
ウシュマル
〔トゥルム〕
メキシコ湾
カンペチェ
チャカンプトゥン
キンタナ・ロー
シカランコ
タブク・オロマン
スイバ
ラグーナ・デ・テルミノス
パカラル
テオアサクァンク
（コアツァコアルコ）
トゥストラ
シュルピット
ベラクルス
タバスコ
パレンケ
ウスマシンタ河
ベリセ
ワシャクトゥン
ティカール
ペテン
ピエドラス・ネグラス
タヤサル
チァパス川
ヤシュチラン
〔ボナンパク〕
パシオン川
〔セイバル〕
チシオイ川
チァパス
ホンジュラス湾
ドゥルセ湾
ケン・サント
グァテマラ
ベラパス
太平洋
マム
ネパハ
カルチャー
チャマー
コパン
ウェウェテナンゴ
タクナ
ラピナル
キチェー
サンタ・クルス
キリグァ
モタグア川
コパン
カクチケール
カミナル・フユ
（グァテマラ市）
ホンデュラス
エル・サルバドール
アユトラ
サクレウ
ケッツァルテナンゴ
トトニカパン
ウタトラン
チチカステナンゴ
ソロラ（テクパン・アティトラン）
アティトラン湖
イシムチェ（テクパン・クァウトレマリャン）
エスクィントラ
アマティトラン湖

＊〔　〕内の地名は訳者補記。

この文書というのが、スペインの征服直後に、スペイン語の読み書きを覚えたキチェー人によって書かれた『ポポル・ヴフ』*Popol Vuh* すなわち『諮問の書』『聖なる書』『住民の書』『キチェー民族の書』などともよばれる文書であって、この書には、この民族の宇宙創造に関する思想や古い伝説、その起原、それに一五五〇年までの王たちの事蹟が記されていたのであった。

この文書を書いたのがだれであるかは明らかでない。書かれてからヒメーネス神父の手に渡るまで一五〇年以上も隠されていたその原本が、その後、どうなったのかもわかっていない。ヒメーネス神父はサント・トマス・チチカステナンゴの修道院でこの文書を初めて手にし、これをキチェー語の原文のまま写し、それにスペイン語訳を付して、『グァテマラ州のインディオの起原の歴史』*Las Historias del Origen de los Indios de esta Provincia de Guatemala* と名づけたのであるが、今日では、このヒメーネス神父の写本が伝わっているだけで、原本の行方はまったくわかっていない。原本は、ヒメーネス神父が写しとってから原住民に返却し、そのまま闇に葬られてしまったのかもしれない。

ヒメーネスは、今日、原住民のむかしの様子が十分にわからないのは、彼らがむかしのことを記した文書を秘していたからであり、また、そのいくつかは発見されてはいるが、だれもこれを読むことも理解することもできなかったからであるとしている。そしてそのために「これら原住民族およびその起原についてはいろいろと想像がめぐらされた」とし、さらに次のように述べている。[2]
　よって自分は、彼らの物語を一字一字そのまま移しとり、かつこれをスペイン語に翻訳することを決意した。自分が見出したものはキチェー語で書かれていたが、彼らは征服〔スペインによる〕以来、われわれと同じ文字を使うようになっていた。しかし彼らはその書いたものをまったく秘蔵していたから、むかしの宣教師たちも、こうしたものがあることを言及することさえしなかったのである。自分はサント・トマス・チチカステナンゴの修道院に在って、これを調べてみたが、この種の物語は、彼らが母の乳を飲んでいるときから覚え、ほとんどみんな暗記しているものであることを発見し、また彼らがこのような文書をいくつももっていることを知った。自分は、多くの歴史家が、インディオたちによって書かれた歴史書を見ることもしないで、断片的な消息だけを頼りに彼らとその思想について述べ、その歴史のほんの一部だけを記しているのを知って、ここにインディオたちが書いた歴史をそのまま書き写し、これを翻訳することを決意した。
ヒメーネス神父はこのキチェー文書のスペイン語訳の序文において、その訳業の意図がどこにあるかを、大体、以上のように述べたあとで、さらに、
　この労作は、インディオたちのあいだにむかしから残されていたものを世に出すという意味のほかに、彼らがこのような邪教を信ずるという誤りを犯していたこと、そ

して今もその誤りをつづけていることを、世に知らすことを目的としている。自分は、このすべての物語をインディオの言葉のままに書き写し、さらにこれをスペイン語に訳し、巻末にはインディオのことどもについての注釈を付した。こうしたことを知りたいと思う好事家も、おそらくたくさんいるであろうし、土語を解さぬ人々もこれによって彼らのことを知ることができるというものである。

と述べている。(3)

メキシコをはじめとする中米地帯の原住民族は、その歴史や伝説などを絵文字で書いてもっていた。すなわち、一五八六年にユカタン Yucatán地方〔メキシコ南部〕を探検したアロンソ・ポンセ Alonso Ponce 神父は、

ユカタン地方のマヤ族はいろいろな点で尊敬を受けていたが、その一つは、彼らがむかしから絵文字や文字をもっていたことであった。彼らはその歴史や祭祀の模様、さては偶像に対する供犠《いけにえ》の様子や暦を、ある種の木の皮で作った幅四分の一ないし三分の一バーラ(4)の長い巻物に書きつけ、これを折りたたんで、大体四半紙の大きさの本のようにしていた。この文字や絵文字は、偶像神に仕える神職、すなわちインディオの言葉でいうアフキン Ahukines か、またはとくに主だったインディオしか理解することができなかった。

と述べている。[5]

チァパス Chiapas の司教バルトロメ・デ・ラス・カーサス Bartolomé de Las Casas 神父も、

インディオたちのなかには記録司や歴史家がいて、彼らは自分たちの宗教上のことがらのいっさいの起原や、町村の設立された経緯、王や首長たちの祖先の由来、事蹟、その統治の模様、その後継者の選び方などをはじめ、偉人や優れた将軍、いままでにあった戦争、古い習慣その他、歴史に関することは何でも知っていた。

と述べ、さらに、

これらの記録司は年月日をも記録していた。彼らはもちろん、われわれの使うような字体を知らなかったが、絵や絵文字をもっていたから、これで何でも書き表わすことができた。彼らはこの絵文字で大冊の本を書いたが、これはいかにも才気にみち、巧緻をきわめており、われわれの文字よりもはるかに優れたものとさえ言うことができる。宣教師たちのなかにはこれらの書物を見た者がおり、また自分も、事実、幾冊か見たが、当時はインディオたちがようやく改宗を始めたばかりのころであったから、宣教師たちは、このような書物はインディオたちに宗教上の悪影響を与えると考え、焼き棄ててしまった。

と記している。[6]

また、アコスタ Acosta やクラヴィヘーロ Clavijero、それにイストリルソーチトル Ixtlilxóchitl(7)などの史家によれば、メキシコ原住民の青年たちは、神殿に付属して設けられていた学校で祖先の有名な演説や詩人の作品などを吟誦することを教えられていたとのことであるが、彼らの事蹟はこのようにして代々語り伝えられていったものと思われる。ラス・カーサス神父も、征服直後、すなわち一五四〇年ころ、「ある地方では、物事を書き残すことをしないで、むかしの出来事を人から人へと語りついでいった」とし、彼らのなかには、歴史の伝承に従事するものが四、五人、ないしはそれ以上いて、歴史に関するいっさいを暗記し、彼ら同士でこれを語りあい、たがいにそれを直しあっていたと述べている。

ラス・カーサス神父はまた、メキシコのインディオたちは、絵や絵文字で書いた五冊の本をもっていたが、その第一の書には、歴史と時日の数え方、第二の書には、各年の式日や祭日、第三の書には、夢や占や迷信、第四の書には、子供の名前のつけ方、第五の書には、結婚の慣習や儀式について書かれていたと述べ、さらに、第一と第二の書には、前記のことがらのほかに、彼らが戦った戦争とその勝敗、首長たちの起原・系譜および事蹟、ならびにスペイン人の到着するまでに起こった天災やその克服の模様についても書かれていたと述べているが、イストリルソーチトルも、

メキシコ人のうちには、種目ごとに記録司がいた。そのある者は年代記の係で、毎

年起ることがらの順序を追って、これに月・日・時間を付して記録し、ある者は王・首長および良家の人々の系譜をつくり、生まれた者を書き入れ、死んだ者を消していった。またある者は、町・州・村・部落の図面、境界・標石の場所などを管掌し、土地の所有者について記録し、さらにまたある者は法律・行事・式典を記録した。

と述べている。(8)

十六世紀の新大陸に関する記録の偉大な集成者であるエレーラ Herrera は、同じくユカタンおよびホンデュラスにおいて見出された文書に関する消息を伝えており、オヴィエード Oviedo とゴーマラ Gómara は、ニクァラグァの原住民の本について述べているが、ゴーマラは、(9)

彼らは紙と羊皮で出来た幅一パルモ〔約二〇センチ〕・長さ一二パルモで蛇腹のように折った本をもっていた。この両面には記念すべき出来事を、藍や紫やその他の色で記していた。

としており、(10)さらに、グァテマラにおいて『ヌエヴァ・エスパニアの征服の真正史』*Verdadera Historia de la Conquista de la Nueva España* を書いたベルナール・ディアス・デル・カスティリョ(11) Bernal Diaz del Castillo は、

メキシコのインディオたちは、アマテという木の皮でつくった紙の小さな本をもっ

ており、これに年代や諸々の出来事を記していた。

と述べている。

十七世紀の末期にはまだ現在のグァテマラ共和国の領土内でこの種の書物がいくつか発見されたもののようである。すなわち、フランシスコ・ヒメーネス神父は、

一六九六年、スペイン人がおこなったイッツァ族の討伐中、ユカタンの南のペテン州において、ユダヤ文字やシナの文字に似た字で書いた本をいくつか発見した。

と述べているが、[12]これはもちろんマヤの象形文字で書かれたものをさしていると思われ、これらの本がヨーロッパに持ち帰られ、今日、ドレスデン、パリ、マドリッドの三市に保存されているもの[13]となっているのかもしれない。

フランシスコ教派の宣教師アベンダーニョ・イ・ロヨーラ神父 Padre Avendaño y Loyola は、ペテン地区への二度の旅行の記において、原住民たちが使っていたアナフテーエス Anahtees（メキシコの土語で Amatles は「本」を意味するから、これが変化したものであろう）を見たことがあると述べており、[14]この本について、

それは、つやつやしい樹皮の上に石膏を塗ったもので、その上に未来の出来事の予言を絵や絵文字で書いてあった。

と述べ、さらに、

樹皮製のこの本は、長さ一クワルタ〔約二〇センチ〕、幅は指五本くらいで、屏風のように折りたたんであり、各ページは一レアール貨の厚みをもっていた。そしてこの両面には、年月日の数え方のみならず、時代についても、さらにまた、偶像神が彼らに告げた予言をも絵や絵文字で書いてあった。
と述べている。

キチェー王国に関するものについても、このチチカステナンゴ文書〔『ポポル・ヴフ』〕の著者が述べているように、そのむかし、この原本があったことは明らかであり、これには、キチェー国の歴史や、その運命に関する未来の出来事の予言などが、もちろん絵の助けをかりて記してあったものであろう。

グァテマラの原住民たちは、スペイン人に征服された後も、すぐにはその習慣を棄てなかった。すなわち、その後も長いあいだ、彼らは歴史上の逸話や神話のさわりを歌いながら踊りつづけていたので、こういうことは、征服者であるスペイン人の気に入るはずがなかった。

グァテマラ地区庁の行政司法官トマス・ロペス Tomás López 学士は、一五五〇年、スペインの国王に対し、「インディオが古い歴史や偶像崇拝を歌い讃えながら踊るようなこと」は禁止すべきであると請願しているが、コゴリュード Cogolludo の書いた歴史書にも、ユカタン地方においては十七世紀になってもまだ原住民たちがむかしからの信教に強く執着していたことが記されている。すなわち、

彼らは世界の創造について、きわめて有害な寓話を信じていた。そして文字を書くことを覚えると、こうした寓話を書きとめる者が出てきて、カトリック教徒の洗礼を受けても、彼らはこれを大切にしまい込み、集会などで朗読していた。アギュラール Aguilar 博士はその報告において、スーコップ Zucop 村の教会で侍祭をつとめていたクイトゥン Cuytún というインディオから、博士がこの種の本をとり上げたところ、この侍祭はたちまち教会から逃げ出してしまい、それ以来、二度と神の教えを聞きに帰って来ることはなかった。

と述べている[15]。

グァテマラに在ったスペインの神父たちは、真の宣教師がつねにそうであるように、自由な、しかも人道的な信念をもって、植民の当初から原住民に対してスペイン語の読み書きを教えていた。したがって原住民のなかにはスペイン語の字体をたちまち覚えてしまって、彼らの言語で、ローマ字のアルファベットを使い、むかしから口伝や絵文字で伝えられてきた彼らの古い物語や歴史を書く者が出てきた。スペイン人の聖職者たちは、反対するどころか、むしろこれを奨励したが、そのおかげで、スペイン人が到着する幾世紀もまえからこの地方に住んでいた民族の歴史を明らかにする貴重な文献が今日

まで伝えられたのである。

十八世紀末、グァテマラで無名の著者によって書かれた『西インド宗教弁証史序説』*Isagoge Histórica Apologética de las Indias Occidentales* は、

現地人たちは、最初に到着したスペイン人やその神父たちの依頼によって、彼らの起原や、彼らがこの地へ到来した経緯や、あるいは王たちの歴史その他、祖先から聞き伝えていることや、むかしからの絵や書物で知っていることなどを書き記した。

と述べているが、[16] 現在まで残っている、キチェーの原住民が書いたこの種の記録には、チチカステナンゴ文書のほかに、次のようなものがある。

一、ドン・ファン・デ・トーレス D. Juan de Torres の『キチェーの歴史』*Historia Quiché* の手書本。「一五八〇年十月二十四日」の日付がある。

二、『オッツオヤーの地を獲得したわれらの祖先の記』*El Títulos de los antiguos nuestros antepasados, los que ganaron las tierras de Otzoyá* のスペイン語訳本。末尾に「ペドロ・デ・アルバラード Pedro de Alvarado」の署名があり、一五二四年ころに書かれたものと思われる。

三、『トトニカパンの首長の記』*El Título de los Señores de Totonicapán* のスペイン語訳本。「一五五四年」の記載がある。

四、『首長の起原の書』*Papel del origen de los Señores* のスペイン語訳文。これはファ

ン・デ・エストラーダ行政司法官が、一五七二年十一月二十二日、スペイン国王に送った『サポティトランとスチテペックに関する記述』*Descripción de Zapotitlan y Suchitepec* のなかに出ているものである。なお、これは本書の付録に掲載した。

これらの記録はいずれも内容こそ簡単であるが、キチェー族の起原や政治組織ならびにその歴史に関する興味深い資料を提供しており、『ポポル・ヴフ』に現われてくることがらを補足しているといってよい。

キチェー語で書かれたものではないが、歴史的価値のきわめて高い『ソロラーの記録』*Memorial de Sololá* は、『ポポル・ヴフ』の記述を確認しているという点で、ここに言及しなければならない。とくにこの書の初めのほうには、十六世紀初頭に各地へ分散していったグァテマラの諸部族が、まだ分散しないで結合していた時代の彼らの模様、その起原、ならびにその移動について述べられており、それは『ポポル・ヴフ』の記述と符合している。

このカクチケール Cakchiquel 語で書かれた文書は、スペインの征服後、カクチケール王の孫に当たるフランシスコ・エルナンデス・アラーナ Francisco Hernández Arana によって書きはじめられ、同族のフランシスコ・ディアス Francisco Díaz によって書きつがれたもので、一六〇四年までの記録が収められている。

また、ユカタン半島各地で発見された、マヤ民族の古事を記した『チラム・バラムの書』*Libros de Chilam Balam* もこの種の書物が元となっているものである。

Ⅱ　チチカステナンゴ文書

原住民がラテン文字で書いた幾多の文書のなかで最もすぐれたものは、いうまでもなく、ヒメーネス神父がチチカステナンゴの僧院で見つけたチチカステナンゴ文書、すなわち『ポポル・ヴフ』である。

この書の著者は、スペイン人の神父たちからラテン文字を使って自分たちの言語を書き記すことを教えられた最初の一人であったにちがいないが、彼は、そのむかし、彼らの民族の歴史や伝統を記した書のあったことを知っていて、それをこの文書に再現しようと思いついたものであろう。

ジュネー Genet とシェルバッツ Chelbatz は、このチチカステナンゴ文書こそは象形文字で書かれてあった書物の翻訳であり、マヤ・キチェー族のどの記録よりもはるかに優れたものであると認めており[17]、またバンクロフト Bancroft も、これはカトリック教徒によってグァテマラが占領された後、キチェー原住民の一人または数人が、ローマ文字を使って、その原典をキチェー語に忠実に訳出したものであり、その原典が失われたか破棄されたかした後は、これに代るものとされていたと考える[18]、としている。

マックス・ミュラー Max Müller 教授は、この書に関する研究のなかで、これは、中央アメリカの開化された諸部族の神話や歴史を真の意味での文学的構想をもって叙述したものであり、原住民族がローマ字のアルファベットをかりて、その原語で書き記した作品のなかでは卓越した地位を占める真正の記録であるとし、さらに、この書の著者は、子供のころから聞かされてきた挿話や物語を書き綴ったものであろう、としている[19]。

このチチカステナンゴ文書の無名の著者は、その冒頭において、『ポポル・ヴフ』の原典がなくなってしまったから、これを書くのだと述べているが、このいわゆる原典については、著者がこう言っているほかには何の資料も見当たらない。しかし征服前の新大陸の原住民の記述様式から考えて、このキチェーの原典も、文学的に記述した本としての体裁をととのえていたというようなものではなく、絵で記されていたものであったと思われる。そして部族の神官たちは、この書を部族の人々に見せて、彼らが、その民族の起原や宗教の神秘をいつまでも記憶しているようにしていたものと考えられる。

ルイス・スペンス Lewis Spence は、征服当時にインディオたちが使用していた記述様式は、過渡期にあったから、文字を使用した『ポポル・ヴフ』の書というようなものが、かなり以前から存在していたことはありえず、この書の物語は、おそらく、当時の新大陸の原住民間で一般に行われていたような方法、すなわち口から口へと語り伝えられたものであろうとしているが、世界のどの民族も、文字や印刷が発明されるまでは、自分たちの物語や伝統を口承によって伝えるのがふつうであった。さきに、メキシコ原住民の青年たちが偉人の演説や歴史上の著名な事蹟を暗記していたことについて述べたが、アメリカ大陸においても、旧大陸におけると同様に、過去の栄光や物語を称えて国民精神を昂揚させるという、かの吟詠詩人があったのである。[20]

チチカステナンゴ文書には題名がつけられていない。そして最初から、これは、キチェーという所の古い歴史の始りである。ここに、キチェーの国の諸部族がキチェーの町でしたすべての事柄の始り、その源、その歴史を書きはじめる。となっており、二節おいて、

この書は、神の法の下、キリスト教の世になってから書かれる。これを世に出すのは、海の彼方から渡ってきたそのむかし、われわれの暗黒の時代のことどもや、その生活を明らかにしていた、かの『ポポル・ヴフ』を、今や見ることができないからである。

そのむかし、書かれたこの原典があったのだが、今ではもう世の調べる者、考える者の目に触れることもできない。

としている。ヒメーネスは、これについて、

事実、この原典は出て来なかったし、見た者もないのだから、これがはたしてメキシコのインディオのそれのように絵で書かれていたのか、ペルーのインディオのそれのように紐で出来ていたのかはわからない。しかし一応、白い織布に絵で描かれていたと考えてよいであろう。

と述べている[21]。実際、これがメキシコおよびグァテマラにおける通常の記述様式であったし、また十六世紀にはサアグン神父 Padre Sahagún もヌエヴァ・エスパニアの昔のことどもを「インディオたちはすべてこれを絵で示してくれた」と述べている[22]。

このキチェーの書にある宇宙創造の記述は、明らかに『聖書』の影響を受けている。もちろん、その影響といっても、この書の「土着の味」を消してしまうほど濃いものではない。アドルフ・バンデリア Adolf Bandelier は一八八一年に『ポポル・ヴフ』（ブラシュール・ドゥ・ブールブール版）を批評して、この最初の数節は聖書から書き写したもののようで、純然たる新大陸のものではないと述べ、さらに『ポポル・ヴフ』が書かれたころのグァテマラのインディオは、スペインの宣教師たちがキリストの教義を教えるために使った絵や書物や歌などに影響されていたと述べている。

『ポポル・ヴフ』の著者は、この書の序文において明瞭に「これはキリストの神の世になってから書かれる」と述べているが、ブラシュール・ドゥ・ブールブール Brasseur de Bourbourg のフランス語版のスペイン語訳版出版者は、この書の第一章を『聖書』と比較して、綿密にその相似点を挙げている。またマックス・ミュラーも、すでに一八七八年に、『ポポル・ヴフ』と『旧約聖書』に相似点のあることを指摘しているが、『ポポル・ヴフ』に『聖書』の影響があることを認めつつも、その内容からいって、これは新大陸の知的風土の正真の産物であると断じている。これについては、バンデリアもまた、

最初の章は明らかな捏造、少なくともインディオの神話をキリスト教の教理に合うようにした、信仰深き詐欺ともいうべきものである。しかし全体から言って、これがグァテマラの原住民のむかしからの真の伝説を集めたものであることもまた明らかであり、この意味から言って、この書は中央アメリカの原住民族の歴史および人類学にとって、最も価値高いものである。

としている(23)。

『ポポル・ヴフ』はまた、王や首長たちの予言・託宣の書であった。すなわち、この書の第四部第十一章には、王たちは、

戦をなすべきであるかどうかを知っていたし、すべてが彼らの眼には明らかであった。死や飢えが襲ってくるかどうか、争いが起こるかどうか、すべてみなわかってい

た。

　そういうことは『ポポル・ヴフ』とよばれる本でみな知ることができることをよく知っていた。

とあり、最後の章には、古いキチェーの残したあらゆることをこの書に書き記すと、もの悲しい調子で述べてから、

　そのむかし諸王がもっていた『ポポル・ヴフ』の書はすでに失われて、もうどこにも見ることができない……。

としている。しかし、キチェーのこの原典は、いったい、いつ、どのようにしてなくなってしまったのであろうか。チチカステナンゴ文書の著者はただ、彼の時代にはもう見られなかった、隠されてしまった、失われてしまった、と述べているだけである。おそらく、キチェー王国を壊滅せしめたあの一五二四年の大激変で失われてしまったのであろう。ウタトランの町を火に包んだ炎がなめつくしてしまったのであろう。

　マックス・ミュラー教授は、ブラシュール・ドゥ・ブールブールがこのチチカステナンゴ文書に『ポポル・ヴフ』の名を付したこと、そしてその仏訳に『聖なる書』として、ヒメーネスの付した『民族の書』または『諮問の書』という名を変更したことを攻撃しており、[24] その他の訳者もまたこのミュラーの説にしたがって同じように批判している。しかしこの書は、その後も、『ポポル・ヴフ』とよびつづけられており、もうその名は

一般に承認されているものと考えてよい。

そのうえ、この書の前文を読めば、明らかに、これが、すでに失われたむかしの書を補うために書かれたものであることがわかり、この書は、すでになくなってしまった『ポポル・ヴフ』の書の代用として、またこの書に書かれていた物語の復元書または新版として書かれたものと考えてよいのである。

このキチェーの文書の無名の著者がその原典の内容を知っていたことは、その書きぶりからみても明らかで、彼は優れた記憶力と文士としての才能によって、この原典に記されてあった彼らの民族の伝説や歴史を記述することができたのであろう。そして彼は、祖先が原典を書くにあたって使用したと思われる象形文字や絵文字よりも、はるかに表現の容易なローマ字を使用してこれを記したのであるから、原典よりもより明確、かつ完全なものを書きえたのであろう。

すでに述べたように、ヒメーネスは、このキチェーの伝説は絵で描かれて保存されていたもので、スペインの征服後、初めてスペイン語の文字を使ってこれを書き記したものと考えていたが、現代の学者ルードルフ・シューラー Rudolf Schuller もまた、『ポポル・ヴフ』の大部分、すなわちその古い伝説はすでに失われてしまったキチェー族の絵文書――数書であったかもしれない――を解説したものと解釈されるべきであると述べており[25]、ブラシュール・ドゥ・ブールブール神父は、この書の一部は彼らの古書から写

したもので、教養の高い、しかも名門の編者の手により、最も優雅なキチェー語で書かれたものである、としている。すなわち、

『ポポル・ヴフ』のある部分は、むかしの原本の記憶をたどって書かれ、他の部分はもののようである。『ポポル・ヴフ』または『王公の書』とよばれる、キチェーの聖なる書から写されたものではあろうが、自分で書いたと思われる節が相当あるのに気づくのである。中央アメリカの古代史に関する最も貴重なこの文献は、非常に優雅なキチェー語で書かれており、その作者は、おそらく王族の一人であったろうと思われる。彼はスペイン人が到着してから数年後に本書を書いたと思われるが、当時、彼らの古文書はだんだん少なくなりつつあった。

と述べている。[26]

この書がいつ書かれたものであるかは明らかでないが、書かれた年代を大体決定するに役立つ事実がこの書のなかに二ヵ所出ている。すなわち、第一は、第四部第八章に、グァテマラの司教のウタトランすなわちグマルカアフ Gumarcaah 訪問――この町はフランシスコ・マロキン Fransisco Maroquin 司教により祝福を受けている――のことが記されていることである。この訪問についてヒメーネスは、マロキン司教がウタトラン

の町にサンタ・クルス・デル・キチェーの名を与えたとし、「一五三九年この首都に来たり、町を祝福し、信仰の旗印を掲げた」と述べている。[27] 第二は、この書の最後の章に、キチェーの王や首長たちの系譜が出ているが、これには、一五二四年にアルバラードによって火あぶりにされたキチェー王の息子テクム Tecúm とテペプル Tepepul を十三代の王とし、またテクムとテペプルの息子〝ドン・ファン・ロハス Don Juan Rojas〟と〝ドン・ファン・コルテス Don Juan Cortés〟を第十四代、すなわち、最後の王位継承者として挙げていることである。この最後の二人については、一五五三年から一五五七年までグァテマラの地方庁にあった行政司法官ソリータ El Oidor Zorita が、

往時ウタトランの首長であった者たちが、今では最も貧しいインディオのようなみじめな生活をし、その妻たちは自分らのとうもろこし煎餅《トルティリャ》[28]をつくっていた。……そして彼らは水や薪を運んでいた。彼らのなかでいちばん重だった者はドン・ファン・デ・ロハスといい、二番目をドン・ファン・コルテス、第三番目をドミンゴ Domingo といったが、彼らはいずれもきわめて貧しい状態にあり、その子供たちもみじめで困窮していた。

と述べている。[29]

一方、ウタトランが征服されてから数年たって書かれたと思われる『オッツオヤーの地の主イシュクイン・ニハイブ家の系譜』[30] *Títulos de la Casa Ixcuin-Nihaib, señora del territorio de Otzoyá* の末尾には、このドン・ファン・コルテスとドン・ファン・ロハスの署名が、「法官兼隊長たる、征服者にして、スペイン人たる、ドン・ペドロ・デ・アルバラード」の署名とともに載っている。またこのキチェーの王たちの署名は、『トトニカパンの首長の記』*El Título de los Senóres de Totonicapán* に、ドン・クリストーバル・フェルナンデス・ニハイブの署名とともに記されているのである。そしてこの書には「一五四四年九月二十八日」の日付が見られる。

『ポポル・ヴフ』には、〝ドン・クリストーバル Don Christóval〟を、スペイン人の到来後に統治したニハイブの王として記しており、その後継者を〝ドン・ペドロ・デ・ロブレス Don Pedro de Robles〟、現在の〝アハウ・ガレール Ahau Galel〟としているが、この記事は、『ポポル・ヴフ』が〝ドン・クリストーバル〟の後継者の統治下において一五四四年の九月二十八日以降に書き終えられたことを示している。

かつてブラシュール・ドゥ・ブールブールのコレクシオンにあって、現在は米国ニュージャージー州プリンストンの Institute for Advanced Study にあるもう一つのキチェーの文献、すなわち一五五八年十一月二十二日付の『アフポップ・ガレールたるドン・フランシスコ・イシュキンの王記』*El Título Real de Don Fransisco Izquin, Ahpop-Galel* には、明瞭に、これは「キチェーの王ドン・ファン・コルテス・レイエス・カバリエロとドン・マルティン・アハウ・キチェー」が記したと出ており、両者の署名が末尾に付されている。この文献には、ドン・ファン・デ・ロハスの署名が載っていないから、彼は一五五八年にはすでに死んだか、あるいは退位し、王位はドン・マルティン・アハウ・キチェーによって継承されていたものと思われる。

これらのキチェーの最後の王たちについて『ポポル・ヴフ』が何も言及していないことからみて、この書は一五五八年十一月二十二日までには書き終えられていたものであり、したがって一五五四年から一五五八年のあいだに書かれたものと信ずることができる。

Ⅲ　ポポル・ヴフの著者

チチカステナンゴ文書は作者不明の文書である。この書を手に入れて筆写し、これをスペイン語に訳したヒメーネス神父も、この書の作者については何も述べていない。

ヒメーネスが本書について述べているところから推察すれば、彼はこの書が数人によって書かれたか、あるいは編纂された、と考えていたようであるが、彼はその主著の序文で(31)「征服後、われらの文字を使うようになったインディオが書いたキチェー語の歴史物語を見つけて、それをスペイン語に訳した」としており、さらに「ここにすべての歴史物語を、彼らが書き残したそのままに書き写す」としている。

一方、著者不明の *Isagoge Histórica Apologética* には、

宣教師フランシスコ・ヒメーネス神父は、非常に古い手書本をキチェー語からスペイン語に翻訳したが、この手書本の作者の名も、書かれた年代も記していない。ただこれが、この王国の征服直後にサンタ・クルス・デル・キチェーにおいて書かれたことが、手書本に出ているのみである。と、されている。[32]

グァテマラの史家J・アントニオ・ヴィリァコルタ J. Antonio Villacorta 学士は、最近まで、チチカステナンゴ文書の作者をディエゴ・レイノーソ Diego Reynoso とする説を持していた。[33] このレイノーソというキチェーの住民について、ヒメーネスは、マロキン司教によって、ウタトランの村からグァテマラに連れて来られ、スペイン語の読み書きを教えられた男であると述べてはいるが、不幸にして、レイノーソがこの書を著わしたという説を裏付ける証拠もなければ、歴史的文献も存在しない。

これに関して、著名な言語学者であるルードルフ・シューラーは、『ポポル・ヴフ』の作者をディエゴ・レイノーソとすることには根拠があるとし、『トトニカパンの首長の記』にある「ここに言い述べんとするところを、汝らよく聞け」云々という表現と同じ表現が『ポポル・ヴフ』にも見受けられることから、この両方ともレイノーソが書いたものであるとしている。[34]

しかし、この符合は余り価値の高いものではないし、それに他の文献にも使われているのである。

『ポポル・ヴフ』の著者がだれであるかということは、新しい文献が発見されないかぎりは、今後も未解明に終わるであろう。そして現在では、キチェー族の後裔が、祖先の伝説にしたがって、一人または数人で書いたものであり、その作者は不明であると言うよりほかに仕方がないであろう。

Ⅳ　ヒメーネス神父の著作

スペイン統治時代に新大陸に赴いた多くの宣教師のなかには、原住民族やその言語に関する著作を著わした者が少なくないが、フランシスコ・ヒメーネス神父もまたその一人であった。そして彼の労作は、言語文献学、自然史、宗教史、政治史の上からもきわめて注目されているが、彼は、一六六〇年、スペインのアンダルシア地方エーシハEcija村に生まれ、一六八八年、自ら述べているように、「神父で一杯になった船」に乗ってグァテマラにやって来た。修道期間が終わって、チァパスで初めてミサをあげ、グァテマラにおいてドミニカ教派に入った。そして一六九四年、ほとんど原住民だけの村へ布教のために送られた。ここで彼は、完全に方言を覚える機会を得たが、彼はさらに、これらの言語をその構造からすっかり研究し、外来の初心者のための教授法をつくりあげた。

一七〇一年から一七〇三年までサント・トマス・チュイラー Santo Tomás Chuilá すなわちチチカステナンゴの教区神父をつとめたが、この間にキチェー族の歴史を綴った例の手書本（『チチカステナンゴの書』すなわち『ポポル・ヴフ』）を発見した。

一七〇四年にラビナール Rabinal 村に移り、ここに十年の歳月を送っている。そして一七一五年にはサカテペケス Sacatepequez 盆地のシェナコフ Xenacoj の教区に赴き、ここで大作『サン・ビセンテ・デ・チァパとグァテマラ州の歴史』*Historia de la Provincia de San Vicente de Chiapa y Guatemala* を書きはじめた。一七一八年から二〇年まではグァテマラ市のカンデラリア Candelaria 教区神父をつとめ、一七二一年、サカプーラス Sacapulas の教区神父としてふたたびキチェー地方に赴いたが、この地にはおそらく一七二五年まで滞在したものと思われる。すなわち、この年に開かれたサント・ドミンゴ教派の宗教会議において彼はサカプーラス教会の主任司祭に任命されているからである。この平和な静かな村で彼は前記の歴史書を書き終わったものであろうが、またこの地で、一七二二年八月三〇日に、彼の終作『グァテマラ国の自然史』*Historia Natural del Raino de Guatemala* を書きはじめており、この書の第一巻が今日まで伝えられている。

その後ふたたびグァテマラの首都に帰り、一七二九年にはもう一度カンデラリアの教区長となっているが、この年の十一月には、サント・ドミンゴ修道会の要請により布教長に任命されている。この任命書は一七三〇年にグァテマラに到着したが、彼がもう死去していたために任命式を行うことができなかったということが、グァテマラにおいて一七三一年一月十三日に開かれた同教派の地方宗教会議の議事録に出ている。これからみて彼は、一七三〇年の末か三一年の初めには同地でその生を完うしたものと思われる(35)。

活動的な、しかも勤勉な生涯を送ったヒメーネス神父は、その卓越した才能をもって、多様な範囲にわたる、きわめて価値高い数多の作品を残したが、その大部分は、幾多の有為転変を経ながら、今日まで幸いにも残されている。

彼はグァテマラの奥地で、原住民とともに長い年月を過ごし、この間にあって、聖職者が原住民の言葉を完全に知ることがいかに必要であるかを自ら体得した。事実、スペインの本国政府は、原住民にスペイン語を教えることを命じてはいたが、そのために必要な数百の学校を各地に建てることは、植民地時代を通じて、ついに実現されなかった。したがって原住民と接するためには、各地方の方言を習得し、彼らの言葉を使うよりほかに道はなかった。このためにヒメーネス神父は、キチェー語のすぐれた文法書や単語集をつくり、グァテマラの三主要土語で教義書を著わしたのであった。彼が、二〇年間も使ったキチェー語を高く評価し、この言語に対して愛着を感じていたことは、前記の『サン・ビセンテ・デ・チァパとグァテマラ州の歴史』の第一巻第二十五章の記述でも明らかである。すなわち、彼は同書において、キチェー語はけっして蛮語ではなく、系統と調和をもち、的確な表現が可能で、物事の本質、特性を明確に示すことができると述べ、さらに「この言葉は世界第一級の言語」と信ずるに至ったとしている。そして彼はまた、謙遜はそっちのけにして、自分は研究と実習のおかげで、だれよりもキチェーの言葉をよく理解するに至ったから、神が与えたもうたこの才能を埋めおかないためにも、『相互に似通っている三つの言語、すなわちカクチケールとキチェーとツトゥヒールの諸言語の宝』*Tesoro de las Lenguas Cakchiquel, Quiché, y Tzutuhil, que son muy símbolas* と題する三巻を書くことにしたと述べている[36]が、この書の第一巻は「カクチケールとキチェーとツトゥヒールの言語の宝、第一部」と題され、その第二巻には「サント・トマス・チュイラー村の王立救済会教義神父たるフランシスコ・ヒメーネス神父によって書かれたカクチケール、キチェー、ツトゥヒールの三言語の術」という表題がついており、その第三巻は行方不明となっている。

ヒメーネスは、この『……カクチケールとキチェーとツトゥヒールの諸言語の宝』において、キチェー語の構造をラテン文法の方式にしたがって詳細に研究し、これに三言語の語原を示した語彙集を付しているが、この書の第二巻に、やはり三つの言語で書かれたインディオの告戒法書《コンフェシオナリオ》と教義問答書《カテシスモ》があり、これに加えて、例の『チチカステナンゴの書』がいっしょに製本されている。この部分は一一二ページ一帖となっていて、一ページを二つに分け、片方にはキチェー語の原文の写しが、他方にはスペイン語訳文が、いかにも注意深く、しかもきれいにヒメーネス神父によって書かれている。そしてこの書の冒頭には、

サント・トマス・チュイラー村王立救済会教義神父たるフランシスコ・ヒメーネス修道士によって、聖福音伝道のために、カスティリァ語に訳された『グァテマラ州のインディオの起原の歴史』がここに書きはじめられる。

とあるが、ブラシュール・ドゥ・ブールブールは、この書こそ『ポポル・ヴフ』の最初の手書本と考えられるべきものであると述べている。(37)

事実、この手書本が、キチェーの、この文書の現在残っている最も古い写本であり、またこれに付せられたヒメーネスの訳文が、この文献の最初の翻訳でもある。この訳文は、その後、一八五七年にウィーンにおいて帝室科学翰院によって初めて出版せられた。

一方、すでに述べた『サン・ビセンテ・デ・チァパとグァテマラ州の歴史』は、四冊〔七部に分けられている〕よりなり、これにはグァテマラの征服、植民地の設立、原住民の

改宗、サント・ドミンゴ教派の活動、および一七二〇年までのスペイン統治時代における重大事件が記されている。この書の第一部第一章において著者は、本書はサント・ドミンゴ教派のグァテマラ州における諸活動、とくに原住民のカトリック教化の福音活動について記すことを目的としていると述べてはいるが、彼は原住民とともに生活しているあいだに彼らに愛情を抱くようになり、彼らがスペイン統治下に受けた幾多の苦しみに同情するようになったので、まず、キチェー人の信仰や、その社会政治組織、征服当時の状態などを書くことが適当かつ有益と考える、として、原住民の起原の歴史、すなわち前述の『チチカステナンゴの書』の訳を書き改めたものをまず収め、つづいて、キチェーの王の事蹟を、最後の王ドン・ファン・ロハス――スペインの統治下に十六世紀中葉までみじめにも永らえていた――に至るまで書きつらね、それから原住民の宗教、習慣、行政機構を七章にわたって書いているのである。この書の第二部においては、スペインのグァテマラ征服が取り上げられており、本書の主題、すなわちこの地の鎮定の模様、ならびに植民地の設定にはたした聖職者の役割について述べられている。第三部は行方不明となっているので、その内容はわからないが、残りの第四、五、六部においては宗教問題や、中央アメリカにおけるスペインの植民地行政について述べられている。

これらの原本については、長いあいだ人々から知られていなかったが、現在では不完全ながらもグァテマラにおいて保存されており、『インディオの起原の歴史』すなわちチチカステナンゴ文書の改訳が収められている、この書の第一部は、グァテマラの個人の所有となっている。原本は、このような状態にあるが、ガバレーテ Gavarrete によってなされた写本にもとづいて、グァテマラの地理歴史学会は、完全にではないが、この歴史書を一九二九年および三一年に刊行した。

V　ポポル・ヴフの諸翻訳

『ポポル・ヴフ』についてルイス・スペンスは、「キチェー語で書かれていること自体が、すでにこの書がアメリカ大陸の真の所産物であるという十分な証拠である」と述べ、さらにこの翻訳について「この書の妥当な翻訳は十九世紀の学者によってもなしとげられなかったし、二十世紀の知識をもってしてもいまだになしとげられそうにない。このように、現代の学問をもってしても的確になしえなかったものが、十八世紀において可能でありえたはずはないのである」と述べているが、[38]『ポポル・ヴフ』の信憑性については、ヒメーネス神父がいかにキチェー語についての深い知識をもっていたとしても、この書に見られるような原住民族独特の文学的表現を使ってこれを創造することはとうてい不可能であったと考えられ、彼はあくまでもこの書の発見者にすぎず、彼もまたそれ以上の名誉を要求しているわけではないのである。今日まで残っている彼の二種の訳文については、不幸にして幾多の欠陥が存している。そのなかには、彼がこの書のある部分の真意を理解しえなかったことを示すような誤りもあるが、それは、キチェーの古人の思想や用語が、当時のヨーロッパ人のうちでもこの方面に最も明るかった人にさえ、きわめて難解であったことを示すものである。

さて、この書の翻訳で最も著名なものは、ヒメーネス神父のスペイン語訳と、ブラシュール・ドゥ・ブールブールのフランス語訳である。

なかでもヒメーネスのスペイン語訳は、キチェー語の原文を逐語訳し、きわめて忠実になされているが、その忠実性が余って、無理なスペイン語の構文を用いてまでもキチェーの構文法をそのまま残しているために、ときには文意を不可解にしている。例えば、その冒頭において、すでにキチェー語の言語形態に従って、所有格に動詞の受動態をつづけ、su ser declarado y manifestado (his being declared and manifested) としており、また随所にsu ser relatado (his being related)、su ser dicho (his being said)、su ser formado (his being formed) のキチェー語独特の用法をそのまま使っている。これは読者がこうした様式に馴れ、これらがそれぞれ la declaración y meanifestación (the declaration and the manifestation)、la relación (the relation)、la formación (the formation) というふうに名詞を意味すると気づくまでは、何を意味しているか読者にわからないのである。[39] こうした受動態は、本書の訳文の先に行くにしたがって少なくなっており、文章もまた、先にしたがって読みやすくなっていることは、注目しなければならない。

また他の箇所でも、ヒメーネスはあまりにも忠実に訳そうとして、キチェー語の比喩的表現をそのまま逐語訳し、スペイン語の適訳を付していない。例えば、フンアフプーとイシュバランケーがその兄弟フン・バッツとフン・チョウエンを殺そうとする段で、ヒメーネスは「彼らの腹を他のものに変えてやろう」と、キチェーの比喩的表現をそのまま使って訳している。

これらの例は、彼の最初の翻訳が、読者によっていかに難解なものであったかを示すものである。

しかし、こうした幾多の欠陥を有しながらも、ヒメーネスの翻訳は、きわめて長い年月、おそらくは彼の生涯をかけた辛苦の結晶であった。既述のとおり、最初の訳文は『インディオの起原の歴史』の手書本の右の欄に記されており、これが、一八五七年にシェルツァー Scherzer 博士によってウィーンで出版されたのであるが、この版にはかなりの誤植が見出される。それは写本した人が、ヒメーネスが用いた略語がわからなかったことや、手書本を読みちがえたこと、数字、あるいは数行脱記したこと、キチェー語の固有名詞がわからなかったことなどによっている。こうした欠陥は、もちろん、大部分はグァテマラ人の写字者の責任に帰せられるべきものであるが、またウィーンで印刷にあたった植字者の責任に帰せられるものも少なくない。

ヒメーネスのこの最初の翻訳は、彼がサント・トマス教区の司祭を務めていたあいだになされたもののようである。すなわち、この訳が収められている『インディオの起原の歴史』の表紙には、「サント・トマス・チュイラー村の王立救済会教義神父」の訳と記されているからである。

その後、数年たって、ヒメーネスは大著『サン・ビセンテ・デ・チァパとグァテマラ州の歴史』をものするにあたって、この最初の訳文を再検討し、キチェー語に特有の多くの繰返しを除き、全文を章に分けて読みやすくしたが、最初のような忠実な訳とはならなかった。これには初訳の冗長な点が除かれているが、それと同時に内容まで省略されているので、いわば簡訳となっている。

もっとも、この第二回目の訳文というのは、その原本が残っているわけではなく、ガバレーテが写本したものしか残っていない〔ガバレーテが写本した『サン・ビセンテ・デ・チァパとグァテマラ州の歴史』は、既述のように、その後、一九二九年にグァテマラで出版された〕。しかもこのガバレーテの写本というのが、一八七二年にガバレーテ自身が述べているように、原本から写本したものではなく、「十分な注意をかけずになされた不完全な写本」からさらに写したものである。このガバレーテの写本したものに見出される同じ誤りや省略が、十八世紀の末、オルドーニェス・イ・アギァール Ordóñez y Aguiar がその著『天と地の創造の歴史』に抜萃している『ポポル・ヴフ』の数章に見出されることからみて、彼もまたこの「不完全な」写本を使ったものと思われるが、そうすればこの写本はかなりむかしになされたものであったと考えられる。

しかし、幸いにしてヒメーネスの初訳の原本は、キチェー語文の写本とともに、今日まで伝わっており、これによってわれわれは彼の翻訳の原形に接することができる。

彼の訳は欠点があるとはいえ、いい知れぬ価値を有する、きわめて称えられるべき労作であることはいうまでもない。彼は十六世紀のキチェー語を『ポポル・ヴフ』の現代の翻訳者および注釈者のだれよりもよく理解していたし、またキチェー族の思想についても十分な知識を有していた。それゆえに彼は、この翻訳にあたってはつねにキチェーの原作者と同じ知的水準に自らを置いており、かのフランス人の訳者のように、原始アメリカ大陸文化とはまったく異質な分野に自ら入っていってしまったり、幻想にひきずり込まれたりはしていないのである。

このフランスの訳者ブラシュール・ドゥ・ブールブールはヒメーネスの訳を批評して、彼は批判的精神に欠け、原住民族全体の歴史的知識を有していなかったので、粗雑なスペイン語訳しかできず、ただ言葉をそのまま移して、ときには意味も十分にとれない訳をし、またときには原文の数行を省略していると酷評し、さらにまた、ヒメーネスは新大陸の古代史について十分な知識をもたず、トルケマーダ Torquemada やサアグンの書物も読んでいなかったと述べ、ヒメーネスは原作の内容の奥までも十分に理解せず、これを翻訳するにあたっては、当時の宗教的偏見に支配されていたとまで述べている。[40] そしてその一例としてシバルバー王国に関する段のヒメーネスの翻訳をとり上げ、「彼はそのペンで、霊魂の家を地獄に変え、王子を悪魔に変えてしまった」といっている。[41]

しかし、ヒメーネスが新大陸の古代史を知らなかったというブラシュールの攻撃はまったく的外れなもので、かかる攻撃はすなわち、彼がヒメーネスの著書『サン・ビセンテ・デ・チァパとグァテマラ州の歴史』をたびたびその著書に引用していながらも、これを全然読んでいなかったことを証明するものである〔ブラシュールは、この歴史書の最初の三十六章のガバレーテによる写本をもっていた〕。すなわちヒメーネス神父はこの著において、トルケマーダの意見を引用し、これを批評しており、また、グァテマラおよびメキシコの原住民の習慣、法制および信仰に関する豊富な記述のあるヘロニモ・ロマン神父 Padre Jerónimo Román の『新大陸の諸国』*Repúblicas de Indias* の主要な章を抜萃して記載している。ちなみに、このロマン神父の記述は、バルトロメ・デ・ラス・カーサス神父 Padre Bartolomé de Las Casas の *Apologética Historia* の記述をそのまま写したものであるが、ヒメーネス神父はこの著において、その記述は、土語やインディオの良習、悪習をよく知っている、フランシスカ派やドミニカ派の神父たちが言っていることと符合している、と述べている。(42)

ヒメーネスはまた、ユカタンのマヤ族の占について語り、コゴリュード神父 Padre Cogolludo の歴史書に述べられていることや、エレーラとレメサール Herrera y Remesal の諸記録などを引用している。これがすなわち、彼が新大陸文化に関して当時の教養人が知りうる範囲のことをすべて知っていたことを示すものである。

ブラシュール・ドゥ・ブールブールがいうヒメーネス神父の「偏見」については、彼が指摘しているシバルバー王国について言うなら、たしかにヒメーネスはシバルバー Xibalbá を「地獄」と訳している。しかしこの問題はきわめて議論の分かれるところで、後述するとおり、この物語に現われるシバルバーは、人間を苦しめる悪霊の住む地下の国をさしていることは否めないところである。キチェー族が有していたシバルバーの地下国の観念は、メキシコ原住民のミクトラン Mictlán、ギリシア人の Hades のそれと似通っている。ヒメーネスがこの「苛責の場所」をスペイン人の地獄の観念と結びつけたことを、まったくの見当外れということはできない。

同じように言うならば、キチェーの諸部族が崇敬していた神々に関する『ポポル・ヴフ』の記述のなかで、ヒメーネスが「神」の語 Cabauil を「偶神」Idolo と訳していることを、偏見と言いうるかもしれない。

しかしこうした解釈上の小さな問題を別にすれば、ヒメーネスはまったく偏見なくこれを訳しており、彼の付した注釈でも明らかなことは、彼が迷信であり誤った考えであると自分で思っていても、彼らの伝説や信仰をともかくも忠実に読者に伝えるために、非常な努力をしていることである。

もちろん、ヒメーネスの訳には不完全な点もあるが、彼の訳が、その後、このキチェーの文書を解読しようとした者にとって一つの基礎となっていることは、否定できないところであり、ブラシュール・ドゥ・ブールブールもこれを批判しながら、これが彼のフランス語訳をなすにあたってきわめて有益であったことを認めており、さらに「ほとんどすべては、これをそのまま使い、単に不明な点を明らかにし、足らざるを補っただけである」としている(43)のである。

さて、ブラシュール・ドゥ・ブールブール神父は、一八五五年、グァテマラにおいて、『ポポル・ヴフ』のキチェー語文と、ヒメーネスによる最初のスペイン語訳文が載っている『インディオの起原の歴史』の手書本とを見出した。ブラシュールが自ら述べているところによれば、ガルシーア・ペラーエス大司教 Padre García Peláez が彼の考古学および土語に対する研究を援助するために彼をラビナールの教区へ赴任させたということである。彼はこの地で土語を研究し、この読み書きを覚え、キチェーの文書の翻訳をなすに十分な用意をしたと、『メキシコおよび中米の開明国の歴史』*Histoire des Nations Civilisees du Mexique et de l' Amérique Centrale* の序文に記している。

こうして彼はラビナールの言葉を学び、かつ、『ポポル・ヴフ』の難解な箇所を原住民に質問する機会を得た。そしてさらに、中米の各地を旅行して、各地の土語の文法書や単語集を入手し、これを『ポポル・ヴフ』の翻訳にあたって使用した。現在、パリの国立図書館に蔵されている、ドミンゴ・バセッタ Domingo Basseta のキチェー語彙集には、ブラシュールがこれを、『ポポル・ヴフ』の翻訳にあたってつねに利用していたことを示す、無数の書き入れが見られる。

ブラシュールのフランス語訳は、キチェーの原文とともに『聖なる書、ポポル・ヴフ』*Popol Vuh, Le Livre Sacré* と題して、一八六一年パリにおいて刊行された。これは章に分けられ、また固有名詞の記載には、この国の一般読者に便利なような表字が使われている。すなわち、ヒメーネスが使ったcまたはqのかわりに、原文にはないkを使い、植民地時代にまだ存していたuの音を表現する Varal, Vinac 等のvをそのまま用いている。

『ポポル・ヴフ』のフランス語訳は注目されるべき労作であり、ブラシュールはこれを訳すにあたって、フランス語独特の正確さと優雅さをもって、キチェー族の古い、単純な思想を表現するために努力した。彼が自ら述べているように、この翻訳はヒメーネスのスペイン語訳を基として、これの欠けていた部分を補ったものである。彼は大体において正確にこの文書を訳しているが、その払われた注意にもかかわらず、誤りも少なくない(44)。

しかしその誤りはさておいて、この翻訳には根本的な欠陥が存している。それは、このフランスの神父がかなりの年月を原住民の間に過ごしていながら、ついにこの民族の原始思想を理解することができず、あたかも彼らが、旧大陸の文化国家――十数世紀の文化の継承者である――の思想をもっているかのように扱っていることである。

ドイツの著作家ノア・E・ポーホリレス Noah Elieser Pohorilles は、一九一三年、ライプチッヒにおいて、『ポポル・ヴフ』のドイツ語訳 *Das Popol Wuh, Die mythische Geschichte des Kicé-Volkes von Guatemala nach dem Original-Texte übersetz und bearbeitet* を出版した。彼はその序において、この訳は原文の直訳であると述べているが、実際は大体においてブラシュール・ドゥ・ブールブールの翻訳にしたがったものである。エドアルト・ゼラー Eduard Seler は『ポポル・ヴフの伝説の意義』のなかで、ポーホリレスの訳はブラシュールの訳を改善したものとは考えない、むしろその反対である、と述べている(45)。

ソルボンヌ大学のジョールジュ・レイノー Georges Raynaud 教授は長年にわたって新大陸の原始文書の研究にたずさわったが、一九二五年、パリにおいて『諮問の書による古代グァテマラの神と英雄と人』*Les dieux, les héros et les hommes de l'ancien Guatémala d'après le Livre du Conseil* と題して『ポポル・ヴフ』の新訳を出版した〔このスペイン語訳は一九二七年に刊行されている〕。

われわれの考えからいえば、レイノー教授の翻訳は、『ポポル・ヴフ』の近代における翻訳のなかで最も正確かつ優秀なものである。訳者は、現代におけるこの種のすべての翻訳の基礎となっている、ヒメーネスおよびブラシュールの翻訳の不明な点を明らかにするために、パリの国立図書館に蔵せられている、グァテマラ土語の語彙集を駆使しているが、その翻訳は前記の二者よりも明確であり、大体において納得がゆく。ただ、この訳にも欠点がある。それは主として、彼がキチェー文の原本を見ないで、ブラシュールの写した完全とはいえないものにしたがって訳したこと、ならびに彼がグァテマラを知らず、したがってこの国の原住民の思想を理解したり、その性格や習慣を十分に知らなかったことに由来している。

ここで、アントニオ・ヴィリァコルタ Antonio Villacorta 学士とフラヴィオ・ローダス Flavio Rodas N. の共訳についても述べねばならぬ。これは一九二七年、『チチカステナンゴの書、ポポル・ヴフ、キチェー国の伝説の研究、表音式に記述した原文およびそのスペイン語訳、語原その他の註付』 *Manuscrito de Chichicastenango (Popol Buj). Estudio sobre las antiguas tradiciones del pueblo quiché. Texto indígena fonetizado y traducido al castellano. Notas etimológicas* と題してグァテマラにおいて出版されたものであるが、この訳は現代になってグァテマラでなされた『ポポル・ヴフ』の最初の翻訳であり、この書の序文には「チチカステナンゴの書の忠実な訳が今日まで現われていないので、これを出すことにした」と述べられている。

キチェーの現代語の権威であるローダス氏は、ブラシュールが写したキチェー文を使用し、原住民およびキチェー語を理解する人々が読めるようにと、これを現代のスペイン語の表字法にしたがって転記し、この原文にスペイン語訳を付しているが、さらにキチェー、マヤ、トルテカの諸族の研究と、暦法および前コロンブス時代の手書本に関する研究を注釈、語原等とともに併せて付している。

表音法による記述は、スペイン語の読者にとってきわめて便利ではある。しかし Hunahpú を Junajup と書き変え、またその兄弟である Vucub-Hunahpú〔Vucub は7を意味する〕を七人の Ajups の集合体のようにしていること等はいかにも残念である。

そのほかにも、ヴィリァコルタとローダス両氏の翻訳には多くの欠点があり、そのあるものは外国の批評家によっても指摘されているが、[46] この訳では、解釈について問題のないような箇所においてさえも、十分な注意が払われておらず、かなり不完全に訳されているのが目につくのである。そのうえこの二人の訳者は、この書に出てくる、現在のキチェー人がもう使わないような多くの字句の解釈については、当然参照しなければならない古い語彙集をまったく使っていないようである。

『ポポル・ヴフ』の独訳を載せている *Märchen der Azteken und Inkaperuaner, Maya und Musica* の解説で、ワルター・クリッケベルヒ Walter Krickeberg 氏は、ベルリン大学のエドアルト・ゼラー教授がその土語講座で『ポポル・ヴフ』と『エクパン・アティトランの記録』〔ソロラーの記録〕の数章を解説したことを述べているが、また、『ポポル・ヴフ』を多角度から研究したルイス・スペンスも、*The Magic and Mysteries of Mexico* において、前記のゼラー教授が歿する直前まで『ポポル・ヴフ』の訳業をつづけていたこと、そしてそれは、結局、出版に至らなかったことを述べている。

このゼラー教授が、新大陸原住民の思想、歴史、言葉について広い知識を有し、『ポポル・ヴフ』を完全に理解していたことは、彼がポーホリレスの訳に対してなしている批評や、各種の雑誌に発表したキチェー族およびカクチケール族の伝説の研究によってもきわめて明らかである。彼の著作集の第五巻の序において、同教授の未亡人センリー・ゼラー夫人〔一九二二年〕は、サアグンの著作と、『ポポル・ヴフ』の翻訳を収録した第六巻刊行の希望を捨てていないとし、これらの翻訳は、新大陸を知るためにきわめて重要であり、このまま闇に葬ることはできないと述べている。幸い、サアグンの翻訳のほうは一九二七年に刊行されたが、不幸にして『ポポル・ヴフ』のほうは未刊となっている。

『ポポル・ヴフ』の英訳については、サムエル・K・ロースロプ Samuel K. Lothrop 博士は、アティトラン湖付近の考古学研究の報告中で、オーストリア人の学者ルードルフ・シューラーが『ポポル・ヴフ』の英訳をしたと述べており、またこのロースロプ博士自身も翻訳を準備していたことを明らかにしている。また、ルイス・スペンスはその著 *An Introduction to Mythology* のなかで、

自分も『ポポル・ヴフ』の簡訳をしたが、アメリカの雑誌 *The Word* は一九〇六年から一九〇七年にかけて、ケネス・シルヴァン・ガスリー Kenneth Sylvan Guthrie 博士によるこの書の完訳を掲載している。これはスペイン語から訳したものかキチェー語文に基いて訳したものかは知らないが、いずれにしても聖書風の文体を使って訳されているので、『ポポル・ヴフ』が『旧約聖書』の一部を模倣したものであるという誤った議論をさらに強めているようなものである。

と述べているが[47]、この訳者ガスリー博士は前記の雑誌に「自分は全く独自の立場からこ

れを訳したが、一部分は一八九四年から九五年にかけて *Lucifer* に掲載されたジェームズ・プリス James Pryse による最初の翻訳から取った」と述べている。

そのほか英訳では、シカゴのニューベリー図書館のエィアー蔵書に、ビーブ Beebe 大尉による『ポポル・ヴフ』の訳文の二百六十四頁からなる原稿が蔵せられている。これは出版されなかったが、ブラシュールの仏訳を基にしたもののようである。

『ポポル・ヴフ』の英語による完全な訳は、一九五〇年、初めてオクラホマ大学の出版部から刊行せられた。これすなわち本書の英語訳で、*Popol Vuh, The Sacred Book of The Ancient Quiché-Maya* と題され、翌年に英国でも刊行されている〔なお一九五四年にはこの訳書の限定版が、ニューヨークの Limited Editions Club から一五〇〇部出版されている。これにはエヴァレット・ギー・ジャクソン Everett Gee Jackson の挿絵が付せられている〕。

新しいドイツ語訳では、マルブルグ大学の教授レオンハルト・シュルツェ・イェーナ Leonhard Schultze Jena によるものが一九四四年にシュツットガルトで *Popol Vuh. Das heiliges Buch der Quiché Indianer von Guatemala* と題して出版された。これにはヒメーネスが『……カクチケールとキチェーとツトゥヒールの諸言語の宝』に付した原典の写本を掲げ、キチェー族、その移動、諸王、ならびにその神話に関する研究と、原文を読むのを容易にするための文法説明ならびに用語解説が付されている。

これらの翻訳のほかに、現代の作家は、『ポポル・ヴフ』の物語から、子供のための物語をもつくっている。Krickeberg コレクシオンに出てくるものや、チャールス・フィンガー Charles Finger の *Tales from Silver Lands* 等がそれである。またこの『ポポル・ヴフ』の一部はたびたび戯曲化されたり、詩化されており、ドイツの作家オスワルト・クラッセン Oswald Classen はポーホリレスの翻訳を基にしてその一部を題材とした『月の先祖』*Die Ahnen des Mondes* および『運命の盃』*Das Gefäss des Schicksals* と題する詩を作っている。

このようにして現代の作家たちは、ヒメーネスが述べている、やや反語的な意見、すなわち「自分は、ここに書かれているすべての物語が、童話のようなものだということはよくわかっている」と言っているのを確認しているわけである。

一八八三年にブリントン Brinton は『原住民族の作家とその作品の研究』*Aboriginal American Authors and Their Productions* のなかでキチェー族の神話とその歴史伝説の要旨を述べ、さらにヒメーネスとブラシュールの翻訳を批評して、そのいずれも満足なものではないと述べている。すなわち彼は、「ヒメーネスは、スペインの聖職者のもっているすべての偏見をもってこれを訳しており、ブラシュールは、それぞれの伝説のなかに史実を見出そうとした一種のユーヒメラス説者である」と述べており、「この書は言語学的注を加えて、もう一度完全に訳し直されることが必要である」とつけ加えている。

彼がこう言ってからすでに幾多の新しい翻訳が現われ、この書の不明な箇所のある部分は明らかにされた。しかし研究範囲はきわめて広く、研究題目はつねに新しく、かつ魅力に溢れている。そして、この『ポポル・ヴフ』の秘めている、いわゆる魅力が、私をしてこの書を訳させ、これに言語学的および歴史的注を付せしめたのであるが、もちろん、これがブリントンの述べている必要性を完全に満たしているとは思わない。ただ、この書がアメリカ大陸の古代史に対する関心をさらにひき起こすことに役立てばと願うのみである。

VI　キチェー国の古代史概要

『ポポル・ヴフ』には、現在のグァテマラ共和国の地域に、古代マヤ帝国の崩壊後に住みついた原始諸部族の民間伝承、宗教思想、ならびに彼らの移動と発展の模様が余すところなく記されている。

一五二四年、スペイン人がメキシコの南にあるこの地域に攻め入ったとき、彼らは、メキシコの文化にも劣らない優れた文化をもった種族がこの地域に住んでいるのを見て驚いた。

当時、キチェー王国は、太平洋からペテン地方の境までを占めていたが、その西部には、現在のグァテマラのウエウエテナンゴ、サンマルコスならびにソコヌスコの各州に住んでいたマム族 los Mames があり、また東部にはキチェー族の強敵カクチケール族 los Cakchiqueles とアティトラン湖の周辺のストゥーヒル族 los Zutujiles、またアマティトラン湖地区および現在のグァテマラ市周辺の山岳にはポコマム族 los Pocomammes が住んでいた。

北部、すなわち、その後、ドミニカ教派の聖職者が平和的手段をもって征服したことによって、ベラパス Verapaz と名づけられた地域は、ケクチー族 los Quekchies とポコンチー族 los Poconchies によって占められていた。

グァテマラのこれらの土着諸民族は、いずれも、この国の北部と現在のユカタン地方に輝かしい文化を展開したマヤ族の後裔であったが、これら諸部族の容貌や体格の特色、また各土語間の相似性からみても、彼らが祖先を一にし、血縁関係にあったことは明らかである。さらにまた、今日残っているキチェー族とカクチケール族の古絵文書も、ユカタン、およびメキシコの古絵文書もまた、メキシコ中部高原から中央アメリカの北半分にかけての広大な地域の原住民が同一起原のものであることを一致して証明している。

すなわち、『ポポル・ヴフ』の第三部、すなわちこの国の歴史を扱っている章には、供犠師の国ヤキ Yaqui——メキシコのトルテカ族をさす——の人たちが、キチェーはじめその他の部族といっしょになり、「共にもどかしく太陽の出を待った」ことが記されており、さらに、彼らが「町のあることを知って、そちらへ向かって行った」ことが明らかにされており、その町がトゥラン・スイヴァ Tulan-Zuiva、ヴクブ・ペック Vucub-Pec（「七つの洞穴」）、ヴクブ・シヴァン Vucub-Ziván（「七つの峡谷」）という名であったことが述べられている。一方、メキシコの伝説は、その部族の発生地をチコモストック Chicomoztoc としているが、この地名も「七つの洞穴」または「七つの峡谷」を意味している。また、『マニーのチラム・バラムの書』*Libro de Chilam Balam de Maní* も「四人のトゥトゥル・シウ Tutul Xuies は、ノノウァールの土地と家を放棄してスイヴァ Zuiva に向かったが、彼らはもともとトゥラパンというところからやって来たものである」としており、『チュマユェールのチラム・バラムの書』*Libro de Chilam Balam de Chumayel* にも、四つの部族の一つは東から、一つは北から、一つは西にあるホルトゥン・スイヴァ Holton Zuiva（「スイヴァの洞穴」）から、そして最後の部族は南のボロンペル・ウィツ Bolonpel Uitz（「九つの丘」）のカネックの丘からやって来たと述べられている。

さらに、カクチケールの古文書『ソロラーの記録』*Memorial de Soloá* には、この部族の祖先はトゥランから来たもので、西のほうからこの地に到来したとある。すなわち、われわれは海を越えて西方からトゥランにやって来た。そしてこのトゥランでわれらの母、われらの父によって創造され、生み出された。

と述べられている。

この先史時代における諸部族の移住については、植民時代の史家のほとんどすべてが言及しているが、サアグンは、

言いしれぬほどのむかし、最初の住人がヌエヴァ・エスパニア〔メキシコ〕のこの地方にやって来た。……彼らはパヌトラ、すなわち現在のパヌコ Panuco に上陸し、この港から海岸伝いに、雪におおわれた山々や火山を見ながら歩いてグァテマラ州に到着した。彼らの先頭には、彼らの神を捧持した神官が立ち、彼らに何をすべきかということを、いつも教えていた。そして彼らは、タモアンチャンに住みついて、ここに長いあいだを過ごした。

と述べている。(48)

グァテマラの諸部族がトゥランから出た時代については、何も正確にわかっていない。しかし大体、ユカタン半島のウシュマールとチチエン・イッツァにその後住みついた部族と同じころに移動したものとすれば、七世紀ころに移住を開始したものと考えられる。『ポポル・ヴフ』にも、『カクチケールの記録』にも、彼らがトゥランから石や砂伝いに

海を渡って来たことが出ているが、とくに『カクチケールの記録』には、彼らがグァテマラの奥地に定着するまでに通ってきた場所についての詳しい記述が残っている。すなわち、この記録によれば、彼らはテオサクアン Teozacuán とメアハウフ Meahauh に赴き、この地で相集い、その後、ヴァルヴァール・シュクシュック Valval Xucxuc へ行き、この地で休息し、さらにタプク・オロマン Tapcu Olomán へ渡り、東に進み、海岸に住んでいたノノウァールカット族 los Nonoualcat、スルピット族 los Xulpit を攻撃して、これを破り、その船を奪い、さらに東に向かって海を渡り、スイヴァの町に乗り込んだ。しかし、スイヴァの住民は恐れおののきながらも、犬や蜂を使ったり、妖術を使って戦い、あるいは天に飛び上り、あるいは地に消え伏せて侵入者を攻めたので、彼らはついにタプク・オロマンの地に退いたが、その住民が好意をもっていないことを見て、海岸を放棄し、よりよい土地を求めて奥地へ入っていった、ということである。

このタプク・オロマンの名は、『ポポル・ヴフ』ではテペウ・オロマン Tepeu Olomán またはテペウとオリマン Tepeu y Olimán となっているが、もちろんこれは、メキシコのベラクルス地方に定着していて、その南東の、今日タバスコ州とよばれている地帯のシカランコ Xicalanco に前進基地を有していたオルメカ族 los Olmecas をさしている。

グァテマラの部族は奥地へ向かうにあたって、おそらくウスマシンタ河とその支流に沿って進んだものと思われるが、チショイ川は彼らを、今日のグァテマラ共和国領の西に、パシオン川は東に運び、他の者たちはモタグア川の谷に沿って奥地に向かったものであろう。これらの川は、前コロンブス時代においては、ユカタンとタバスコのマヤ族とグァテマラ国内のマヤ系諸部族との間の商業通路となっていたようである。こうして彼らは、豊かな、しかも外敵から自らを守るグァテマラの中央高原地帯に定着したのであった。

グァテマラの部族たちが、メキシコにある彼らの同族につねに思いを馳せていたことは、『ポポル・ヴフ』の記述に、彼らがその太陽の——文化の——出を見て喜びに溢れているときも、北の地、すなわち東方に残して来た連中が共にいないことを悲しんで泣いたとあることでも明らかである。この東方の話は、彼らがやって来た国、すなわちその起原を漠然と示すために用いられている。

またキチェーの諸族は、東方、すなわちシカランコとチチェン・イッツァ Chichén Itzá に住みついた彼らの偉大な指導者ケッツァルコアトル Quetzalcoatl すなわちククルカン Kukulcán に対して忠誠を守りつづけていた。事実、彼らがグァテマラに定着後、最初にした最も重要なことの一つは、その親たちが死ぬまえに残した遺言を守り、ナクシット Nacxit から叙任を受け、栄誉を授かるために、東方に赴くことであった。この王子たちの旅についてはすべてのグァテマラの古代文献が言及しているが、ナクシットが、ケッツァルコアトル Topiltzin Acxitl Quetzalcoatl 自身、またはこの名を襲名した彼の後継者と同一体であることはもちろんである。そして彼はキチェーの王子たちを喜んで迎え、各種の栄誉や贈物を彼らに与えているが、その贈物の一つが、『彼らの歴史を記したトゥランの絵文書』*Las pinturas de Tulán en que ponían sus historias* であったのである。

グァテマラの諸文献は、同国の内部へいっしょにやって来た諸部族の名を挙げているが、『ポポル・ヴフ』には三つの部族、すなわちカヴェック Cavec、ニハイブ Nihaib、アハウ・キチェー Ahau-Quiché の名と、その他にタムブ族 los Tamub、イロカブ族 los Ilocab、テクパンの十三分族、ラビナール族 los Rabinal、カクチケール族 los Cakchiqueles、チキナハー族 los Tziquinahá、サカハー族 los Zacahá、ラマック族 los Lamac、クマッツ族 los Cumatz、トゥハルハー族 los Tuhalhá、ウチャバハー族 los Uchabahá、チュミラハー族 los Chumilahá、キバハー族 los Quibahá、バテナバー族 los Batenabá、アクル・ヴィナック族 los Acul Vinac、バラミハー族 los Balamihá、カンチャヘール族 los Canchahel、バラム・コロブ族 los Balam-Colob の名が挙げられている。『ポポル・ヴフ』は、これはただ、主な部族の名だけを挙げたものであるとしているが、これらの部族はトゥランを出てから異なった言語をしゃべるようになり、やがてキチェー族は、これら諸部族のなかで最も優位を占めるようになったもののようである。ソロラーの記録にはこのほかにも多くの部族の名や地名を挙げているが、ここに挙げる必要もないであろう。ただ、この記録に表われている地名で、カクチケール族がキチェーの領土の東方および北方にその旅をつづけていった模様を知ることができる。

当時において原野や山や川を越えての旅は容易なものではなかった。多くの人たちに食糧を供することはとくに指導者の悩みの種であった。諸文献によれば、彼らは言いようもないほどの飢餓におそわれ、胃袋をあざむくために杖の先のにおいをかがねばならぬことさえあったということであるが、キチェーの一文献[49]には、旅をつづける者が蒙らねばならなかったこの悲惨な運命は、主として彼らがトゥランで見出したとうもろこしの種を失ったことにあったとあり、やがて彼らはとうもろこしの木三本をまた見つけ、この種をとって植え、これが次から次へと増えていって今日までに繁殖したと述べられている。

こうした苦難の旅ののち、彼らは、チ・ピシャブ Chi-Pixab の山すなわち「命令の山」「助言の山」に到着した。チ・ピシャブの山ではすべての部族が集まって、それぞれの名を選んでつけ、各自の組織をつくりあげた。まずキチェーの三部族、すなわち本来のキチェー族のほかに、タムブ族とイロカブ族が組織された。カクチケール族は「赤い木の下の民」の意味をもつカクチェケレブ Cakchequeleb という名をつけたし、やはりキチェーに属するラビナール族、ストゥヒールに属するチキナハー Tziquinahá もその名をここでつけたのであった。これらがこの国にやって来た部族の最も主なものであった。

キチェー族はチ・ピシャブにしばらく滞在していたが、その後、夜が明ければ敵が攻撃してくるだろうという神託を受けたので、神々をキチェー国の北部にあるアヴィリシュ Avilix、ハカヴィッ Hacavitz、パトヒール Patohil の山々に移した。そして、このハカヴィッツの山で、ラビナール族、カクチケール族ならびにストゥヒール族と相集い、夜明けを待った。このハカヴィッツの山からそう遠くないアマグ・タン Amag-Tan というところにはタムブ族が、またウキンカットというところにはイロカブ族が住んでいた。

キチェー族の神官であるバラム・キチェー Balam-Quitzé、バラム・アカブ Balam-Acab、マフクタフ Mahucutah とイキ・バラム Iqui-Balam の四者は、ハカヴィッツの山で太陽の出るのを、断食しながら、寝もやらず待っていたが、彼らは「どうしてわれわれは祖国トゥラン・スイヴァを放棄したりしたのだろう。東方から将来したわれらの神々は、苔やしだの上に置かれたままで、板の上にさえも安置されていないのだ」と言って悲しみあった。

しかし地平線の彼方に暁の明星イコキフ Icoquih が現われ出すと、ようやく彼らは喜びにつつまれ、太陽の出るほうを向いてただちに香をたいた。太陽は雄々しく地平線を離れた。すると地は輝き、地の湿気が乾いていった。人も動物もともに喜び、ケレッツー Queletzu という鳥が叫び声をあげて、地表を照し、かつ温め、しかも豊かにする神を称えた。人々はひざまずいて神を伏し拝んだ。

しかしキチェー族はこの喜びのなかにも、北方に残してきた彼らの兄弟たちのことを忘れなかった。「われらはとうとう太陽の出に相合うことができたが、われらの兄弟たちはいったい今どうしていることだろう」と言って、兄弟たち、すなわちヤキ族、またの名をテペウ・オロマン族という彼らを想起し、「きっと彼らもメキシコでこの太陽を見ているであろう」と言いあった。

ハカヴィツの山に定着した彼らは、やがてすべての部族を平定し、ここでさらに大きな部族となった。バラム・キツェー、バラム・アカブ、マフクタフとイキ・バラムは自分たちのなしとげたことにきわめて満足していたが、やがて彼らにも、この世から消え去らねばならぬ時がやって来た。そこで彼らは、子供たちにこれを告げ、最後の助言を与え、王権の象徴を授けた後、消えかくれてしまった。そこでこの王家の後継者たちは、父親たちがやって来た国すなわち東方へ旅して、この地でナクシットから王位の叙任を受け、その権威を受領した。

それからしばらくたって王子たちはハカヴィッツに帰ってきたが、彼らはキチェーの民をはじめラビナール、カクチケール、ストゥヒールの部族の心からの歓迎を受けた。部族はますます増えていった。それで土地も十分ではなくなり、新しい土地を求めるためにこの地を放棄した。彼らが訪ねて行った所はすべて『トトニカパンの首長の記』に明らかにされているが、最後に彼らはチ・キッシュ Chi-Quix（とげの中の地）に到着し、この地にしばらくとどまって、近隣のチチャック Chichac、ウメタハー Humetahá、クルバ・カヴィナール Culbá-Cavinal の地をも征服した。『ポポル・ヴフ』には、彼らはますます多勢となったので「人の住まない山」を探しに行った、と述べられているが、これはキチェーの到来前にこの地方の山々に先住者があったことを示すものとして興味深い。この地方の先住者というのは、モンタグア Montagua およびペテン Petén 地方にあった壮大な都市が壊滅してから山岳部に移って行ったかの古代マヤ帝国の住民の子孫であることは疑いもないところである。

キチェー族がイスマチー Izmachí に首都を建設したのは第四代の王のときであったが、この町は石造りの雄大なものであったことが『ポポル・ヴフ』に述べられている。しかしながらキチェーの三王家カヴェック Cavec、ニハイブ Nihaib、アハウ・キチェー Ahau Quiché が盛大になっていくのを見て、タムブ族とイロカブ族は嫉妬し、キチェーの王たちを殺してこの国を滅亡させようとたくらんだ。しかしこの計画は失敗に終わり、彼らの大部分は犠牲に供されたり、奴隷にされたりしてしまった。そしてキチェーの国は、この叛乱によって反って強化され、人民も増加し、やがてまたイスマチーの町も狭くなってしまい、首都を新しくグマルカアフ Gumarcaah に設けた。メキシコ人はこの町をウタトラン Utatlán（芦の地）——とよんだが、この地がキチェー最後の首都であった。グマルカアフの建設は第五代の王、コトゥハーとグクマッツの代におこなわれたが、この王たちは、国境を海岸にまで延ばし、遠国までも征服した。『ポポル・ヴフ』の記述もこの辺まで来ると、もう完全に史実となっている。

新しい都は速やかにその発展をつづけ、大帝国の首都に相応しい町となった。キカブの統治下にキチェー国はマム族の国の山岳部、およびソコヌスコからの太平洋沿岸、ならびにカクチケールとストゥヒールの領土、ペテンの国境地帯までも征服してしまった。そしてこの美しく飾られた首都には神殿や二四の宮殿が建てられ、町をとりまく谷間や平原は民家で一杯になった。

こうしてキカブの統治下に他の諸国はすべて平定され、キチェー王国はその後、長いあいだ、この国の絶対的優位を認める隣邦諸国からおびただしい貢物を受領したのであった。

しかしながらその後つづいた戦争のおかげで、十五世紀末になるとキチェーの勢力も衰えを見せはじめたが、それでもスペイン軍が帝国の国境に迫るや、ただちに敢然と防禦に当たった。

この書の最終章において著者は、キチェーの諸王の年代譜を掲げている。すなわち、この王国の創建者であり、かつ共同統治者であったバラム・キツェー、バラム・アカブ、マフクタフ、イキ・バラムの四者に始まって、スペインの統治下に王位についた第十四代の王に至るまでの諸王の名前を挙げている。

ヒメーネスは、この王国は大体四八〇年間つづいたとし、これにしたがってこの王国の創建を西暦一〇五四年ごろと推定している[50]。

ヒメーネスが四八〇年としたのは、それぞれの王の時代が約四〇年間つづいたと計算した結果である。一統治期間を約四〇年とするのは、一見、誇張のようにも思われるが、ヒメーネス自身も気づいていない次の二つの理由から、これは大体妥当と考えてよいようである。

すなわち、その一つは、『ポポル・ヴフ』では、最初の三人の王を除いては、国王（アハウ・アフポプ Ahau-Ahpop）と副王（アフポップ・カムハー Ahpop-Camhá）を一統治期間に数えているが、この副王には大体国王の長男が任命せられており、彼は国王が死去すればその後継者として王の職務を執行していたものである。したがって、一統治期間の四〇年間には二人の親子の統治があったわけであり、各二〇年とすれば、けっして長すぎる期間ではない。

第二には、『トトニカパンの首長の記』によれば、バラム・キツェーからクォカヴィブ Qocavib への王位継承は――これを『ポポル・ヴフ』では第一代から第二代への継承としている――直接におこなわれたものではなくて、まずバラム・キツェーがクォツァハー Qotzahá をもうけ、クォツァハーがツイキン Tziquín を、そしてツイキンがアフカンを、さらにまたアフカン Ahcán がクォカイブ Qocaib とクォカヴィブ Qocavib をもうけており、王位をそれぞれ継承していったのである。したがって、『トトニカパンの首長の記』の記述に誤りがなければ、第一代のバラム・キツェーと第二代のクォカヴィブのあいだには一世紀以上の時が経過していたものと思われる。

キチェー王国の起原を一〇五四年とするヒメーネスの計算はまた、諸部族がテルミノス湖 la Laguna de Términos 周辺から出発したのをユカタンのマヤ新帝国の都市建設のころ〔十世紀の終り〕であろうとする計算にも大体合致する。すなわち、彼らは湖辺を出発してから長い旅をつづけ、各地にとまって後、その目的地に到達したものであったからである。

以上がこの『ポポル・ヴフ』の書に書かれたこの国の歴史の概要である。天真爛漫な筆致をもって、キチェー人が書き残したこの貴重な文献は、幸いにして今日まで伝わり、この賢明な尚武の国の文化をわれわれに教示してくれている。まったくこの書は、アメリカ大陸の原住民族の残した最も意義深く、かつ力強い文学的・歴史的作品であることは疑義のないところである。

最後に、この書が書かれているキチェー語についても一言しなければならない。十八世紀の初頭、この書を初めてスペイン語に訳したヒメーネス神父は、キチェー語はこの世で最も優れた言語であると述べている。もちろん、歴史学者で、かつ言語学者であるこの神父の、いささか情熱的過ぎた説に完全に同意するわけではないが、小説を読むような興味をわかせる流麗な美文で、しかも歴史書のような簡潔さで、一民族の生活と思想を、あざやかに書き記した、この『ポポル・ヴフ』のような作品を書き著わすことは、豊富な語彙と、柔軟な構文をもつ、高度に発達した言語をもってして初めて可能であることを知るべきである。

訳　注

＊（　）はアドリアン・レシーノスによる原訳注、〔　〕は訳者注を示す。

入　門

（1）ペドロ・デ・アルバラードが、一五二四年四月十一日、ウタトランにおいてエルナン・コルテスに宛て書いた報告書 “Historiadores Primitivos de Indias” *Biblioteca de Autores Españoles,* Vols. XXII, XXVI, XXII p.458, Madrid, 1852, 1853

（2）Ximénes: *Historia de la Provincia de San Vicente de Chiapa y Guatemala,* 1, 5

（3）Ximénez: *Las Historias del Origen de los Indios de esta Provincia de Guatemala* 1-2（ed.1857）

〔4〕バーラ Vara は長さの単位で、一バーラは八三・五九センチメートル。

（5）“Relación breve y verdadera de algunas cosas de las muchas que sucedieron al Padre Fray Alonso Ponce en las provincias de la Nueva España” *Colección de documentos para la historia de España,* Vols. LVII, LVIII, 11 p. 392, Madrid, 1873

（6）Las Casas: *Apologetica Historia de las Indias,* Vol 1, “Nueva Biblioteca de Autores Españoles”, Chap. CCXXXV, “De los libors y de las tradiciones religiosas que había en Guatemala” 〔ラス・カーサス神父については序文注〔3〕〕

〔7〕José de Acosta（1539—1600）はスペインの宣教師で、*Historia Natural y Moral de las Mdias,* Sevilla, 1590 の著者として著名。Francisco J. Clavijero（1721—1787）はメキシコ生れの神父で、原住民族の言語、とくにアステカ語の研究ですぐれていた。Fernando Alba Ixtlilxóchitl はチチメカ族の王の後裔として、一五六九年、メキシコに生まれ、メキシコ古代史に関する著書を残した。

（8）Ixtlixóchitl: *Obras Históricas*, II prólogo

（9）Antonio de Herrera y Tordesillas: *Historia General de los hechos de los castellanos en las Islas y tierra firme del mar Oceano*, Dec. 111, B. 11, Chap. XVIII〔エレーラは一五五九年にスペインに生まれ、新大陸の記録司としてこの名著を残した。一六二五年歿〕

（10）Francisco Lopez de Gómara（1510—1560）："Historia General de las Indias" *Historiadores Primitivos de Indias*, Vols XXII, XXVI, *Biblioteca de Autores Españoles*, XXII, p. 284〔ゴーマラは、スペインのセビリアに生まれ、アルカラー大学に学び、聖職に入り、一五四〇年、エルナン・コルテス家の司堂神父となった。この書は、彼の主著で、コルテスをはじめとする征服者たちの与えた資料にもとづいて書かれたものである〕

（11）Bernal Diaz del Castillo（1498—1568）：*Verdadera Historia de la Conquista de la Nueva España*

（12）Ximénez: *Historia de la Provincia de San Vicente de Chiapa y Guatemala*, 1, 4

〔13〕マヤの古絵文書で現存していることが明らかになっているのはこれらの三書とされている。

〔14〕Avendaño y Loyola: *Relación de las dos entradas que hize a la conversión de los gentiles Ytzaes y Gehaches*

（15）*Coleccion de documentos inéditos relativos al descubrimiento, conquista y colonizacón de las posesiones españolas en América y Oceanía*, Vol. XXIV, p. 192, Madrid, 1864—84

（16）*Isagoge Histórica Apologética de las Indias Occidentales*, Vol. 1, Chap. VIII, p. 61（ed. 1935）

（17）Genet et Chelbatz: *Histoire de peuples Maya-Quichés*, p. 46

（18）Bancroft: *The Native Races*, 111, p. 42

（19）Max Müller: *Chips from a German Workshop*, 1, p. 309—337

（20）Lewis Spence: *The Popol Vuh, The Mythic and Heroic Sagas of the Kiches of Central America*, p. 31

（21）Ximénez: *Las Historias del Origen de los Indios de esta Provincia de Guatemala*, p. 161,（ed. 1857）

（22）Sahagún: *Historia General de las cosas de Nueva España*, Vol. 1, Book 11 Prólogo p. 80（ed. 1938）

（23）Bandelier: *Peabody Museum Eleventh Annual Report*, p. 391（ed. 1880）
（24）Müller: *Chips from a German Workshop*, 1, p. 325
（25）"Der Verfasser des Popol Vuh", *Anthropos*, Vol. XXVI, Nos. 5—6,（Sep.— Dec. 1931）p. 930
（26）Brasseur de Bourbourg: *Histoire des Nations Civilisees du Mexique et de l'Amérique Centrale*, Vol. 1, p. LXXX
（27）Ximénez: *Historia de la Provincia de San Vicente de Chiapa y Guatemala*, I, p. 115
〔28〕とうもろこしを粉にし、これに石灰を加えて捏ね、煎餅状に平たくしたもので、今日もグァテマラ、メキシコ地方の一般の主食とされている。
（29）Zorita: *Breve y Sumaria Relación de los Señores de la Nueva España*, p. 225—26
（30）*Títulos de la Casa Ixcuin-Nihaib, señora del territorio de Otzoyá*
（31）Ximénez: *Historia de la Provincia de San Vicente de Chiapa y Guatemala*, 1.
（32）Vol. I, Chap. VIII, p. 61（ed. 1935）
（33）Villacorta & Rodas: *Manuscrito de Chichicastenango, El Popol Vuh*, p. 157—160
Villacorta: *Prehistoria e Historia Antigua de Guatemala*, p. 170
（34）Rudolf Schuller: "Der Verfasser des Popol Vuh", *Anthropos*, Vol. XXVI, Nos. 5—6（Sep.—Dec. 1931）, p. 932
（35）Rodriguez Caba: *Apuntes para la vida del M. R. Padre presentado y predicador general Fr. Francisco Ximenez*, p. 38
（36）Ximénez: *Historia de la Provincia de San Vicente de Chiapa y Guatemala*, 1, p. 65
（37）Brasseur de Bourbourg: *Bibliotheque Mexico-Guatemalienne*（1871）, p. 155
（38）Spence: *The Popol Vuh, The Mythic and Heroic Sagas of the Kiches of Central America*, p. 33
（39）英語にはこれに似た用法もあり、its being declared, its being told, its being formed 等と訳すことに

よって意味も通じるが、もちろん、英語でも名詞に置き換えたほうがわかりやすいであろう。

（40）Brasseur de Bourbourg: *Histoire des Nations Civilisees du Mexique et de l'Amérique Centrale*, Vol. 1, p. XXV, XXVI

（41）前掲書 Vol. 1, p. LXXX

（42）Las Casas: *Apologética Historia de las Indias*, Vol. 1, Chap. CCXIX, p. 574

セラーノ・イ・サンス氏はヒメーネス神父の労作を、サアグン神父の作品と比較し、「ヒメーネス神父はさきにサアグン神父がメキシコについてやったように、グァテマラの住人の素晴しい伝説をわれわれに残してくれた」と述べている。

Re laciones Históricas y Geográficas de América Central（Serrano y Sanz）Madrid, 1908

（43）Brasseur de Bourbourg: *Histoire des Nations Civilisees du Mexique et de l'Amérique Centrale*, Vol. 1, p. XXVI

（44）「ヒメーネス神父の翻訳に対するブラシュール・ドゥ・ブールブールの酷評はまったく不当なものである。実際、彼は自分で述べている以上にヒメーネスの訳にそのまましたがっており、ほとんど文字どおり彼の訳を取り入れている。のみならず彼は、ヒメーネスの犯した誤りまでもそのまま受けついでおり、そのうえヒメーネスの訳を仏訳するにあたって誤訳までしている。ヒメーネスの訳が不完全であるとしても、彼は、住人たちがどのようにしてその歴史を物語ったかということを、ブラシュールよりもはるかによく理解していた」（Schuller: "Das Popol Vuh und das Ballspiel der Kicé Indianer von Guatemala, Mittelamerika", *Intern. Achiv für Ethnogragh*, Vol. 33, p. 107, N.5）

（45）Seler: "Der Bedeutungswandel in den Mythen des Popol Vuh, Eine Keitik", *Anthropos*, Vol. VIII, p. 388（1913）

（46）Schuller: "Der Verfasser des Popol Vuh", *Anthoropos*, Vol. XXVI, Nos. 5—6（Sept.—Dec. 1931）

Schuller: "Das Popol Vuh und das Ballspiel der Kicé Indianer von Guatemala, Mittelamerika", *Intern.*

Achiv für Ethnogr. Vol. 33, p. 105—16

Imbelloni: "El Genesis de los pueblos protohistóricos de América", *Boletin de la Academia Argentina de Letras,* Vol. VIII, No. 32 (Oct.—Dec. 1940), p. 539—628

(47) p. 270

(48) Sahagún: *Historia general de las cosas de Nueva España* Vol. 111, Book X, Chap. XXIX, p. 136 (ed. 1938)

(49) Francisco Calel Yzumpamの古文書(1561)、Fuentes y Guzman: *Recordacion Florida* (ed. 1933), II, p. 391—92

(50) *Historia de la Provincia de San Vicente de Chiapa y Guatemala,* 1, p. 71

ポポル・ヴフ

アメリカ大陸のすべての原始民族のなかでも、グァテマラのキチェー族は、最も豊かな神話の遺産をわれわれに残してくれた。キチェーの民族の書ともいうべきこの『ポポル・ヴフ』の宇宙創造の話は、粗野な、しかも風変りな文体と、詩的な創意によって書かれているが、これこそ原始民族思想の最も奇抜な遺品であろう。

——Hubert Howe Bancroft: *The Native Races,* Vol.2 chapt.1

3　双生神の父とその弟

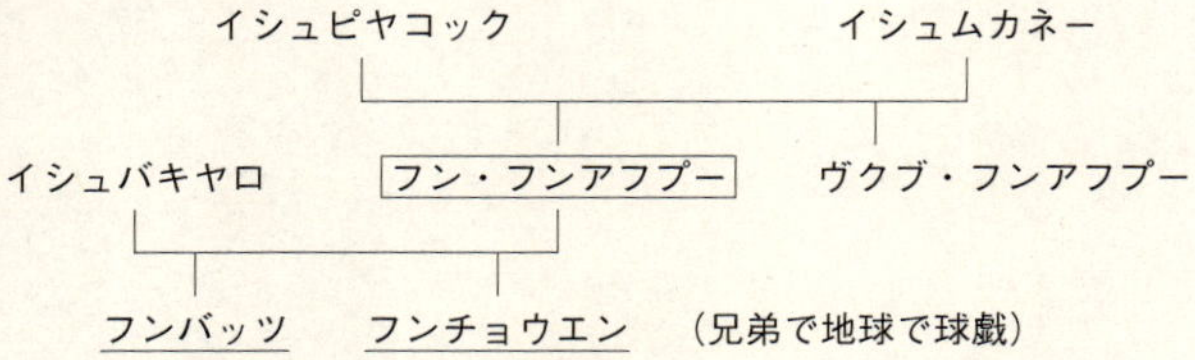

◎シバルバーの王達との諍い

シバルバーの王　　　　その使者達

フン・カメー　　　　＝四羽のみみずく
ヴクブ・カメー

4　双生神の誕生

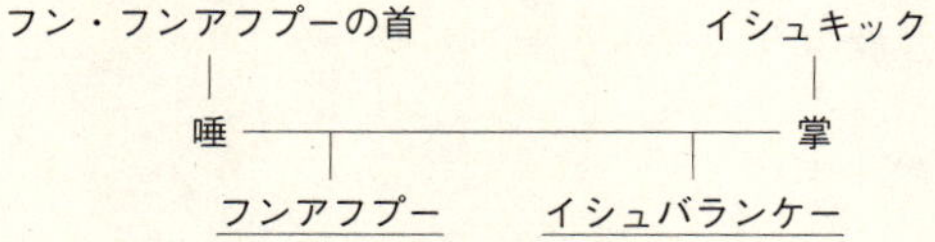

5　双生神とその異母兄達の諍い

フンバッツ
フンチョウエン

フンアフプー
イシュバランケー

ポポル・ヴフ 主要人名

1　創成神話

創成神
- ツァコル／ビトル
- アロム／クァホロム
- テペウ／グクマッツ

創造者
- イシュピヤコック
- イシュムカネー

天の心・フラカン
- カクルハー・フラカン
- チピ・カクルハー
- ラサ・カクルハー

2　双生神神話

双生神
- フンアフプー／イシュバランケー
- サキ・ニマ・チイス／サキ・ニム・アク

◎三者退治

(1)ヴクブ・カキシュ　　チマルマット

(2)シパクナー　　(3)カブラカン

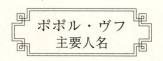

ポポル・ヴフ

序文

これは、キチェー[1]とよばれるこの地の古い歴史の始りである。ここに、キチェーの国の諸部族がキチェーの町で行ったすべての事柄の始りと、昔からのその源、その歴史[2]を書きはじめる。

ここでは、秘められてあったことどもや、ツァコル、ビトル、アロム、クァホロム、またの名をフンアフプー・ヴッチ、フンアフプー・ウティウ、サキ・ニマ・チイス、テペウ、グクマッツ、ウ・クス・チョ、ウ・クス・パロー、アフ・ラサー・ラク、アフ・ラサー・ツェルとよばれる神々[3]が露わにしたもうたことどもを世に明らかにし、述べることとする。

さらにまた、キチェーの歴史において二度の祖母、二度の祖父とよばれ、保護者であり守護者とされる祖母イシュピヤコックと祖父イシュムカネー[4]が、生命の初め、歴史の初めに当り行ったすべてのことがらをともに述べ明らかにする。

この書は、神の法の下、キリスト教の世になってから書かれる。これを世に出すのは、海の彼方から渡ってきたことや、われわれの暗黒の時代の物語や、その生活が明らかにされていた、かの『ポポル・ヴフ』[5]を、もはや見ることができないからである。

そのむかし、書かれたその原典があったのだが、今やそれはもう世の調べる者、考える者の目に触れることがない。

そこには、天と地がどのようにして作りだされたか、どのようにそれが四部に分けられたか、そして、どのようにして天の大きさが計られ示されたか、計りひもがどのようにもたらされて天と地の四隅、四つ角[6]に張りめぐらされたかが雄大に述べ語られていた。それはすべてのものの生命の母と父[7]、すなわち、息吹きと思想を与える父、子らを生む母、人々の幸を祈り、人類の幸福を願い、天に、地に、湖に、はたまた海にあるすべてのものの善を請い願う智者たる父、創造主、形成主の告げたもうたままであった。

第一部

第一章

ここには、すべてが静かに垂れ下がり、すべてが動くこともなく平穏にうちしずみ、空がただうつろにひろがっていた模様が語られる。

これはその最初の話、最初の物語である。人間はまだ一人もいなかった。獣も、鳥も、魚も、蟹《かに》もいなかった。木も、石も、洞穴も、谷間も、草や森もなく、ただ空だけがあった。

地の表もさだかに見わけられなかった。ただ静かな海と限りなくひろがる空だけがあった。

寄り集まって物音をたてるようなものは何もなかった。空には動くものも、ゆれるものも、また騒ぎたてるものもなかった。

立っているものは何もなかった。ただ水が淀み、海が安らかに静まりかえっていた。生を享《う》けたものは何もなかった。

暗闇のなか、夜のなかに、ただ不動と静寂があるのみであった。

そして創造主《ツァコル》と形成主《ビトル》、テペウとグクマッツ、アロムとクァホロム[1]だけが水のなかに[2]光り輝いていた。緑と青藍の羽根につつまれて[3]光り輝いていた。それゆえその名をグクマッツといった。彼らは偉大な知恵者、偉大な哲人の資質を具えていた。こんなふうにして天があり、天の心[4]があった。これが、とりもなおさず神の名である。

ここで、初めて言葉があった。テペウとグクマッツがともに来たって、暗闇のなか、夜のなかで語りあった。語りあって、ともに議し、熟慮し、同意に達して、その言葉と考えとを一つにした。

思いを凝《こ》らしている間に、暁《あかつき》とともに人間の現われ出なければならないことが明らかになった[5]。そこで創造のことについて、つまり樹木と葦草の創造と育成、生命の誕生、人間の創造について、取決めがなされた。こうして暗闇のなか、夜のなかで、フラカンとよばれる天の心は手筈をととのえた。

天の心はその第一がカクルハー・フラカン、第二がチピ・カクルハー、そして第三がラサ・カクルハーとよばれた[6]。この三体が天の心である。

次にテペウとグクマッツが集まり来たって、生命と光について語りあい、どうしたら明るくなり、朝が来るだろうか、だれが食べものや糧《かて》を造り出すだろうかについて語りあった。

「かくあれ！」「空間は満たされよ！」「この水よ、去れ！」「大地よ、現われ出て、固まれ！」「明るくなれ！」「天と地に黎明よ、来たれ！」

と叫び、さらに、

「人類が生まれ出てくるまで、われらのこの創成には栄光も偉大さもないだろう」

と、二人は言った。

やがて大地が、彼らによって造られた。

「大地！」

と、二人が叫ぶと、大地はたちまちのうちに出来上がった。大地の形成は、実際、こんなふうにおこなわれたのである。

霞《かすみ》のごとく、雲のごとく、砂塵のごとく、水のなかから山々が現われ出て、それはたちまち大きくなっていった。

このような奇蹟、このような魔術によって、初めて山々が出来、谷間が造られた。そしてたちまち地上には杉林や松林が生えていった。

グクマッツは喜びに溢れて、

「天の心よ、よくこそ来たりたもうた。汝カクルハー・フラカンよ、汝チピ・カクルハー、ラサ・カクルハーよ」

と叫んだ。

「われらの業《わざ》、われらの創造はこれで終わった」

天が静かに垂れ下がり、大地が深く水中にかくれていたころ、大地はこのようにして、まさしく天の心、地の心によって、初めて造られたのであった。

と、彼らはこれに答えた。

まず大地と、山々と谷間が形造られ、そして水の流れが分けられて、せせらぎが自然に山間を流れ走り、高い山に当たって流れを分けていった。

天が静かに垂れ下がり、大地が深く水中にかくれていたころ、大地はこのようにして、まさしく天の心、地の心によって、初めて造られたのであった。

幸いな成果を得ようと、熟慮に熟慮を重ねてなされた業は、こうして完成されたのである。

第二章

つづいて森の守番として山の小さな動物たちを、山の精[1]として鹿や鳥やぴゅーまやじゃぐゎーるを、葦草の繁みの守番として蛇や蝮《まむし》を創造したのである。

アロムとクァホロムは、

「木の下、葦草の下に、ただ静寂と沈黙だけしかなくてよいものだろうか。これからは、この番をするものがだれかいたほうがよい」

と言って、よくよく考えた。

そこで早速、鹿と鳥を創造し、彼らに住家を分け与えた。鹿には、

「鹿よ、おまえは河の畔、谷間の蔭を住いとし、その草葉の繁みにおれ。森のなかで繁殖し、四つの足で歩き、自分らの暮しをたてよ」

と言った。そして鹿はそのようにした。

つづいて、小さな鳥や大きな鳥に住家を与えて、

「おまえたち鳥禽よ、おまえたちは木の上、草葉の上を住いとし、そこに巣をもうけて繁殖し、木々の梢や葦草のあいだを飛びまわれ」

と言った。

このように告げられた鹿と鳥は、みなすぐさまそれぞれの住家や巣についていった。

こうしてアロムとクァホロムは、地上の動物たちにそれぞれ住家を分け与えたのである。

さてツァコルとビトル、アロムとクァホロムは、これが終わると、鹿、鳥、ぴゅーま、

じゃぐゎーる、蛇に向かって、

「さあおまえたち、おまえたちはそれぞれの流儀でしゃべるのだ。さあ、しゃべれ。叫べ。さえずれ。そしてわれらの名を呼ぶのだ。おまえたちの母、おまえたちの父の名を称《たた》えるのだ。天の心、地の心たるカクルハー・フラカン、チピ・カクルハー、ラサ・カクルハーを、創造主、形成主たるツァコルとビトル、アロムとクァホロムを祈り、崇めよ」

と告げた。

ところが、いっこうに、人間がしゃべるようにしゃべらせることはできなかった。ただ金切声をあげたり、鳴きわめいたりするばかりで、まるで言葉の形をなさず、それぞれ勝手な叫び声をあげるにすぎなかった。

ツァコルとビトルは、彼らに、その創造主たる自分らの名を口にさせることができないのを知ると、「これはよくないことだ」と語りあって、

「おまえたちがしゃべれないのなら、おまえたちのかわりを造らねばならない。われらは考えを変えたのだ。われらを崇め称えることのできないおまえたちは、いつまでも食餌と住家を谷間や森に求めているがよい。おまえたちの肉は挽臼《ひきうす》にかけられて食べられてしまうだろう。それがおまえたちの運命だ。われらは、われらを崇め、われらに忠実なるものを他に求めねばならない」

新しい創造にとりかかった。すなわち、人の姿を形どり、泥土でその肉を造った。ところがそれは、柔らかくてすぐ崩れてしまい……。

と、地上のすべての小さな動物、大きな動物に言い渡した。

しかし創造主たちはもう一度、彼らが自分たちを崇めることができるかどうかを試してみた。だが、彼らにはその言葉が理解できなかったのである。すべては無駄に終わってしまった。それでとうとう、地上の獣たちは殺され、その肉は犠牲《いけにえ》に供せられ、食べられてしまわねばならない運命となった。

そこで、創造主たちは再び新たに人間を創成することを試みることにした。

「さあ、もう一度やってみよう。夜明けも近づいた(2)。われらを養い、その糧《かて》を用意してくれるものを造り出そう。われらの名を称え、われらを崇めるものを造りあげよう。初めに造ったものたちは、われらを称え敬うことができなかった。おとなしく、つつましやかで、われらを養い、その糧を用意してくれるものを、もう一度造り出すよう試してみよう」と語り、新しい創造にとりかかった。すなわち、人の姿を形どり、泥土でその肉を造った。ところがそれは、柔らかくてすぐ崩れてしまい、じめじめとしていて力もなく、すぐ倒れてしまって動くこともできず、頭を動かすにしても顔が一方にかたむいてしまい、目には霞《かすみ》がかかってしまって、後ろをふり返ることさえできなかった。初めは口をきいていたが、わけがわからなかった。しかも水のなかへ入れると溶けてしまって、じっとしていることができなかった。それで創造主たちは、

「これでは歩くこともできなければ、子供を生み繁殖することもできない。もう一度よく相談しよう」

と言って、その創造したもの、自ら造りあげたものをうち壊してしまった。

「完全なものにするにはどうしたらよいだろう。われらを崇めるもの、敬うものがうまく出来上がるにはどうすればよいだろう」

と、彼らは語りあって、たがいに相談し、

「イシュピヤコック、イシュムカネー、フンアフプー・ヴッチ、フンアフプー・ウティウに『もう一度やってみよ。もう一度創造にかかれ』と言うことにしよう」

ということになり、創造主たちが、日の祖母、暁の祖父とよんでいるこの占い師たちに

言いつけた[3]。

「もう一度集まって、これから創造する人間が、われらを養い、その糧を用意し、われらを崇め、われらを思い出すような方法を見つけ出せ」

「われらが祖母よ、われらが祖父よ。イシュピヤコックよ、イシュムカネーよ。さあよく相談して、光をもたらし、夜が明けるように取り計らえ。われらが創造する人間、生命を与えた人間がわれらを崇め、敬い、われらを思い出すように取り計らえ」

「二度の母フンアフプー・ヴッチよ、二度の父[4]フンアフプー・ウティウよ。ニム・アク[5]よ、ニマ・チイス[6]よ。碧玉の師よ、宝石師よ、彫り物師よ、彫刻師よ。美わしの皿の師よ、青椀の師よ、樹脂の師よ、トルテカットの師よ。太陽の祖母、暁の祖父[7]よ。汝らの資性をあらわせ」

「木で人の姿を形どり、口や目を彫りつけてみてはどうか。とうもろこしとチッテー豆[8]で占ってみてくれ」

と、占い師に言った。

　すぐさま、とうもろこしとチッテー豆で占いが行なわれた。一人の老女と一人の老人が、

「さあ運命よ、創造よ」

と叫んだ。この老女というのがチッテー豆で占いをする女、すなわちイシュピヤコック

で、老人はチラカン・イシュムカネー[9]という占い師であった。

「さあ集まれ。一緒になれ。おまえたちの言うことを聴こう。さあしゃべれ」

そう言って、二人は占いをはじめた。

「創造主《ツアコル》と形成主《ビトル》が木を集め、これを彫り刻《きざ》んでよいかどうか、さあはっきり言ってくれ。そしてこの木の人間は、夜が明け、空が明るくなったとき、われらを養い、その糧を用意してくれるものになるかどうか、さあ言ってくれ。とうもろこしよ。チッテー豆よ。さあ集まれ、集まれ。さあ一緒になれ。運命よ、創造よ、天の心よ。ここに恵みを垂れ給え。テペウとグクマッツを罰したもうな[10]」

と、二人は祈った。すると天の心が、

「御身らの木の人形は首尾よく出来上がろうぞ。そして口もきき、語りあうこともできようぞ」と言ったので、彼らは、

「そのようにこそ」

と答えて、すぐさま木で人形を造りあげた。この人形は人間によく似て、人間のようにしゃべり、やがて地上に住みひろがっていった。彼らは木の棒の娘や息子を生んで、殖《ふ》えていった。

　だが、彼らは魂もなければ知恵もなく、自分たちを造ってくれた創造主を思い起こすこともなく、しかも四つ足で、あてどもなく歩きまわっていた。天の心のことなぞ、も

うとっくに忘れてしまっていたから、やがて彼らの上に不幸がやって来るのである。じつはこの創造は人間を創《つく》るまでの一つの試みであり、一つの企てにすぎなかったのである。

実際のところ、彼らは口をきくことはできたけれども、その顔はひからび、手足はぶらりと垂れ下がっているばかりで、力なく、血も通わず、うつろで、うるおいも脂肪もなく、その頰も手足も乾ききっていて、その肉は黄色であった。

そんなふうだから、彼らに生命を与え、彼らを見守ってくれている創造主のことなぞ、もう考えもしなかったのである。

これが、この地上にたくさん住んでいた最初の人間たちであった。

第三章

たちまちこの木の棒の人形は打ちのめされ、うち壊され、うち潰され、うち殺されてしまった。

そして天の心によって洪水がよび起こされた。大洪水が起きて、大水が木の棒の人形の頭上に降りかかってきた。

男の肉はチッテー豆で造られていたが、創造主たちが女を造るときには、シバケ葦[1]をその肉にした。

たちまちこの木の棒の人形は打ちのめされ、うち壊され、うち潰され、うち殺されてしまった。

しかし彼らは考えることもできず、彼らを造り出した創造主たちと話をすることもできなかった。そんなわけで彼らは殺され、水に沈められてしまったのである。

天から樹脂がおびただしく降ってきた。シェコトコヴァッチという神がやって来て彼らの眼はえぐり出され、カマロッツがやって来て頭を斬られ、コッツバラムがやって来て肉をむさぼり食われてしまった。トゥクムバラム[2]もやって来て彼らの骨や神経もうち砕き、切りさいなんでしまい、その骨はこなごなに挽《ひ》かれてしまった。

これこそ、彼らがその母、その父、すなわちフラカンと呼ぶ天の心のことを思わなかったために受けた罰であった。そしてそのために、地の面は暗くかげり、黒い雨が昼となく夜となく降りはじめたのである。

その間に小さな獣、大きな獣がやって来た。また棒どもや石どもが彼らの顔をなぐりつけた。土甕《どがめ》(3)も、焙炉《ほいろ》(4)も、皿も、鍋も、挽臼も、みんないっせいにしゃべりだし、いっせいに立ち上がって、その顔をなぐりはじめた。

「おまえらは、おれたちに悪いことばかりしてきた。おれたちを食ったのもおまえらだ。こんどは、おれたちが、おまえらに噛みついてやる」

と、犬と鳥(5)が言った。

すると挽臼が、

「おれたちは、おまえさんたちに、来る日も来る日も、夜から朝(6)まで、いじめられどおしだった。おまえさんたちのせいで、いつもホリホリ、フキフキと、顔をやられどおしだった。こんなふうに、おれたちはおまえさんたちにされていたのだ。だがもうおまえさんたちは人間じゃないのだから、おれたちの力を見せてやろう。おまえさんたちの肉を挽いて、粉にしてやろう」

と言った。

こんどはまた犬が、

「どうしておれたちに食べ物をくれなかったのだ。おれたちがちょっと食べ物をのぞいてみただけで、すぐおれたちを追いまわし、外にほうり出してしまったではないか。おまえさんたちは、食事のときには、おれたちを叩くために、棍棒《こんぼう》をいつも側に置いていたではないか。おまえさんたちのおれたちへの仕打ちときたら、まずこんなふうだった。おれたちは話もできなかったのだ。おれたちは今すぐおまえさんたちを殺さないかもしれないが、しかし、どうしてあのときおまえさんたちはもう少し反省してみなかったのだ。おまえさんたち自身のことを考えてみなかったのだ。さて、これからおまえさんたちを噛みくだいてやろう。こんどは、おれたちの口のなかにあるこの歯をおまえさんたちに試してみるのだ。おまえさんたちをむさぼり食ってやろう」

　こう言って犬は、彼らの顔を噛みくだいた。

　するとこんどは焙炉と鍋が、

「おまえさんたちは、おれたちをいためつけ、おれたちを苦しめた。おれたちの顔や口はすすで真っ黒に汚された。そしておれたちが熱くないとでも思ったのか、しょっちゅう火の上にかけて、おれたちを焼いたのだ。こんどはおまえさんたちの番だ。おまえさんたちを火の上で焼いてやろう」

と言って、みんなで寄ってたかって顔を打ちくだいた。すると積み重ねてあった炉辺の[7]石が火のそばからすっ飛び出てきて、彼らの頭をなぐりつけ、彼らを痛めつけた[8]。

　人形たちはすっかり絶望して、無我夢中であちらこちらと逃げまわったが、家の上に上がろうとすれば、家が倒れてきて彼らは地面にほうり出されてしまい、木の上に登ろ

そんなわけで、猿は人間に似ている。猿はあの時代に創造された人間、すなわち木で造った人形にすぎない人間の見本なのである。

うとすれば、木は彼らを遠くへ投げだしてしまい、岩穴へ逃げ込もうとすれば、岩穴は彼らの前で閉ってしまった。

　これが、初めて形造られた人間の末路であった。彼らは、うち壊され、絶滅されるために造られたようなものであった。彼らはいずれも、その口や顔を潰されてしまった。しかし彼らの子孫は、今も森のなかにいる、あの猿だということである。創造主たちが木を肉として造った人間の見本が猿であるということである。[9]

　そんなわけで、猿は人間に似ている。猿はあの時代に創造された人間、すなわち木で造った人形にすぎない人間の見本なのである。

第四章

　そのころ、地の面にはほとんど光がなかった。まだ太陽がなかったのである。ただ、ヴクブ・カキシュ[1]、という、とてもうぬぼれの強い男がいた。すでに天も地もあったが、太陽も月もまだその面をかくしていたのである。

　ヴクブ・カキシュは、

「まったくのところ、やつらは、あの溺れ死んだ人間どもの明らかな見本だし、やつらは超自然の性を具《そな》えている[2]」

と語り、

「だが今や、おれこそ、創造されたすべてのもののうちで最も偉大なのだ。おれこそは太陽だ、光だ、月だ」

と叫び、さらに、

「おれは、何とすばらしく光り輝いていることか。おれのおかげで人間どもは歩き、おれのおかげで戦いにも勝てるのだ。それというのも、おれの目は銀づくりで、宝石やエメラルドのように光を放ち、おれの歯は天穹《てんきゅう》に似て、貴《とうと》い石のように輝く。おれの鼻は、月のように遠くからでも光っている。おれの座は銀づくりで、おれがこの座に向かって歩けば、地の面は光に満ち満ちる。そうだ、おれこそは人類にとって[3]の太陽であり、月であるのだ。それだからこそおれは、遥か彼方にまでも目がとどくのだ」

と語った。

　しかし実際のところ、ヴクブ・カキシュは太陽ではなかった。ただ、その羽根や財宝が光り輝くのを独りよがりしていただけのことであった。そしてその視界は、たしかに地平線の彼方にまでも届いたけれど、全世界にまでは及んでいなかった。

太陽も、月も、星も、まだその面を現わしていなかった。夜はまだ明けていなかったのである。太陽の光も月の光もまだ輝かなかったからこそ、ヴクブ・カキシュは自分こそ太陽であり月であるかのようにあだに誇っていたのであった。

彼の唯一の野心は、自ら偉大になることと、世界を支配することであった。こういうときに、あの木の棒の人形のせいで、例の洪水が起こったのであった。

さてこれから、ヴクブ・カキシュがどんなふうにして滅ぼされ、殺されてしまったかということ、そしてまた、どんなふうにして創造主たちが人間を創《つく》り出したかということを述べるとしよう。

第五章

これは二人の若者、すなわちフンアフプーとイシュバランケーという二人によって、ヴクブ・カキシュの栄光が破られ、破滅を来たす物語の始りである。そしてこの若者というのは、じつは神であったのである。(1)

彼らは、傲慢《ごうまん》なヴクブ・カキシュが天の心の目の前であえて悪事を働くのを見て、

「まだ地上に人間が住んでいないというのに、こんなふうにしておくことはできない。

この山々は、シパクナーが一晩のうちに造りあげたものである。すなわち、夜が明けたときにはもう出来上っていたのである。

彼がめしを食っている間に吹筒《ふきづつ》でうってやろう〔2〕。そしてこっぴどく参らせてやろう。そうすれば、彼の自慢にしている財産、碧石も貴金属もエメラルドも装身具も、みんな無くなってしまうだろう。だれであろうと、力や財産があるからといって、うぬぼれてはならないのだから、そうしてやろう。そうだ、そういうめに遭《あ》わせてやろう」と言って、二人の若者は吹筒を肩にかけて出かけて行った。

ところで、このヴクブ・カキシュにはシパクナーとカブラカンとよぶ二人の息子があった。その母、すなわちヴクブ・カキシュの妻はチマルマットという名前〔3〕であった。

シパクナーは、いつもチ・ガグ、フンアフプー、ペクル、ヤシュカヌル、マカモブ〔4〕、フリスナブという大きな山々を相手に球戯〔5〕

をしていた。この山々は、シパクナーが一晩のうちに造りあげたものである。すなわち、夜が明けたときにはもう出来上がっていたのである。

すると、カブラカンは山々を動かし、大きな山、小さな山をゆさぶった。

こんなことでヴクブ・カキシュの子供たちも、その力を誇っていた。

「さあ聴け、者ども。おれこそは太陽だぞ」

と、ヴクブ・カキシュが叫べば、シパクナーは、

「おれこそは大地を造ったものだ」

と言い、カブラカンも、

「おれこそは天をゆり動かし、大地をゆさぶるものだぞ」

と言った。

こんなふうにヴクブ・カキシュの息子たちも、父親の真似をして大いにうぬぼれあっていた。こうしたことは、二人の若者には、とても悪いことだと思われた。

われわれの最初の母も、最初の父も、まだ造られていなかった。

だからこの二人の若者は、ヴクブ・カキシュとその息子たちを殺してしまおうと決心したのである。

第六章

さてそれでは、若者たちがヴクブ・カキシュを吹筒でうった話、あのうぬぼれていた連中が次々とうち滅ぼされていった模様を、これから話すとしよう。

ところで、ヴクブ・カキシュは大きなナンセ[1]の木をもっていて、その実を彼の食糧としていた。彼は毎日この木の下にやって来ては、木のてっぺんに登っていたので、フンアフプーとイシュバランケーはその実が彼の食糧だということを知っていたわけである。それで二人は、この木の根もとの葉かげに隠れて、彼を待ち伏せた。そこへヴクブ・カキシュがナンセの実を食べにまっすぐにやって来た。

そこで早速フンアフプーが吹筒を一発放ったところ、ちょうどヴクブ・カキシュの顎《あご》骨に当たったので、彼は叫び声をあげながら木のてっぺんから真っ逆さまに落ちてしまった。

フンアフプーは急いでかけ寄り、ヴクブ・カキシュを捕《つか》まえたが、ヴクブ・カキシュはひるまずにフンアフプーの腕をとらえて、肩のつけ根からもぎ取り、二つに折ってしまった。こうしてヴクブ・カキシュはフンアフプーの腕を奪ってしまったが、若者たちは大いに頑張って、それで負けてしまうどころではなかったのである。

ヴクブ・カキシュは、フンアフプーの腕を持って、顎をおさえながら家に帰って来た。

ヴクブ・カキシュはひるまずにフンアフプーの腕をとらえて、肩のつけ根からもぎ取り、二つに折ってしまった。

「どうなさいました？」

と、ヴクブ・カキシュの妻チマルマットが尋ねた。

「どうしたもないよ。例の若いやつらが吹筒をうって、おれの顎を外《はず》してしまったのだ。おかげで歯はぐらぐらになり、痛くて痛くて仕方がない。だがおれは、やつの腕を火にかけて焼いてやろうと思って持って来たのだ。そこの火の上にぶら下げておくのだ。きっと、やつらはこれを探しにやって来るからな」

と言いながら、フンアフプーの腕をつるし下げた。

一方、フンアフプーとイシュバランケーはよくよく考えた挙句、とても年寄ってみすぼらしい老女と、すっかり髪の白くなった老人のところへ相談に行った。二人とも年寄らしく腰が曲っていたが、老女はサキ・ニマ・チイス、老人はサキ・ニム・アク[2]という名であった。

若者たちは老女と老人に、

「ヴクブ・カキシュの家へ私たちの腕を取戻しに行きたいのですが、どうか一緒に来てください。

私たちは後からあなた方についてまいりますから、『この二人はわれわれの孫なんです。母親も父親も亡くなり、われわれが恵みを乞いに行くところへはどこへでも後からついて来るのです。われわれの知っていることは奥歯の虫を引っぱり出すことだけです』と言ってください。そうすればヴクブ・カキシュは、私たちがただの若者だと思うでしょう。そして私たちは何かあれば相談できるように一緒についてまいります」

と言った。

老人たちは「よろしい」と言って、早速、ヴクブ・カキシュが寝ころんでいるところへ向かって歩き出した。老女と老人、それに若者たちが遊びふざけながらついて行った。こうして、奥歯が痛くてうめいているヴクブ・カキシュの家までやって来た。

ヴクブ・カキシュは、老女と老人とその連れを見て、

「おばあさん、おじいさん、どこからやって来たんだね?」

と尋ねた。

「何か食べものを探して歩いております」

と、二人は答えた。

「おまえさん方の食べものというのは何かね？　その一緒について来ているのはおまえさん方の子供たちかね？」

「いいえ、旦那さま、これは私どもの孫でございます。でもとても可哀そうなやつらなので、私どもに戴きますものを分けてやっております」

と、老女と老人は答えた。

そのうちにヴグブ・カキシュは歯の痛みで死にそうに苦しみだしたので、とても話しにくそうに、

「どうかおれを可哀そうに思っておくれ。何かおまえさん方でできないか、何か治す方法を知らないか」

と言ったので、老人たちは、

「ええ、旦那さま、私どもは奥歯の虫を引っぱり出したり、眼を治したり、骨をついだりすることを知っております」

と答えた。

「それは素晴らしい。おれの歯を治しておくれ。毎日毎晩、これでおれは苦しんでいるのだ。この痛みと眼のおかげで安らかにしておれないし、夜も眠れないのだ。それというのも、二人の悪童どもがおれに土球をぶつけたからなのだが、おかげでおれは食事もできないのだ。どうか、おれを哀れに思っておくれ。そしてその手で歯をおさえておく

れ」

「わかりましたとも、旦那さま、それは虫が一匹歯のなかにいて、それがあなたさまを苦しめているのですよ。その歯を抜いて、かわりをそこに詰めておけば癒《なお》りますよ」

「おれの歯を抜くって？　それはよしてくれ。おれの歯と眼は、おれのもっているいちばん大切な飾りなのだ。これをもっているからこそ、おれは長者なのだ」

「私どもは、そのかわりに骨を粉にして造った歯をお入れいたします」

と言ったが、その粉にした骨というのは、じつは白いとうもろこしの粒だったのである。

しかし彼は、

「よし、それなら抜いてくれ。そしておれを助けてくれ」

と答えた。

　そこで二人はヴクブ・カキシュの歯を抜き、そのかわりに白いとうもろこしの粒を入れた。白いとうもろこしの粒は、一瞬、口のなかで輝いたが、たちまちヴクブ・カキシュの顔立ちはしぼみ衰えて、もう長者とは見えなくなってしまった。それから口のなかで真珠のように輝いていた彼の歯を全部抜き取ってしまった。そして最後に眼を治すと言って、ヴクブ・カキシュの眼玉を抜き出してしまった。すなわち、彼の宝をすっかり奪ってしまったわけである。

　ヴクブ・カキシュはもう何も感じないかのようになってしまっていた。

フンアフプーとイシュバランケーの命によって、ヴクブ・カキシュの自慢の宝物がすっかり取り上げられていくのを、彼はただ見つめているだけであった。

こうして、ヴクブ・カキシュは死んでしまった。フンアフプーはその腕を取り戻した。ヴクブ・カキシュの妻チマルマットも死んでしまった。

こんなわけで、ヴクブ・カキシュの財宝はすっかり無くなってしまった。彼がこの地上で誇りにしていたエメラルドも宝石も、この医者たちがすっかり奪ってしまった。

これをやりとげた老女と老人は、まったく素晴らしい者たちだった。若者たちは腕を取り戻したので、これをまたくっつけて、元のとおりとなった。

二人はこうしてヴクブ・カキシュを殺したが、これというのも、彼がうぬぼれているのがよくないと思ったからであった。二人の若者はこうして天の心の命ずるところを果たして、また出かけて行った。

第七章

さてこれから、ヴクブ・カキシュの長男シパクナーがやったことを話すとしよう。

「おれこそは山を造りあげたものだ」

と、いつも言っていたシパクナーが、ちょうど川の畔で水を浴びていると、そこへ四百人[1]の若者が大きな木を一本引きずりながらやって来た。

この若者たちは、家の柱にするためにこの大木を伐ってきたのだが、シパクナーはこれを見て、若者たちのところへ近づき、「若い衆、いったい何をしているのかね？」と尋ねた。

「たったこの木一本なのですが、じつはこれを持ち上げて肩に担《かつ》ぐことができないのです」

「じゃ、おれが持って行ってやろう。どこまで行けばよいのだ？　そして、これをいったい何に使うのだね？」

「家のかまちに使うのです」

するとシパクナーは「よし」と答えて、すぐにこの木を肩に担ぎあげ、四百人の若者たちの家の入口まで持って行ってしまった。これを見て、若者たちは、

「お若い方、ひとつ私どもと一緒に住んでくれませんか。ご両親はあるのですか」

「いや、ないんだ」

「じつは家の柱にもう一本同じような木が要るので、明日あなたを雇いましょう」

シパクナーは、これに「よし」と答えたので、若者たちは早速、相談をはじめ、

「さあ、この男をどうして殺してやろう。だいたい、木を一人で引っぱり上げるなど、よくないことだ。大きな穴を掘って、そこへつき落としてやろう。彼には『穴へ降りて、土を取り出してくれ』と言い、下へ降りてちょうどかがんだところへ例の大木を落とせ

ば、彼は穴のなかで死んでしまうにちがいない」

と言いあい、早速、深い穴を掘って、シパクナーを呼んだ。そして、

「私たちはあなたが大好きです。さあ、ちょっと来てくれませんか。この穴を掘ってくれませんか。もう私たちでは底まで届かないのです」

と言った。

これを聞いてシパクナーはすぐ穴に降りて行き、土を掘り出した。若者たちは上から、

「もう、だいぶ深くまで行きましたか」

と尋ねた。

「大分きたよ」

と、シパクナーは言いはしたものの、じつは別のところに穴を掘りはじめているところだった。その穴というのは、彼が難からのがれるためのものであった。つまり、シパクナーは、彼らが自分を殺そうとしているのを知っていたから、穴を掘りながらじつは横のほうへ第二の穴を造っていたのである。

四百人の若者たちは、

「いったい、どこまで掘って行くのですか」

と、下へ呼びかけた。

「まだ掘っているのだよ。掘り終わったら呼ぶからね」

と、シパクナーは穴の底から答えた。けれども、彼はけっして自分の墓穴を掘っていたわけではなく、自分の身を救うための別の穴を掘っていたのであった。

やっとのことでシパクナーは若者たちに呼びかけたが、そのときにはもう横穴のなかにうまく隠れていた。

「さあ、おれの掘りおこした土を持ち出してくれ、底にだいぶ溜ったよ。ほんとにずいぶん深く掘ったよ。おれの声が聞えないのかね。でも、おまえさんたちの声は山彦になって二度にも聞えるよ。おまえさんたちがどこにいるかもよくわかるよ」

と、シパクナーは奥底の自分がかくれている横穴から、こう叫んだ。

そこで若者たちは大木を激しくほうりこんだ。大木は穴の底へ、音をたてて落ちていった。

「さあ、みな黙れ。いまにやつの死ぬうめき声が聞えるからな」

と、彼らはほうり込んだ大木が、荒々しい音をたてて落ちていく間、みんな手で顔をおおいながら、こっそりと言いあった。するとシパクナーは大声をあげた。大木が底へ落ちたときに、たった一度、大声をあげた。

「さあさあ、うまくいったぞ。やつはもう死んだぞ。もしも不幸にもあのままつづけさせておいたら、おれたちは大変なことになったよ。とにかくやつは、おれたち四百人の若者のなかに入りこんでいたのだからな」

と、若者たちは言った。そして喜びに満ち溢れ、

「さてこれから三日間は、みんなでチチャ酒(2)を造るのだ。三日たったら家の出来上りを祝って一杯飲もう。明日と明後日とは、土のなかから蟻どもが這《は》い上って来るかどうかを見ることにする。蟻は、死体が腐って臭いのする土から出て来るからな。そうしたらもう安心だから、おれらのチチャ酒を飲もうよ」

と言った。

　ところがシパクナーは、穴のなかで、若者たちのこうした話をすっかり聞いていたのである。

　二日目になると、たくさんの蟻が木の下あたりにうようよと出て来て、シパクナーの髪の毛や爪をくわえて往ったり来たりしていた。これを見ると若者たちは、

「とうとうあの悪漢も死んでしまったのだな。ほうら見ろよ、蟻どものありさまを。やつの髪の毛や爪を持って山のようにやって来るよ。おれたちのやったことを見ろよ」

と言いあった。

　だがシパクナーは、生きてぴんぴんしていたのである。頭から髪の毛をむしりとり、爪を噛み切って、蟻にやっていたというだけのことであった。

　そんなわけで四百人の若者たちは、シパクナーがてっきり死んでしまったものと思い込んで、三日目になると大酒盛をはじめ、だれもかれもすっかり酔いつぶれてしまい、

何もわからなくなってしまった。

そこへシパクナーが出て来て、四百人の若者たちの頭上に彼らの家を投げ落とし、彼らを皆殺しにしてしまった。四百人のうち一人も二人も助からなかった。みんな、ヴクブ・カキシュの息子シパクナーのせいで殺されてしまったのである。

こうして、四百人の若者たちは死んだ。死んだ彼らはモッツ[3]という星の一群になったということだが、それはたぶん嘘だろう。

第八章

では、これから、シパクナーがフンアフプーとイシュバランケーという二人の若者にうち敗られ殺されてしまう話の顚末を語るとしよう。

この二人は、四百人の若者たちがシパクナーに殺されてしまったというので、すっかり怒っていた。ところがシパクナーのほうでは、毎日の食糧の魚や蟹《かに》を川辺にあさって獲っていた。日中は食糧をあさって歩き、夜は山を背にして眠っていた。

そこでフンアフプーとイシュバランケーは、森のなかにあるエク羊歯《しだ》[1]で大きな蟹の形を造って、いかにも真物《ほんもの》の蟹のように見せかけた。そしてパハック[2]の草で足を造り、その上に蟹の甲羅《こうら》のように石をかぶせた。そしてこれをメアグアン大山[3]の麓に置いておいたが、ここでシパクナーは敗られることになるのである。

それがすむと、二人は、シパクナーに会うために川の畔に出かけて行った。

「どこへ行くのだね?」

と、彼らはシパクナーに尋ねた。

「やあ若い衆、どこへ行くってかね? べつにどこへも行かないよ。餌を探して歩いているだけだ」

と、シパクナーは答えた。

「おまえの餌は、いったい何だね?」

「魚と蟹だよ。でも、この辺にはいないらしいね。一つも見つからないよ。じつは一昨日から何も食ってないので、もうひもじくてたまらないよ」

と、シパクナーはフンアフプーとイシュバランケーに言った。

「あそこの谷の底に一匹いたが、えらく大きな蟹だったよ。おまえさんが食べるといい。おれたちが捕《つか》まえようと思ったら、嚙みついてね。おれたちにはちょっと手強《てごわ》いのだ。おれたちはもう捕まえにはとても行けないよ」

と、フンアフプーとイシュバランケーが言った。

「やあ、それは大変だ。おれを可哀そうだと思ってくれよ。ぜひ一緒に来て、どこにいるか教えてくれ。ねえ、若い衆」

と、シパクナーはせがんで言った。

「いやだよ、おれたちは。おまえさん一人で行って来ればいいよ。すぐわかるよ。川の畔をずっと行くと、大きな山の麓に出るよ。そこまで行けば谷底で音がするのが聞える。そこまで行けばもうわかるよ」

と、フンアフプーとイシュバランケーが言った。

「ああ、おれを哀れに思ってくれよ、おまえさんたち。その蟹を見つけてくれないのかね。ねえ、一緒に来て、教えてくれよ。それに、あの辺にはいっぱい小鳥がいるから、吹筒で射《う》てるじゃないか。おれが鳥のいるところを知っているから」

と、シパクナーが言った。このへりくだったおとなしい態度を見て、若者たちも自信がつき、

「でも、おまえさんはほんとに蟹を捕まえられるのかね？　おれたちはおまえさんのために戻ってやるだけで、もうおれたちはその蟹を捕まえようとは思っていないのだ。一度おれたちも俯《うつぶ》せになって入って行ったのだが、あの蟹に嚙みつかれたのでね。それで恐《こわ》くなったんだよ。でもね、もう少しで捕まえられるところだったのだ。だからこんどは、おまえさんが這《は》いつくばって入っていくがいいよ」

と、シパクナーに言った。シパクナーは「いいとも、いいとも」と言うので、二人は彼と一緒に行くことにした。

そうしてやがて谷の底に着いてみると、谷底に蟹が横になって赤い甲羅を見せていた。

そこには、二人の若者が仕掛けたわながあった。

シパクナーは大喜びで、「やあ素晴らしい。もう口へほうり込みたくなったよ」と言ったが、実際、彼は飢えきっていたのである。それで俯せになって入ろうとしたが、蟹はどんどん上のほうへ逃げていってしまった。シパクナーはすぐに出て来たので、若者たちは、

「捕まえたかね？」

と尋ねた。

「いや、だめだ。どんどん上のほうへ行ってしまうのだよ。もう少しで捕まえるところだったのだがね。でもこんどは、上のほうから入ってみるよ」

と言って、また上手《うわて》から水のなかへ入って行った。ところが、ほとんど入り込んで、もう足の裏だけしか見えなくなるやいなや、山崩れが起こり、土が徐々に彼の胸の上に落ちてきた。

シパクナーは二度と戻って来なかった。そして彼は石になってしまった。

このようにしてヴクブ・カキシュの長男、山を造ったと伝えられるシパクナーは、二人の若者フンアフプーとイシュバランケーによって滅ぼされてしまった。メアグアンの山の麓でうち滅ぼされてしまった。傲慢《ごうまん》男の二人目は、まったくこんな奇蹟によって殺されてしまい、残りは三番目だけになってしまったが、その男の話は次の機会にしよう。

第九章

三番目の傲慢な男はヴクブ・カキシュの次男で、カブラカンという名であった。しかし、この「おれは山を覆《くつがえ》すのだ」と言っていたカブラカンも、結局、フンアフプーとイシュバランケーのために滅ぼされてしまうのである。

すなわち、カクルハー・フラカン、チピ・カクルハー、ラサ・カクルハーは、フンアフプーとイシュバランケーに、

「ヴクブ・カキシュの次男も滅ぼさねばならない。それはわれらの意志だ。彼がこの地上でやっていることはよくないことだ。その栄光や偉大さ、さらにその力を誇っていることは許しておけない。彼をうまく騙《だま》して太陽の出る彼方へおびき出せ」

と言った。二人の若者は、

「かしこまりました。たしかに、彼のやっていることは正しいことではありません。平和の神であるあなたさま、天の心であるあなたさまがおられるというのに」

と、フラカンの命を聞きながら答えた。

一方、カブラカンは、その間にも山をゆるがすのに懸命であった。彼が大地をほんの一足踏んでも、大きな山、小さな山はたちまち割れていった。そこへ二人の若者が現われて、カブラカンに、

「お若い方、どこへ行くのですか」

と尋ねた。

「どこへも行かないよ。おれはここで山を動かしているのだ。天に日があり光があるかぎり、いつまでもおれはこうして山を覆えしているのだ」

と答え、こんどはフンアフプーとイシュバランケーに向かって、

「何をしにここへやって来たのだ？　貴様らの顔は見たこともないぞ。何という名前だ？」

と、カブラカンは言った。

「私どもは名もない者です。ただ山を歩いて吹筒や鳥あみで猟をしている者にすぎません。自分のものといったら、何もない貧乏人なのです。小さな山、大きな山を歩きまわっているだけなのです。あの空が赤くなっているあちらのほうに(1)、いま大きな山を見たのです。とても高い山で、ぐるりの峰々を見おろしてそびえ立っています。それで、そこでは鳥を一羽も二羽もとれなかったのです。ところでそれはそうと、あなたが山という山を覆えすことができるというのはほんとうですか」

と、フンアフプーとイシュバランケーはカブラカンに尋ねた。

「その山というのを、おまえさんたちはほんとうに見たのかね？　いったい、どこにあるのだね？　おれが見たら、その山を潰してやる。どこなのだ、その山というのは」

「あちらです。あの太陽の昇る、あそこですよ」

と、フンアフプーとイシュバランケーは言った。

「よし、すぐその道を教えろ」

と、カブラカンは二人に言った。

「いや、それはいけません。あなたを真ん中に、われわれの一人があなたの右に、一人があなたの左について一緒に行きましょう。というのは、われわれは吹筒を持っていますから、途中で鳥が出て来たら射つのです」

と答えた。そしてみんな愉快に歩き出した。二人は吹筒を射ちながら歩いて行ったが、筒のなかには土球を入れなかった。そしてただ息をぷっと吹くだけで鳥を射ち落としてしまうので、カブラカンはこれにはすっかり感心してしまった。

　やがて二人は火をおこし、射ち落とした鳥を焼きはじめたが、一羽の鳥に白いティサテ[2]を塗りこめ、これを白い土で包んだ。

「これをやつにやろうよ。いい匂いがするから、きっと食欲をそそられるだろう」

「この鳥が彼の破滅というものだ。白い土でこの鳥を包んだように、やつを土のなかに入れて埋めてしまおう[3]」

「一口食べてみたいのはだれでも同じだから、もうカブラカンも食べたくてたまらなくなっているよ」

そこで二人はたちまちカブラカンを縛り上げた。手を背中に結びつけ、首と足を一緒にくくってしまい……。

こんなふうにフンアフプーとイシュバランケーはたがいに言いあった。

そのうちに鳥はてらてらこんがりと焼けて、油と肉汁がにじみ出し、いかにもいい匂いがただよってきた。カブラカンはすっかり食べたくなってしまった。鳥の素晴らしい匂いで口からよだれや唾がたれはじめ、あくびが盛んに出はじめた。そして二人に、

「これがおまえさんたちの食いものかね。ほんとにうまそうな匂いだ。ひと切れくれよ」

と言った。

二人は彼にすぐ鳥を与えたが、この鳥がじつは彼の破滅となったのである。

彼が鳥を食べ終わると、みんなはまた歩き出し、東のほうの大きな山のところまでやって来た。

しかしそのときにはもう、食べた鳥に塗りこめてあった土のおかげで、カブラカンは手足がくたくたになり、すっかり力がなくなっていた。山に向かっても何もすることもできず、とうてい山を覆えすことなどできなかった。

そこで二人はたちまちカブラカンを縛り上げた。手を背中に結びつけ、首と足を一緒にくくってしまい、それから地面に放り出して、土のなかに埋めてしまった。

こうしてカブラカンは、フンアフプーとイシュバランケーに滅ぼされてしまった。この二人が地上でしたことはあまりにたくさんあるので、これをいちいちあげることはできない。

ただ、ヴクブ・カキシュやシパクナーやカブラカンを退治した話はもう語りおわったことだから、これからフンアフプーとイシュバランケーの生い立ちについて話すこととしよう。

・

第二部

第一章

まずここで、フンアフプーとイシュバランケーの父親の名を述べるとしよう。フンアフプーとイシュバランケーの生まれた次第、その誕生についての話はしばらく措《お》くとして、ここではその父親の経歴を半分、いやほんの少しばかり述べるとしよう。

そこでその父親であるが、その名はフン・フンアフプーといい、そのまた両親はイシュピヤコック[1]とイシュムカネー[2]であった。この二人からフン・フンアフプーとヴクブ・フンアフプーが夜のあいだに生まれたのである。

さて、フン・フンアフプーには二人の息子があった。長男をフンバッツといい、次男をフンチョウエン[3]といった。この二人の母、つまりフン・フンアフプーの妻はイシュバキヤロ[4]という名であった。

ところでヴクブ・フンアフプーといえば、彼は妻をめとらず、独りものであった。

この二人の息子フン・フンアフプーとヴクブ・フンアフプーは生まれつきたいへん聡明で、その知恵は大したものであった。彼らは性質《たち》もよく習いもりっぱなこの世の予言者であった。そしてその術をすべてフン・フンアフプーの息子たち、すなわちフンバッツとフンチョウエンに教えてやった。この息子たちは、笛を吹くことがうまく、歌もよく唱い、また吹筒打ちも巧みで、絵筆にも秀で、彫り物師でもあれば宝石細工師でもあり、さらに銀細工師でもあったのである。

ところがフン・フンアフプーとヴクブ・フンアフプーときたら、日なが一日、たださいころ遊びや球戯に明け暮れていた。四人集まれば、二人で一組となってたがいに球戯を競いあっていた。

そこへ、カクルハー・フラカンとチピ・カクルハーとラサ・カクルハーの使者である一羽の鷹[5]が、様子を眺めにやって来た。だが鷹は、地上のほど遠からぬところに舞い降りるかと思えば、シバルバー[6]から遠く離れることもなく、やがてたちまち空高く舞い上がって、フラカンのもとへと帰って行った。

フンバッツとフンチョウエンの母親が死んだときも、彼らはこうしてまだ地上で遊んでいたのであった。

二人がシバルバーへの道へ球戯をしに行ったとき、シバルバーの主フン・カメーとヴクブ・カメー[7]はこの騒ぎを聞きつけた。

「地上ではいったい何をやっているのだ？　こんなに大地をひびかせ、こんなにもの音をたてているのは、いったいだれだ？　ここへ呼んでこい。球戯ならここでやれ。おれ

この息子たちは、笛を吹くことがうまく、歌もよく唱い、また吹筒打ちも巧みで、絵筆にも秀で……。

たちが負かしてやる。やつらはもう、おれたちに敬意をはらっていないのだな。おれたちの地位を慮《おもんぱか》ることもなく、惧《おそ》れもせずに、とうとうおれたちの頭の上で争いごとまで始めたのだな」

と、シバルバーの主たちは口々に言いあって、みんなですぐに相談を始めた。

そしてフン・カメーとヴクブ・カメーが座長となって、集まった者にそれぞれの果たすべき役目を言い渡した。シキリパットとクチュマキック(8)には人間の血を流す役目が与えられた。

アハルプーとアハルガナー(9)の役目は、はれ上って足から膿《うみ》が流れ出し、顔が黄色になってしまう、あのチュガナール(10)という病気を起こすことであった。これがアハルプーとアハルガナーの役目であった。

チャミアバックとチャミアホロム(11)はシバルバーの番兵で、骨で出来た杖をもっていた。

彼らの仕事は、人間を骨と皮までに痩せ衰えさせて死なせてしまい、そして骨も腹もしゃっちょこばっているところをひっぱって行くことであった。それがチャミアバックとチャミアホロムの役目であった。

アハルメスとアハルトコブ[12]の仕事は、人間が家に向かって歩いているときとか家の前にちょうどさしかかったときなどに不幸を与えてやることで、傷つかせて地面に俯《うつぶ》せに倒し、殺してしまうことであった。これがアハルメスとアハルトコブの役目であった。

彼らにつづいてシックとパタン[13]という者がいたが、この二人の仕事は、道ばたで死んでしまう、あの急死というやつを人間に与えることで、口から血を吐かせて殺してしまうことであった。

つまり、人間を肩に担《かつ》ぎ、喉と胸を締めあげて血を吐き出させ、道で殺してしまうのが、シックとパタンの役目であった。

そこでみんなは会同して、フン・フンアフプーとヴクブ・フンアフプーをどうやって苦しめ懲らしめようかと相談した。

しかし実際にシバルバーの主たちが欲しがっていたのは、フン・フンアフプーとヴクブ・フンアフプーの遊び道具、つまり革の足当[14]、首輪、手袋、冠、面などの飾り道具[15]であったのである。

ではこれから、母親をもうとっくに失っていたフン・フンアフプーの息子たちフンバ

このシバルバーの使者たちというのは四羽のみみずくで……。

ッツとフンチョウエンの二人を残して、フン・フンアフプーとヴクブ・フンアフプーがどのようにしてシバルバーへ行くかを話すこととしよう。

そしてそのもっと後で、フンバッツとフンチョウエンがどんなふうにしてフンアフプーとイシュバランケーに敗れるかを語ることとしよう。

第二章

そこで早速、フン・カメーとヴクブ・カメーの使者がやって来た。彼らは使者たちに、

「アフポップ・アチフ[1]よ、フン・フンアフプーとヴクブ・フンアフプーを呼んで来い。シバルバーの主が呼んでいるから一緒にすぐついて来いと言え。おれたちが一緒に球

戯をやろうと言え。おれたちは彼らが球戯がうまいので感心しているから、おれたちを楽しませるためにやって来いと言え。そして、来るときには遊び道具の首輪や手袋、それからゴムの球《まり》も持ってくるように言うのだ。早くやって来いと言うのだぞ」

と言った。

このシバルバーの使者たちというのは四羽のみみずくで、チャビ・トゥクール、フラカン・トゥクール、カキシュ・トゥクール、ホロム・トゥクール[2]という名前であった。チャビ・トゥクールは矢のように早く、フラカン・トゥクールは一本足で、カキシュ・トゥクールは背中が赤く、ホロム・トゥクールは頭と羽根だけで足がなかった。

アフポップ・アチフの称号をもつこの四羽の使者は、シバルバーを出るとすぐに、フン・フンアフプーとヴクブ・フンアフプーが球戯をやっているニム・シオブ・カルチャフ[3]というところへ伝言を持ってやって来た。

そして伝言をそのまま伝えたが、この伝言はシバルバーの主たち、すなわちフン・カメー、ヴクブ・カメー、アハルプー、アハルガナー、チャミアバック、チャミアホロム、シキリパット、クチュマキック、アハルメス、アハルトコブ、シック、パタンの伝言であった。

「ほんとに、フン・カメーさんやヴクブ・カメーさんがそうおっしゃったのですか」

「そのとおりですとも。それでみなさん方のお伴をしなければならないのです。そしてみなさんが球戯の道具をみんな持ってくるように、とのことでした」

「わかりました。ちょっとお待ちください。母親に別れを告げてまいりますから」

と、二人は言った。

そして家に戻って行き、母親にこう言った。母親と言ったのは、もう彼らの父親は亡くなっていたからであった。

「お母さん、これから行ってまいります。でもすぐ帰ってまいりますよ。シバルバーの主たちの使者が見えて、われわれを呼んでいるということなのです」

そして「ここに球を印に残して行きますからね」とつけ加えた。

そこですぐに、天井のくぼみのところへ球を吊しに行き、

「すぐにまた球戯をしに戻ってきますよ」

と言った。そして息子のフンバッツとフンチョウエンには、

「おまえたちはよく笛を吹き、歌を唄い、絵をかき、彫り物をするのだぞ。そしておれたちの留守のあいだは家を暖かにし、お祖母さんの心が温まるようにするのだよ」

と言い渡した。

そうして母親に別れを告げたが、イシュピヤコックは悲しみにうたれて、泣き出した。

フン・フンアフプーとヴクブ・フンアフプーは、別れにあたって、

「そんなに悲しむことはありませんよ。われわれは出かけて行きますが、まだ死んだわ

けではありませんからね」

と言った。

フン・フンアフプーとヴクブ・フンアフプーはすぐに出かけて行った。使者たちがその道案内をしたのであった。

こんなふうにして彼らはシバルバーへ向かって、険《けわ》しい段々道を下って行った。やがてヌ・シヴァン・クルとク・シヴァン(4)という谷のあいだを烈しく流れている川の畔に出たので、この川を渡った。

つづいて、棘《とげ》のあるヒカロの木(5)のあいだを流れている川を渡った。この木の茂みは深かったが、怪我ひとつしないで渡ることができた。

それから血の川の畔に出たが、その水も飲まずに、この川を渡った。こうして無事に川を渡ってから、もう少し行くと、四つの道が集まっているところへやって来た。この十字路で二人は負けてしまったのである。

四つの道の一つは赤い道、一つは黒い道、一つは白い道、もう一つは黄色い道であった。そして、そのうちの黒い道が、

「私が主の道ですよ。この道をおいでなさい」

と言った。それで彼らは敗けてしまったのである。この道が彼らをシバルバーへ連れていったのである。そしてシバルバーの主たちの集合室に着いたときにはもうこの勝負に

は負けていたのである。

さて、集合室にまず坐っていたのは、シバルバーの主たちが並べたただの棒人形であった。二人はこれに気づかず、うやうやしくお辞儀をして、

「フン・カメーさん、ご機嫌いかがですか。ヴクブ・カメーさん、ご機嫌いかがですか」

と、棒人形に挨拶をした。しかし棒人形は、返事をしなかった。

それでシバルバーの主たちはみんな大笑いをした。その他の人々も、フン・フンアフプーとヴクブ・フンアフプーをもう負かしてしまったものと、賑やかに笑った。そしてなおも笑いつづけた。

そこでフン・カメーとヴクブ・カメーは、

「よくやって来たな。明日は、面と首輪と手袋を用意しておけよ。まあ、ちょっとここへ来て、腰をかけろ」

と言った。

ところが、その腰掛は焼石で造ってあったので、二人は火傷《やけど》をしてしまった。それで腰掛のぐるりを駆けめぐったが、いっこうによくならなかった。実際、あのとき立ち上がっていなかったら、お尻を焼いていたにちがいないのである。

これを見てシバルバーの主たちは、もう一度大笑いをし、笑いころげたが、あんまり笑ったので、腹も血も骨も痛くなってしまったほどである。そして、

「さあ、もうあちらの館《やかた》に行け。あそこにはオコテ松(6)の割木も葉巻《しがーろ》(7)もあるから、今晩はあそこで寝るのだ」

と言った。

それでただちに二人は〝闇の館〟へ入って行ったが、その館のなかは真っ暗闇であった。

一方、シバルバーの主たちはこの二人をどうしようかと相談しあった。

「明日、早速、やつらを供犠《いけにえ》にしてしまおう。さっさと殺してしまうのだ。そうすればおれたちは、やつらの遊び道具が使えるよ」

と、たがいに言いあった。

ところで、そのオコテ松というのは、サキトック(8)という先の丸い石斧のことで、これがシバルバーの松であるが、よく研《と》ぎすまされていて、まるで骨のように輝いていた。シバルバーの連中の松というのは、まったく硬いものであったのである。

フン・フンアフプーとヴクブ・フンアフプーは〝闇の館〟に入って行った。そこへ使いの者が、フン・カメーとヴクブ・カメーから届けられた、火の燃えている一本のオコテ松と、これも火のついた葉巻とをそれぞれに持ってきて、二人に渡したのであるが、そのとき二人は暗闇のなかであぐらをかいて坐っていた。そしてオコテ松はあかあかと輝いていた。

「おまえさん方、この松と葉巻の火を燃えつづけさせるのだ。そして夜が明けたら、返しにくるのだ。燃えきらさないで、形を崩さないで返すのだぞ。これが主さま方のお言いつけだ」

と、二人に言い渡した。

しかしすぐに松は燃えきってしまったし、葉巻も燃えつくしてしまった。それでもう二人は負けてしまったのである。

シバルバーには、懲らしめの場がたくさんあった。その種類も多かった。

まず第一がケクマ・ハというこの〝闇の館〟で、なかはただ真っ暗闇であった。

第二がシュシュリム・ハという〝ふるえあがる館〟で、なかではとても我慢できないほどの寒風が吹きまくっていた。

第三がバラミ・ハという〝じゃぐぁーるの館〟で、なかには押しこめられたたくさんのじゃぐぁーるが折り重なってわめきあい、ふざけあって大騒ぎをしていた。

第四の懲らしめの場はソッチィ・ハという〝蝙蝠《こうもり》の館〟で、この館では蝙蝠だけがきーきーっとなき叫んで飛びまわっていた。蝙蝠はとじこめられていて出られなかった。

第五がチャイム・ハという〝剣の館[9]〟で、なかでは研ぎすまされた剣が音もなく林立しているかと思えば、また触れあって響きをたてていた。

このようにシバルバーには懲らしめの場がいくつもあったが、フン・フンアフプーとヴクブ・フンアフプーがこのすべてにみな入ったというわけではない。ただここに、懲らしめの館の名前を挙げてみただけである。

　さてそこで、フン・フンアフプーとヴクブ・フンアフプーがフン・カメーとヴクブ・カメーの前に出て行くと、フン・カメーとヴクブ・カメーは、

「おれの葉巻をどこへやったのだ。ゆうべ、おまえたちに渡した松の木はどこにあるのだ？」

と尋ねた。

「燃えきってしまったのでございます」

「ようし、それなら今日はおまえたちの最後の日だ。いよいよおまえたちを殺してやる。おまえたちを八つ裂きにして、おまえたちの思い出をここに埋めてしまってやる。おまえたちを供犠にしてやるのだ」

と、フン・カメーとヴクブ・カメーが言った。

　そして早速、二人を供犠にし、プクバル・チャフ[10]というところに埋めてしまった。ただ、この兄弟を一緒に埋めるまえに、フン・フンアフプーの首だけを切り落として、

「この首をもって行って、道端に植えてある、あの木につるしておけ」

と、フン・カメーとヴクブ・カメーは言った。

　ところがこの首が木につるされると、それまでは一度も実らなかったこの木が、たち

ところがこの首が木につるされると、それまでは一度も実らなかったこの木が、たちまち実で一杯になってしまった……。

まち実で一杯になってしまったのである。それで今でもこのヒカロの木の実をフン・フンアフプーの首とよんでいる。

フン・カメーとヴクブ・カメーはすっかり驚き、目をみはってこの実を眺めた。真ん丸い実が木に鈴なりになっていて、フン・フンアフプーの首がどこにあるのか、さっぱりわからなくなってしまっていた。みんな同じようなヒカロの実であった。シバルバーの連中がみな見にやって来たが、やっぱりみんな同じヒカロの実に見えた。フン・フンアフプーの首を枝に掛けたら、たちまちにして起こったことから、これはまったく不思議な木だと、みんなが思った。

そこでシバルバーの主たちは、

「だれもこの実をとってはならぬ。この木の下にたたずんでもならぬ」

と言い渡し、シバルバーの者たちをだれもそこへ寄せつけないこととした。

フン・フンアフプーの首はもう再び出て来なかった。ヒカロという木の実になってしまったからである。

ところが、ある少女が、一つの不可思議な話を耳にした。

では、その話をすることにしよう。

第三章

これからする話は、クチュマキックという男の娘にあたる一少女の物語である。その父の名はクチュマキック、少女の名はイシュキック(1)といった。

イシュキックは、例の木の実の話を父親から聞いてすっかり感心してしまい、

「どうしてもその噂の木を見に行きたい。その実はきっと、とても美味《おい》しいにちがいない」

と言って、とうとう一人で出かけて行って、プクバル・チャフに植えてあるその木の下へやって来た。

「いったい、この木になっているのは何の実だろう？　鈴なりになっているありさまは、なんて素晴らしいのだろう。一つでもとったら死んでしまうのだろうか、身を滅ぼしてしまうのだろうか」

と言った。

　すると、枝のあいだにあったフン・フンアフプーのしゃれこうべが、

「何が欲しいのかね？　この木にいっぱいになっている丸いものは、みなしゃれこうべなのだよ。それが欲しいとでも言うのかね？」

と、娘に向かって言った。娘が、

「ええ、欲しいのです」

と答えると、しゃれこうべは、

「よし、それじゃ、おまえさんの左手をこちらへお出し」

と言った。娘は、「いいですとも」と答えて、しゃれこうべのほうへ左手を差しのべると、とたんにしゃれこうべは娘の掌に唾《つば》を吐き出した。

　娘は急いで掌を見つめたが、唾はもう消えてなくなっていた。

　すると、木のなかから声がして、

「おれの唾液におれの子孫をこめておまえさんにやったのだ。もうおれの頭の上には何もなくなってしまった。すっかり肉を取り去ったしゃれこうべにすぎなくなってしまった。偉大な王子たちの頭だってこんなもので、肉があるからこそきれいに見えるだけのことだ。それなのに人が死ぬと、みんな骨を見て驚いてしまう。子供というものも、こんなものなのだ。長者の子供でも、知恵者の子供でも、雄弁家[2]の子供でも、みんな唾と

「よし、それじゃ、おまえさんの左手をこちらへお出し」と言った。娘は、「いいですとも」と答えて……。

よだれのようなものだ。その資性は、死んで失われてしまうのではなく、それは引き継がれていく。長者、知恵者、雄弁家の形像《かたち》は消えたり失くなってしまうのではなく、その娘や息子に受け継がれていくのだ。それを、いま、おれがおまえさんにやってみただけだ。さあ、地上へ上ってお行き。おれの言うことを信じるのだよ。すべて言ったとおりになるから」と、フン・フンアフプーの頭が言った。[3]

じつを言うと、こんなことをしたのはすべて、カクルハー・フラカンとチピ・カクルハーとラサ・カクルハーの命によったものであった。彼女はこう言われてすぐに家に帰ったが、そのときにはもうあの唾液で腹に子供を宿していた。

フンアフプーとイシュバランケーは、

こうして生まれることになるのである。

少女は家に帰ったが、それから六ヵ月たって、彼女の父クチュマキックは彼女の様子に気がついた。彼女が妊《みごも》っているという秘密は父親に見破られてしまったのである。ただちにフン・カメーとヴクブ・カメーはクチュマキックと集まって相談した。

「みなさん方、わたしの娘が孕《はら》んだのです。娘が辱《はずか》しめられたのです」

と、クチュマキックが二人の前に出て叫んだ。

「よし、ほんとうのことを言わすのだ。もしそれを言わなかったら、懲らしめてやれ。遠いところへつれて行って、供犠《いけにえ》にしてしまえ」

と、二人は言った。

「かしこまりました」

と答えて、彼はすぐさま娘を問いただした。

「娘よ、おまえの腹にあるのは、いったい、だれの子なのだ?」

彼女はこれに答えて、

「お父さん、子供などできていません。私はまだ男を知らないのです(4)」

「よし、わかった。まったくおまえは娼婦だ。アフポップ・アチフよ、この娘を連れて行って、供犠にしてくれ。そして、この娘の心臓をヒカラのなかに入れて、今日じゅうに主たちのところへもって来てくれ」

と、彼はみみずくに言った。

四羽の使者はヒカラを持つと、すぐさまその若い娘を腕にかかえて出かけていった。彼女を供犠にするための石刀も持って出かけたのである。

彼女は使者たちに、

「あなた方、私を殺すなんてとんでもないことです。私のお腹のなかにあるものは、辱しめられて出来たものではないのですから。プクバル・チャフにあるフン・フンアフプーの首を見に行ったときに、ひとりでに妊ってしまったのです。使者の方々、私を供犠になどしてはいけません」

と言った。

「それなら、おまえさんの心臓のかわりに何を入れておこう。おまえさんの親父さんに、『心臓を持って主さま方のところへ帰ってくるのだ。務《つとめ》を果たし、仕事を全うし、心臓をヒカラの底に入れてこい』と言われたのだよ。ねえ、そう言っただろう？　じゃ、何をヒカラのなかへ入れておこう。おれたちは、できればおまえさんを殺したくはないのだがね」

と、使者たちは言った。

「それはそうですとも。でも、この私の心臓はあの人たちのものではないのです。それに、ここはあなた方の家でもないのだし、あなた方も、言われるままに人を殺すようなことをしてはいけません。そんなことをすると、あなた方はほんとの罪人になりますよ。フン・カメーとヴクブ・カメーも、すぐに私のものになってしまうのですよ。[5] ですから、血だけ、ほんの血だけをあの人たちにあげることとしましょう。また、私の心臓が彼らの前で焼かれるなんて、とんでもないことです。[6] さあ、この木の実をお採りなさい」

と、娘が言った。

その木から真っ赤な樹液が流れ出た。そして、ヒカラのなかへ落ちていった。それはほんとの血のような液体であった。そしてその血、つまり赤い樹液は、ほんとの血が固まるときのように、真っ赤な膜をはって固まって行き、つやつやとした固まりとなり、やがて心臓の形になっていった。

すると木は、娘のこの業《わざ》を自慢するかのように輝き出した。この木は〝グラナの赤木〟[7]という木であったが、それからは〝血の木〟と呼ばれるようになった。樹液を〝血〟[8]というのだから、それもそのはずである。

「あなた方は、この地上で可愛がられるでしょう。そして、あなた方が当然もつべきものは、みなあなた方のものになるでしょう」

と、娘がみみずくたちに言ったので、使者のみみずくたちは、

「よろしゅうございます。私どもはあなたにお仕えするために、地上へ上がってまいりましょう。

これから、あなたの心臓のかわりにこの樹液を主たちのところへ持って行ってきますから、そのあいだに、あなたはあなたの道をお進みください」

と答えた。

そして、この使者たちがシバルバーの主たちの待っているところへやって来ると、フン・カメーは、

「もう終わったのか」

と尋ねた。

「はい、すっかり終わりました。このヒカラの底に心臓がございます」

それでフン・カメーは、「よし見よう」と言って、なかのものをつまんで持ち上げた。すると皮膜が破れて、真っ赤な生き生きとした血が流れ出した。

「よく火をかきたてろ。そして焔のなかへこれを入れろ」

と、フン・カメーが言った。

シバルバーの連中はそれをすぐに火のなかに投げこんだ。そしてみな立ち上がって近より、匂いをかぎはじめた。みんなは、たしかにとても甘い血の匂いだと感じたのであった。

そんなふうにして、みんながちょっと考えこんでいる間に、娘の部下になってしまったみみずくたちは谷底から地上へ列をつくって飛び立って行った。

これで、シバルバーの連中は負けてしまった。みんな娘に騙《だま》されてしまったのである。

第四章

さて、イシュキックという女がやって来たとき、フンバッツとフンチョウエンは母親[1]と一緒にいた。イシュキックがフンバッツとフンチョウエンの母親のところへやって来たときには、彼女はもうすでに胎内に子供を宿していて、やがてフンアフプーとイシュバランケーが生まれるばかりになっていたのである。

彼女は家のなかへ入り、老婆の前へ来ると、

「お母さん、お母さんのところへやってまいりました。私はあなたの息子さんの嫁でございます。つまり、娘でございます」

と言った。彼女は祖母の家へ入ってこう言ったのである。

すると老婆は、

「おまえさん、どこからやって来たのかね？　私の息子たちはどこにいるんだね？　シバルバーで死ななかったとでも言うのかい？　この子供たち、フンバッツとフンチョウエンを見てごらん。この二人にあの息子たちの血統、家系が残っているのだよ。おまえさんは出てお行き。さあ行っておしまい」

と叫んだ。

「でも、ほんとに私はあなたの息子さんの嫁なのです。それも、ずいぶんまえからなのです。私はフン・フンアフプーのものなのです。フン・フンアフプーもヴクブ・フンアフプーも死んでしまったのではないのです。この私のなかに生きているのです。もうすぐ、はっきりとわかりますよ、お母さん。ええ、すぐですとも。この私のもっているものに、あの方の姿をご覧になれますよ」

と、老婆に言った。

するとと、一日じゅう笛を吹いたり、歌を唱ったり、絵を描いたり、彫刻をしたりして老婆を慰めていたフンバッツとフンチョウエンが、とても怒りだした。

老婆は、

「おまえさんが私の息子の嫁だなんて、いやなことだよ。おまえさんの腹のなかにあるのは、おまえさんがふしだらをして出来たものだろう。それにおまえさんは大嘘つきじゃ。わたしの息子たちのことをしゃべっているけれど、あの子供たちはもうとっくに死んでしまっているのだよ」

と言い、さらにつづけて、

「私は、おまえさんにほんとうのことを言っているのだよ。でも、まあいいよ。おまえさんが息子の嫁だというのなら、いいよ。でも、ここには食べさせてやらねばならない人たちがいるのだから、食糧をとっておいで。とうもろこしを、大きな網にいっぱい採

そこへ老婆がやって来て、大きな網一杯のとうもろこしを見て……。

り入れておいで。そしてすぐ戻ってくるのだよ。おまえさんは、わたしの息子の嫁だと言うのだからね」

と言った。

少女は、「よろしゅうございます」と答えて、すぐにフンバッツとフンチョウエンがもっていたとうもろこし畑へと出かけて行った。

道は彼らが造っていたので、その道を通って、とうもろこし畑にやって来た。

ところが、そこにはとうもろこしの木がたった一本しか生えていなかった。二本も三本もなく、たった一本だけが、穂をつけて立っていた。少女はすっかり悲しくなってしまった。

「ああ、なんて私は罪深いのでしょう。なんて不幸なのでしょう。どこへ行ったら、言われたように網いっぱいのとうもろこしがとれるのでしょう」

と言って、すぐに食糧の神チャハール[2]に祈りを捧げ、食糧を与えられるようにと祈った。

「ああ、とうもろこしを煮る神々さま、イシュトフよ、イシュカニールよ、イシュカカウよ。(3) フンバッツとフンチョウエンの食事を守る神、チャハールよ」

と、その名を称《たた》えてから、とうもろこしの赤いひげをつかみ、とうもろこしはもがずに、その赤ひげだけをひき抜いた。そして、網の上にとうもろこしを置くようにして並べた。

するると、網はとうもろこしでいっぱいになってしまった。

少女はすぐに家へ帰った。野原の動物たちがついてきて、この網をかつぎ、彼女が持ってきたかのように家の隅に置いて、立ち去っていった。

そこへ老婆がやって来て、大きな網一杯のとうもろこしを見て、

「いったいどこから、このとうもろこしを持って来たのだね？　まさか、私たちのとうもろこし畑をとりつくして、すっかりここへ持ってきたのじゃないだろうね。ともかく、私は見にいって来るよ」

と言って、すぐとうもろこし畑を見に出かけて行った。

しかし、一本だけあったとうもろこしの木はまだそのまま立っていた。そのとうもろこしの木の下の網を置いてあった場所も、そのままであった。

老婆はこれを見て、大急ぎで家に帰り、少女に、

「おまえさんはほんとに家の嫁だ。これこそじゅうぶんな証拠だよ。おまえさんのお腹のなかにいる子も、きっと知恵者(4)にちがいない。さあ、それを見るのが楽しみだ」

と言った。

第五章

　では、フンアフプーとイシュバランケーの誕生について語るとしよう。ここでは、彼らがどんなふうにして生まれたかを述べることにしよう。

　やがて誕生の日がやって来て、イシュキックは二人を生み落としたが、祖母はその場に居合わさなかった。フンアフプーとイシュバランケーの二人はまったく一瞬の間に生まれ出たのであった。山のなかでのお産であった。

　やがてイシュキックは子供たちを連れて家に帰って来たが、二人はなかなか寝つこうとしなかった。

「外へほうり出しておしまい。なんてまあよく泣く子だね」

と、老婆が言った。それで二人は蟻の巣の上に置かれてしまったが、子供たちはここですやすやと眠ってしまった。そこで二人は、こんどは蟻の巣から棘《とげ》の上に移された。

　それというのも、じつはフンバッツとフンチョウエンがこの子供たちを蟻の巣か棘の上で殺してしまいたいと思っていたからであった。フンバッツとフンチョウエンは、この子供たちが憎くて、嫉《ねた》ましくてしかたがなかった。彼らは初めからこの弟たちを家のなかへ入れたがらず、弟として認めようともしなかった。だから二人は、野原で育てられたのであった。

それで二人は蟻の巣の上に置かれてしまったが、子供たちはここですやすやと眠ってしまった。

フンバッツとフンチョウエンは楽器もよくし、歌も上手であったが、ひじょうな苦労をして育ち、そしてとうとう知恵者となったのであった。笛も吹ければ、歌も唱え、絵を描くことも彫り物をすることも得意であった。二人は何でもすることができた。

彼らは二人の弟たちがどんなふうにして生まれてきたかを知っていた。二人がシバルバーへ行って、死んだ父の後継になることも知っていた。フンバッツとフンチョウエンはたいへんな知恵者であったから、その弟たちの誕生については何でもすっかり知っていたのである。

しかし嫉みのあまり、彼らの知恵はかくされてしまって、フンアフプーとイシュバランケーからは何も彼らを傷つけるようなことをしていないのに、彼らの心はこの二人に対する悪意に満ち満ちていた。

フンアフプーとイシュバランケーは、毎日、吹筒を持って鳥を射《う》ちに出かけて行くだけなのに、祖母からも、フンバッツやフンチョウエンからも、可愛がられなかった。

この二人には食事も与えられなかった。

二人が家に帰ってくると、フンバッツやフンチョウエンはもう食べてしまった後で、食事はとっくに終わっているのである。だが二人は腹も立てず、怒りもせず、黙って我慢をしていた。というのも、彼らは自分たちの立場をよく知っていたし、何もかもすっかりわきまえていたからである。二人は毎日、家へ帰るときにはいつも鳥を持って帰るのだが、フンバッツとフンチョウエンがそれをみな食べてしまって、フンアフプーとイシュバランケーは何ももらえなかった。

そしてフンバッツとフンチョウエンは、毎日、笛を吹いたり歌を唱っているばかりであった。

あるとき、一度、フンアフプーとイシュバランケーが鳥を持たずに家へ帰ってきたところ、祖母がとても怒って、

「どうして鳥を持って来なかったのだ」

と、フンアフプーとイシュバランケーに言った。二人は、

「おばあさん。じつは、鳥がみんな木にひっかかってしまったのです。そして、それを

とろうと思っても、ぼくたちは木に登れないのです。おばあさん、もし兄さんたちがよければ、ぼくたちと一緒に来て、鳥を下へ降ろしてほしいのですが」

と言った。兄たちは、

「よし、それなら夜が明けたら、おまえたちと一緒に行こう」

と答えた。

そこでフンアフプーとイシュバランケーは、フンバッツとフンチョウエンをやっつける方法を相談した。

「兄貴たちの姿を変えてやることにしよう。われわれをずいぶんいじめたのだから、これくらいのことはしてやろう。二人はわれわれを殺そうと考えていたのだ。われわれ弟たちをなきものにしようと願っていたのだ。二人は、心のなかでは、われわれを二人の召使としか考えていないのだ。そんなわけだから、ともかくも二人をやっつけてやろう。そして彼らへの見せしめとしてやろう」

と、二人は言いあった。

こう言いながら二人は、カンテー[1]の木の下に向かって歩いて行った。二人は兄たちと吹筒を打ちながら一緒に歩いて行った。木々には、数えられないほどたくさんの鳥がさえずっていた。兄たちはこんなにたくさんの鳥を見て、すっかり驚いてしまった。

しかし鳥がそんなにたくさんいても、一羽だって木の下へは落ちてこなかった。

二人は兄たちに、

「鳥が落ちないのですよ。木に登って鳥を降ろしてくださいよ」

と言った。

兄たちは「よし」と言って、すぐに木に登って行ったが、みるみるうちに木はぐんぐんと高くなり、幹はたちまちのうちに太くなっていった。そこでフンバッツとフンチョウエンが降りようとしても、もう木の頂《いただき》から降りることができなくなってしまった。

二人は木のてっぺんから、

「やーい、弟たち、いったいどうしたのだ。ああ、情ないことになったな、おれたちは。もう見るだけでもこの木がこわくなったよ。やーい、弟たち」

と叫んだ。

フンアフプーとイシュバランケーは、

「下帯(2)をとるのだよ。そしてそれを腹の下へくくるのだ。先のほうを長くして、それを後ろからひっぱるのだ。そうすればうまく歩いて降りられるよ」

と答えた。

彼らは「よし」と言って、下帯の先をひっぱった。すると、とたんにその下帯が尻尾になってしまい、二人は猿の姿になってしまった。そして二人は木の枝々をつたって、大きな山々、小さな山々のあいだをとびまわり、滑稽な顔つきを見せたり、枝と枝とのあいだでブランコをしたりして、森のなかに入っていってしまった。

こうしてフンバッツとフンチョウエンは、フンアフプーとイシュバランケーにうち負かされてしまった。彼らは魔力によって打ち破られたのである。

そこでフンアフプーとイシュバランケーは家に帰り、祖母と母親に、

「おばあさん、兄さんたちはいったいどうしたというのでしょう、顔がにわかにけだものの顔のように変わってしまったのです」

と言った。老婆は、

「もし、おまえたちが兄さん方に何か悪いことをしたのだったら、私をまでもほんとに不幸にしてしまったのだよ。私を悲しみで一杯にしてしまったのだよ。そんなことを兄弟にしてはいけないよ」

と、二人に言った。彼らは、

「おばあさん、悲しまれることはありませんよ。兄さんたちにまた会うことができるのですから。兄さんたちは帰ってきますよ。でも、おばあさん、なかなかむずかしいことを我慢しなくてはならないのですよ。それはね、笑ってはいけないのです。さあ、ではどうなることか、やってみましょう」

と言って、すぐに笛を持ち出し、フンアフプー・クオイ（フンアフプーの猿）の歌を吹き、歌を唱い、やがて笛や太鼓を吹きならしはじめた。祖母を自分たちと一緒に坐らせて、

このフンアフプー・クオイという歌を音楽に合せて歌い、叫びつづけた。

すると、とうとうフンバッツとフンチョウエンが現われ出て、すぐに踊りはじめた。しかし老婆は二人の醜いしかめ面《つら》を見ると、もうこらえきれなくなって、ふき出してしまった。するとたちまち、彼らは立ち去ってしまって、もう顔を出さなくなってしまった。

「おばあさん。それご覧なさい、もう森へ行ってしまいましたよ。何てことをしてしまったのです。この試しは四度できるのですが、もうあと三度しかありませんよ。では、笛と歌で呼んでみましょう。でも、笑わないように、こらえてくださいよ」

と、フンアフプーとイシュバランケーは言って、

「さあ、もう一度やってみるのだ」

と叫び、すぐに笛を吹きはじめた。

フンバッツとフンチョウエンはまた踊りながらやって来て、家の内庭のあたりまで入ってきたが、奇妙な顔つきをして老婆を笑わせようとするので、老婆はとうとう大笑いをしてしまった。まったくのところ、猿の顔、大きなお尻、細い尻尾、お腹の穴〔3〕を見せながらやって来たのは、ほんとに面白かったので、老婆は大笑いをしてしまったのである。

それでまた彼らは山へ立ち去ってしまった。

フンアフプーとイシュバランケーは、

「おばあさん、どうしましょう。三度目だけをやってみましょうね」

と言って、再び笛を吹きはじめた。

猿たちはまた踊りながらやって来たが、老婆はじっと笑いをこらえていた。すると彼らは台所へ上って行って、その目から赤い光を出し、鼻づらを長くのばしてくっつけあい、たがいに妙な顔つきをしあっては騒ぎまわった。

これを見て老婆は、また大笑いをしてしまった。この大笑いのせいで、彼らの顔はもう見られなくなってしまった。

「さあ、こんど呼ぶのが最後ですよ、おばあさん。こんどが四度目ですよ」

と言って、二人は笛を吹きはじめた。

しかし彼らは四度目には戻ってこないで、森のなかへ大急ぎでとび込んでしまった。

若者たちは老婆に、

「おばあさん、ぼくたちはできるだけのことをしたのです。初めはやって来ましたから、ぼくたちもつづけて呼んでみたのです。しかし、まあそう悲しまないでください。ぼくたち、あなたの孫のこのぼくたちがいるじゃありませんか。お母さん、おばあさん、ぼくたちを、その名をフンバッツ、フンチョウエンといったぼくたちの兄さんたちの形見だと思ってみてください」

と言った。

フンバッツとフンチョウエンはむかしの楽師や歌手から崇められていた。絵師や彫刻師からも、そのむかし、崇め称《たた》えられていた(4)。それが、けだものに姿を変えられ、猿になってしまった。というのも、二人が傲慢不遜で、弟たちをいじめたからであった。

こうして二人は悲しい目にあうこととなった。フンバッツとフンチョウエンはうち負かされてしまって、けだものになったのである。

二人はいつも自分の家に住んでいたし、祖母や母親と一緒に住んでいたが、そのときは楽師でもあり、歌手でもあり、偉大なこともなしとげたのであった。

第六章

そこでフンアフプーとイシュバランケーは、祖母や母に気に入られようとして働きはじめた。

まず最初に造ったものは、とうもろこし畑であった。

「おばあさん、お母さん、とうもろこしの種を播《ま》きにいってきますからね。悲しむことはありませんよ。ぼくたちが、孫のぼくたちが兄さんたちの代りにここにいるじゃありませんか」

と、フンアフプーとイシュバランケーは言った。そして、すぐに斧や鋤や鍬を手に持ち、吹筒を肩に担《かつ》いで出かけて行った。家を出るまえに、祖母に食事をもってきてくれるように頼んだ。

「おばあさん、お昼に食事を持ってきてくださいよ」

「いいとも、孫たちよ」

と、老婆は答えた。

　やがて二人は種を播《ま》くところへやって来た。ところが、鋤を大地に打ちこむと、鋤は大地を耕した。鋤はひとりでに大地を耕していった。

　そしてまた、斧を木の幹や枝に打ちこむと、同じようにたちまち木という木はうち倒れて大地にころがっていった。たったひと斧入れるだけで、木はただちに倒れていったのであった。

　鋤の働きも大したものだった。たったひと鋤入れただけで切りとられてしまったいばらや棘草《とげぐさ》は、数え切れないほどであった。まったくのところ、大きな森、小さな森でこの鋤が根こそぎに倒した木々は、数えきれないほどであった。

　二人はイシュムクール[1]という動物を馴らして、高い木のてっぺんに登らせ、

「おばあさんが食事を持ってやって来るのが見えたら、すぐ鳴くんだぞ。そうしたら、おれたちは鋤と斧を手に持つからね」

と言った。

「よろしゅうございます」

と、イシュムクールは答えた。

そして二人は、吹筒で鳥を射ちはじめて、畑仕事のほうは何もしなかった。しばらくすると、鳩が鳴き出したので、急いで一人は鋤を、一人は斧をとりに走って行った。頭を布で包み、一人は手をわざと泥まみれにし、顔もほんとうの農夫のように汚し、もう一人は木を伐っていたかのように、わざわざ木屑を頭にひっかけた。

こういう恰好でおばあさんを迎えて、早速、ご飯を食べだした。ほんとうは何も仕事をしていなかったのだから、食事をもらう値打ちなどはなかったのである。やがて、二人は家に帰った。家に着くと、

「おばあさん、ぼくたちはすっかり疲れてしまいましたよ」

と、疲れたわけもないのに老婆の前で手足をのばしながら、そう言った。

ところが次の日になって、二人が畑にやって来てみると、昨日伐り倒した木々は、またもとのように立っていたし、いばらや棘草の類も、もとのようにからみあって生えていた。

「いったい、だれがおれたちをだましているのだ。これは小さな獣、大きな獣たちの仕業にちがいない。ぴゅーまや、じゃぐゎーる、鹿やうさぎ、山猫や山犬、猪やコアティ(ピソテ)、それに小さな鳥や大きな鳥どもがやったことにちがいない。やつらは、たっ

た一晩でこんなことをやったのだ」

と、二人は言って、すぐにまた畑を耕し、土をならして、木を伐った。それから、その伐った木や、根こそぎにした草をどうしようかと相談しあった。

「とうもろこし畑を見張ることにしよう。きっと、悪さをしに来るやつをとっ捕《つか》まえることができるだろうよ」

と、二人は話しあって、家に帰って行った。

「おばあさん、まったくわれわれは馬鹿にされていますよ。私たちが耕した畑はまた密林になり、荒地になってしまっているのです。いま見て来ましたら、そうなっているのです。だから私たちはもう一度行って来ます。こんなことをわれわれにするなんて、けしからんですからね」

と言って、二人は服を着てから、木を伐りはらった畑に戻って、ものかげに身を隠した。

そうしていると、小さいのや、大きいのや、いろんな種類の獣どもが一匹ずつ出て来て、ちょうど真夜中になると、それぞれ自分の言葉で、

「樹々よ、立て。蔦《つた》よ、延びよ」

と言いながら、樹々や蔦草のぐるりにやって来た。そしてフンアフプーとイシュバランケーのすぐ眼の前まで近寄って来た。

最初にやって来たのは、ぴゅーまとじゃぐゎーるであった。二人はこれを捕《つか》まえよう

それは鼠であった。二人はこれをすぐさま捕まえて、布で包み、頭を押さえつけて息を詰まらせようとし、さらに尻尾を火で焼いた。

としたが、すぐに逃げてしまった。

次に近づいて来たのは、鹿とうさぎであった。鹿とうさぎは尻尾だけを捕まえることができたのだが、結局、尻尾だけを残して彼らも逃げてしまった。そんなわけで、今も鹿とうさぎは尻尾が短いのである。

山猫も山犬も、猪もピソテも、捕まらなかった。どの獣もみな、フンアフプーとイシュバランケーの前を通ったのに、どれも捕まえることができなかったので、彼らはカンカンになって怒っていた。ところが最後になって、一匹の動物が跳びはねながらやって来た。それは鼠であった。二人はこれをすぐさま捕まえて、布で包み、頭を押さえつけて息を詰まらせようとし、さらに尻尾を火で焼いた。そんなわけで、今でも鼠の尻尾には毛が生えていないのである。それからフンアフプーとイシュバランケーはこの鼠の眼をつつこうとした。すると、鼠は、

「あなた方、私を殺してはなりません。それに、あなた方のお仕事だって、とうもろこし畑に種播きをすることではないのですよ」

と言った。

「何だって？　何を言うのだ」

と、二人は鼠に尋ねた。

「まあ少し手を緩《ゆる》めてください。私の胸のなかには、みなさん方に申し上げねばならないことがあるのです。すぐにも申し上げますよ。でも、そのまえに、何か食べさせてください」

と、鼠が言った。

「食べものは後でやるから、ともかく、まず話をしろ」

と、二人は答えた。

「はい、はい。では申し上げますが、みなさん方のお父上、あのシバルバーでお亡くなりになったフン・フンアフプーとヴクブ・フンアフプーさまの御宝、つまり、あの球戯にお使いになった道具は、今でもお家の天井につるしてあるのです。首環と手袋と球のあの三つのお道具がですよ。ところが、あなた方の祖母上は、あの道具のせいであなた

方の父上がお亡くなりになったものですから、あれをあなた方にお見せになりたくないのです」

二人はこれを聞いて、

「それは確かなことかい？」

と鼠に尋ねたが、二人はゴム球のことを聞いて、すっかり嬉しくなってしまった。こうして鼠がすっかり話をしたので、二人は鼠の食べものを決めてやった。

「さあ、これがおまえさんの食べものだ。とうもろこし、とうがらしの種、豆、パタクステ、カカオ、みんなおまえさんのものだ。そして、もし何か蔵《しま》いこんであったり、忘れてあったりしたものがあれば、それもみんなおまえさんのものだ。さあ、食べなさい」

と、フンアフプーとイシュバランケーが鼠に言った。

「それはすばらしい。でも、おばあさんが私を見つけたら、何と言いましょう？」

と、鼠が尋ねた。

「いや、おれたちがいるから心配しなくてもいいよ。おばあさんに言うことは考えておいてやるよ。さあ、早く家の角まで行こう。例の道具がぶら下げてあるところへ早く行っておくれ。おれたちは天井裏を見たり、おれたちの食事に気をくばったりしているからね」

と、鼠に言った。

こんなふうに夜の間に相談をしてから、フンアフプーとイシュバランケーは真昼になって家に帰って来た。

二人は鼠をつれて帰って来たのだが、これは見せないで、一人はまっすぐに家に入っていき、もう一人は家の角のところに行って、そこから鼠をさっと屋根裏に上げてやった。

それからすぐ二人は祖母に食事を頼んだ。

「おばあさん、食事を用意してください[2]。チルモール[3]が欲しいのです」

と言った。

食事はすぐに用意され、スープが運ばれてきた。

しかしこれは、祖母と母親を欺《あざむ》くためであった。二人は、まず水がめの水を全部使ってしまってから、祖母に、

「喉が乾いて乾いて、死にそうだ。飲水をとりに行ってくださいよ」

と言った。

彼女は「はいよ」と言って出かけて行った。二人は食べはじめたが、じつは腹が空《す》いていたわけではなかった。ただ、彼女を欺くためであったのである。

そのとき、天井にぶら下げてある球に向かってさっと走って行く鼠の姿が、チルモールの皿にうつって見えた。

これを見るや、二人は、シャンという蚊のような虫を川のほうへ向けて飛ばした。シャンは川へ飛んでいって、祖母の水がめに穴をあけた。老婆は水の漏れを止めようとしたが、水がめの穴はふさがらなかった。

「おばあさんはどうしたのだろう？　水がないので、ぼくたちの口は乾ききってしまった。喉が乾いて死にそうだよ」

と、母親に言って、水をとりに行くように頼んだ。

その間に、鼠が球をぶら下げてあった紐を食い切ったので、球は、首環や手袋や皮の足当と一緒に天井から落ちてきた。

若者たちはこれをつかみとり、大急ぎで球戯場の道へその道具を隠しに走って行った。

こうしてから二人は、川へ祖母と母親を迎えに行ったが、祖母と母親は一所懸命に水がめの穴をふさごうとしているところであった。

二人は吹筒を持ってやって来たが、川畔に着くと、

「いったい、何をしてるのですか。ぼくたちは待ちくたびれて、やって来ましたよ」

と言った。

「見てごらん。この水がめの穴がふさがらないのだよ」

と、祖母は答えた。そこですぐに二人は穴をふさぎ、祖母を前にして、みんな一緒に家へ帰って来た。

こういうふうにして、球は見つけられたのであった。

第七章

二人は大喜びで球戯場へ遊びに行った。そして長いあいだ二人だけで遊び、それから、そのむかし両親が遊んだ場所をよく掃除したのであった。

この物音を聞いたシバルバーの主たちは、

「おれたちの頭の上でまた球遊びをしているのは、いったい、だれだ。このやかましい音でおれたちを悩ましているのはだれだ。おれたちをさておいて偉くなろうとした、あのフン・フンアフプーとヴクブ・フンアフプーは、もう死んだはずじゃなかったか」

「遊んでいる者どもをすぐ連れてこい」

と言った。フン・カメーとヴクブ・カメーをはじめとするシバルバーの主たちはこう言ったのであった。そして使者に、

「すぐ行ってこい。そして、あそこへ着いたら、『主さま方が来いと言っておられる』と言うのだ。『七日のうちに、ここで球戯の手合せをしたいと言っておられる』と言うんだ」

と言いつけた。これが使者たちに与えられた命令であった。

そこで使者たちは、二人の若者の家へまっすぐに行く広い道を通って出かけていった。

そして若者たちの祖母の前に現われた。シバルバーの使者たちが着いたとき、老婆はちょうど食事の最中であった。

「間違いなくやって来るように、との主さま方の仰せだ。七日のうちに来るように、とのお言葉だ」

と、使者たちはイシュピヤコックに伝えた。

　老婆はこれに、

「よろしゅうございます、お使者の方々。若者どもはまいりましょう」

と答えたので、使者は帰って行ったが、老婆はこれですっかり悲しくなってしまった。

「孫を呼びに、だれをやったものだろうか。シバルバーの使者たちが、あの子供たちの親を連れに来たときも、ちょうどこんなふうだったじゃないか」

と言いながら、独り悲しく家に入って行った。

　すると、膝の上に一匹の虱《しらみ》が落ちてきたので、彼女はこれをつまみあげて、掌の上に置いた。

　すると虱がうごめいて、歩き出した。老婆は、

「なんて可愛いんだね、おまえさん。私の孫たちを呼びに、球戯場まで行ってくれないかね。そして、『おばあさんのところへシバルバーの使者が来て、やって来い、七日以内にやって来い、と言っている』と伝えておくれ」

と、虱に言った。

虱は、早速、おかしな身振りをしながら出かけて行った。すると途中にタマスール[1]という若者、つまりがまが坐っていた。

がまは虱に、

「おまえさん、どこへ行くのだね？」

と尋ねた。

虱はタマスールに、

「この腹のなかに伝言をもっているのだよ。それを伝えに、若者たちを探しに行くんだよ」

と答えた。

「そうか。でも、おまえさん。あんまり急いでそうには見えないじゃないか。おれがおまえさんを呑みこんで走ってやろうか。おれの足は早いだろ、そうすりゃ、早く着くというものだ」

と、がまが虱に言った。

虱がすぐ、

「そりゃいいね」

と言ったので、がまは虱をひと呑みにした。そして、大分長いあいだ歩いたが、がまはいっこうに早く歩かなかった。やがて、サキカス(2)という大蛇に出遭った。

「やあ、お若いタマスール君。どこへ行くんだね？」

と、サキカスがまた尋ねた。

「お使いに行くんですよ。腹のなかに伝言を入れているんですよ」

と、がまが大蛇に答えた。

「あんまり早くは歩いていないようだね。おれのほうが早く着くようだがな」

と、大蛇はがまに言った。

「こっちへおいでよ」

と大蛇は言った。そこでサキカスはがまをひと呑みにしてしまった。それ以来、がまは蛇の食べものとなり、今でも蛇はがまを食べるのである。

ところで蛇が急いで走って行くと、ヴァック(3)という大きな鳥、つまり鷹がとんで来た。そして蛇をいっぺんに呑みこんでしまった。それ以来、蛇は鷹の食べものとなり、鷹は野原の蛇をむさぼり食うようになったのである。

まもなく、鷹は球戯場にやって来た。

さて鷹は、フンアフプーとイシュバランケーが球戯をしているところへやって来て、球戯場の建物の軒《のき》にとまり、

「バック・コー、バック・コー」

と叫んだ。これは鳥の言葉で、ここに鷹がいるぞ、ここに鷹がいるぞという意味であった。

「わめいているのは、何だろう？　吹筒をもて」

と二人は叫んだ。そして、すぐに筒先を鷹に向け、眼玉めがけて土球を吹きつけた。鷹はきりきり舞いながら地上へ落ちてきた。二人はすぐに走って行って鷹を捕まえ、

「いったい、何をしにやって来たんだ」

と尋ねた。

「おなかに伝言をもってきたんです。でも、まずこの眼の手当てをしてくださいよ。それから申し上げますから」

と、鷹は答えた。

二人は「よし」と言って、遊んでいた球のゴムを少し取って鷹の眼につけた。これはロッツキック(4)というものであったが、これで鷹の目はすっかりよくなった。

「さあ話をしろ」

と、二人が鷹に言うと、鷹は蛇を口から吐き出した。

「おまえがしゃべるのだ」

と、二人は蛇に言った。蛇は、

「はい」

と言って、がまを吐き出した。

「おまえさんの伝言というのはどこにあるんだ」

と、二人はがまに言った。

「この私の腹のなかにあります」

と、がまは答えた。そして、すぐに吐き出そうとしたが、吐き出せなかった。口がよだれでいっぱいになるだけで、いっこうに吐気をもよおさなかったのである。

それで若者たちは、がまをたたきたくなり、

「おまえは嘘つきだ」

と言って、がまの尻をけとばした。すると、がまの腰の骨が両脚のほうへ下がってしまった。がまはもう一度吐こうと努めたが、ただ口がよだれだらけになるだけであった。

そこで、二人の若者は、がまの口を開き、そのなかを探してみたところ、一匹の虱が歯のあいだにくっついていた。虱は口のなかにとどまっていて、腹のなかに入っていたわけではなかった。腹のなかに呑みこまれたようなふりをしていただけであったのである。

こんなふうに、がまはすっかり騙されたが、それ以来、がまはどんな食べものをもらっても、それがいったい何だかわからなくなってしまったし、そのうえ駈けることもできず、蛇の餌になりきってしまったのである。

「さあ話せ」

と、若者たちは虱に言った。すると虱は、

「お若い方々。おばあさんが、『二人を探してきておくれ。シバルバーへ来るように、七日以内に球戯をしにやって来るように、球、首環、手袋、皮当などの遊び道具をもって遊びに来るようにと、主の方々が言っていると伝えにフン・カメーとヴクブ・カメーの使者がやって来た。ほんとうにやって来たんだということを話しておくれ』とおっしゃいました。そんなわけで私はやって来たのです。おばあさんは、ほんとうにこうおっしゃったのです。おばあさんは悲しんで、泣いておられます。だから、やって来たのです」

と言った。

若者たちはこれを聞いて、「ほんとうだろうか」と心のなかで思ったが、ともかくも急いで祖母のもとへ帰って来た。それはただ、祖母に別れを告げるためであった。

「おばあさん、これから行ってきます。ただお別れを申し上げるためにやって来ました。でも、ここにわれわれの運命の印をおいて行きます。われわれが一人一本ずつ家のなかにとうもろこしを植えておきます。もしそれが枯れてしまったら、われわれが死んだ印です。枯れてしまったら、『死んだ』とおっしゃってください。しかし、もし芽を出したら、『生きている』とおっしゃってください。おばあさん、ああ、お母さん、泣かないでください。そこに私たちの運命の印を置いてまいります」

と、二人は言った。

そして出かけるまえにフンアフプーとイシュバランケーは、それぞれ一本ずつとうもろこしを家のなかに植えつけた。畑や湿った土に植えたのではなく、家のなかの乾いた土に植えつけたのである。

第八章

そこで二人は、吹筒を担いで、シバルバーへ向かって道を下って行った。段々道を駆け降り、いくつもの川や谷を越え、モーライ鳥(1)の群がっているところを過ぎて行った。そしてまた、膿《うみ》の川と血の川を渡ったが、じつは、シバルバーの主たちは、ここで彼らを滅ぼしてしまおうと考えていたのである。ところが二人は、この川に足も触れず、吹筒を川に渡して、その上を歩いて行った。

川を過ぎると、やがて四つの道の十字路に出た。それは黒い道、白い道、赤い道、それに青い道であったが、二人はどれがシバルバーへの道であるかをよく知っていた。

そこで二人は、シャン(2)という虫を使いに出した。これは情報を集めさせるためであったが、

「次から次へと刺して行くのだぞ。まず最初に坐っているやつから刺して、それから全部を刺してしまうのだ。道中にいる者たちの血を吸うのが、おまえの役目だ」

と、二人は蚊に言った。

蚊は「よろしいですとも」と答えて、早速、黒い道を進み、一番先に坐っている、飾りを一杯つけた木の人形に向かって行き、これを刺した。しかし人形は声もたてなかった。つづいて、次に坐っているのを刺したが、これも黙っていた。

それから第三番目を刺したが、これがじつはフン・カメーであった。彼は刺されて、「アイ」と叫んだ。

「どうしたのです、フン・カメーさん。何かに刺されたのですか。だれが刺したかわかりますか」と、四番目に坐っている者が尋ねた。

「いったい、どうしたのですか、ヴクブ・カメーさん。何かが刺したのですか」と五番目が言った。

すると、ヴクブ・カメーが「アイ、アイ」と言ったので、シキリパットが「何かが刺したのですか」と尋ねた。

六番目に坐っているのが刺されて、「アイ」と言った。

「クチュマキック、どうしたのですか。何かが刺したのですか」とシキリパットが尋ねた。

七番目に坐っているのが刺されて、「アイ」と言った。

「何ですか、アハルプー。何かが刺したのですか」とクチュマキックが尋ねた。

八番目に坐っているのが刺されて、「アイ」と言った。

「アハルガナー、どうしたのです。何かが刺したのですか」とアハルプーが尋ねた。

九番目に坐っているのが刺されて、「アイ」と言った。

「チャミアバック、どうしたのですか」とアハルガナーが尋ねた。

十番目に坐っているのが刺されて、「アイ」と言った。

「どうしました、チャミアホロム。何か刺しましたか」とチャミアバックが尋ねた。

十一番目に坐っているのが刺されて、「アイ」と言った。

「何か起こったんですか。何かが刺したのですか」とチャミアホロムが尋ねた。

十二番目に坐っているのが刺されて、「アイ」と言った。

「パタン、どうしたんだ。何が刺したんだ」と尋ねた。

十三番目に坐っているのが刺されて、「アイ」と言った。

「どうした、キクシック。何が刺したんだね」とパタンが尋ねた。

十四番目に坐っているのが刺されて、「アイ」と言った。

「何が刺したんだい、キクリスカック」とキクレーが言った(3)。

こうして、みんなが、次から次へと、おたがいにその名前を呼びあっていったから、部屋の隅に坐っていた者の名前がみんなわかってしまった。

こうして一人残らずみんな名乗りをあげてしまったわけだが、じつを言えば、蚊はほんとうに刺したのではなく、フンアフプーの足から抜いてきた毛でつついただけであったのである。こうして蚊は、フンアフプーとイシュバランケーに頼まれて、みんなの名前を聞きに行ったのであった。

ところで二人の若者は、その道を歩きつづけていたが、やがてシバルバーの主たちのいる所へやって来た。

「坐っておられる主さまに、ご挨拶を申せ」

と、一人が若者たちを騙そうとして言った。

二人は、

「それは主ではない、ただの棒人形だ」

と言って、前に進み出た。そして早速、挨拶をしはじめた。

「ご機嫌よう、フン・カメー。ご機嫌よう、ヴクブ・カメー。ご機嫌よう、シキリパット。ご機嫌よう、クチュマキック。ご機嫌よう、アハルプー。ご機嫌よう、アハルガナー。ご機嫌よう、チャミアバック。ご機嫌よう、チャミアホロム。ご機嫌よう、キクシック。ご機嫌よう、パタン。ご機嫌よう、キクレー。ご機嫌よう、キクリスカック」

と、みんなの前に進み出ながら、そしてみんなの顔を見ながら、一人残らず名前を言って挨拶をした。

彼らは、自分たちの名前が知られないようにと願っていたのであった。

彼らは二人を坐らそうと思って、「ここに坐れ」と言った。

しかしフンアフプーとイシュバランケーは、

「これはわれわれの席ではない。これはただの焼石だ」

と答えたので、彼らはここでも二人をやっつけることはできなかった。

「よし、それではあそこの館へ行け」

と、彼らは言った。

早速、二人は〝闇の館〟へと入って行ったが、ここでも二人はうち負かされなかったのである。

第九章

さて、これがシバルバーでの最初の試練であったが、シバルバーの主たちは若者たちがこの館に入りさえすれば、それこそ彼らの敗北の始りであると考えた。

やがて二人がこの〝闇の館〟へ入って行くと、すぐにフン・カメーの使者が、燃え立った松の木片と葉巻を一人一人に持って来た。

「主さまが『これは、おまえさん方の松の木片だ。この松明《たいまつ》を、明日の朝、葉巻と一緒におれに返すのだ。形を崩さず、このままで持ってこい』と言っておられる、これが主さまのお言葉だ」と言った。

シバルバーの館

　二人は「よろしい」と答えた。けれども、じつは松明に火をつけず、火のかわりに赤いものを、つまり大おうむの尻尾の羽根を木片につけたのであった。夜番たちには、これが、松明に火がついているかのように見えたのである。そしてまた、葉巻には、その先のほうに蛍をつけておいたのであった。

　夜番たちは夜のあいだに二人はもうやっつけられてしまったものと思いこんで、

「やつらはやられてしまったね」

と言っていた。

　ところが、松明は燃えきっていなかった。以前と同じままであったのである。そして葉巻も、火がつけられていなかったから、以前と同じままであった。

　番人たちは急いでこのことを主たちに知らせに行った。

「それはまた、どうしたことだ？　やつらはいったい、どこからやって来た者だ？　だれが孕ませた連中だ？　だれが生んだ者なのだ？　まったく、やつらはけしからんことをして、おれたちの心をいらだたせやがる。やつらの顔はちょっと奇怪だぞ。それに、やることも不思議だぞ」

と、シバルバーの主たちは言いあった。そして彼らを呼びにやり、

「さあ、若者ども、ひとつ球戯[1]をやろうじゃないか」

と言った。一方、フン・カメーとヴクブ・カメーはこの二人に、

「おまえさん方はどこからやって来たんだね？　教えてくれよ」

と尋ねた。ところが二人は、

「さあ、どこからやって来たんですかね。われわれ自身もわからないんですよ」

と言ったきり、口をつぐんでしまった。

　そこで、シバルバーの連中が、

「よし、それなら球戯をやろう」

と言ったので、若者たちは「よろしい」と答えた。

シバルバーの者たちは、

「おれたちのこの球を使おう」

と言った。

若者たちは、これには、

「とんでもない。ぼくたちのを使いましょう」

と答えた。

「それはだめだ。おれたちのを使うのだ」

と、シバルバーの連中がまた言った。それで、

「じゃ、そうしましょう」

と、若者たちは答えた。

すると、シバルバーの連中が「おまえさん方、チル虫[2]を探してこい」と言った。しかし、二人は、

「いや、それはだめです。その代り、ぴゅーまの頭にしましょう[3]」

と答えた。

「いや、それはだめだ」

と、シバルバーの連中は言った。これに、フンアフプーは、

「それならそうしましょう」

と答えた。

そこでまず、シバルバーの連中が球を投げた。彼らは、フンアフプーの環を目がけて球を投げつけるや、とっさに石刀に手をかけた。

球はコロコロとはね返りながら、球戯場をはずんでいった。

「これはいったい、どうしたことですか。私たちを殺そうとでも言うんですかね。あなた方は、私たちを招いたんじゃなかったのですか。あなた方の使者がわざわざ来たんじゃありませんか。そういうことなら、私たちはすぐ帰りますよ。ああ、何と情けないことだろう」

と、フンアフプーとイシュバランケーは叫んだ。

実際、彼らが願っていたのは、そのとおりであったのである。彼らは若者たちをこの球戯場ですぐに殺してしまい、負かしてしまおうと考えていたのであった。

ところが、そうはいかなかった。そして結局、シバルバーの連中が若者たちにやっつけられることになるのである。

「いや、若い衆、帰ってしまってはいけないよ。球戯をつづけよう。だがこんどは、おまえさんたちの球を使おうよ」

と、連中が言ったので、二人は「よろしい」と答えて、すぐに球をシバルバーの環のなかへ入れてしまった[4]。

これで試合は終りとなってしまった。

シバルバーの連中は負けたのを口惜しがって、

「どうしたら、彼らをやっつけられるだろう」

と言いあった。そして、彼らに向かって、

「花を入れた瓢《ヒカラ》を四つ、朝早くもっておいで」

と言った。シバルバーの連中が若者たちにこう言ったのである。そこで若者たちは、

「よろしい。でも、どんな花をですか」

と尋ねた。

「赤いチピリンの花一枝、白いチピリンの花一枝、黄色いチピリンの花一枝、それにカリニマックの花を一[5]枝だ」

と、シバルバーの連中は答えた。

　若者たちはこれに「わかりました」と答えて、話は終わったが、二人ともとても力強く、元気な調子で答えたのであった。

シバルバーの連中は、若者たちが苦もなく承諾したので、すっかり安心してしまった。連中は、二人を、もう負かしてしまったものと思って、嬉しくなってしまった。そして、

「これでうまくいったぞ。やつらはまず花を摘みに行かねばならない」と言いながら、心のなかでは「どこへ花をとりに行くことやら」と言ったのである。シバルバーの連中は、

「間違いなく明日の朝[6]、花をもって来るのだぞ。さあ花を摘みに行け」

と、フンアフプーとイシュバランケーに言った。二人は、

「わかりましたとも。そして、暁方《あけがた》にまた試合をやりましょうね」

と言って、別れて行った。

それからすぐ若者たちは、シバルバーの第二の懲らしめの場、〝剣の館〟に入って行った。

主たちは、ここで彼らが石剣でずたずたに切られて、さっさと死んでしまえばいいと願っていたのであった。それが、心のなかで主たちの願っていたことであった。

しかし彼らは、死ななかったのである。というのは、彼らがすぐさま石剣に、

「すべての獣の肉をおまえさんたちのものにしてやるよ」

と言ったからであった。剣はそのまま動かなくなり、みなじっとしていたのである。

こうして〝剣の館〟で一夜を過ごした若者たちは、蟻をすっかり呼び集めて、

「刃の蟻よ、サムポポ蟻よ〔7〕。みんな集まれ。そしてすぐに、主たちのために、おれたちが摘まねばならない花を切りとってこい」

と言いつけた。

蟻たちは「よろしゅうございます」と言って、フン・カメーとヴクブ・カメーの庭の花を切りに出かけて行った。

主たちは、まえもってシバルバーの花番に、

「おれたちの花によく気をつけろ。若者どもがとりに行くだろうから、盗られないよう

に注意しろ。〝やつらがどうして花をみつけ出せるものか、とれるものか〟と思っても、けっして、けっして心を許すなよ。一晩じゅうよく見張るのだぞ」

と言いつけた。

　番人たちは「かしこまりました」と答えた。

　しかし番人たちは、何も気づかずに過ごしてしまったのであった。彼らは魔の樹々の梢《こずえ》のあいだでかん高い叫び声をあげていたが、それは何の役にもたたなかったのであった。

　一人が、

「イシュプールプヴェック、イシュプールプヴェック」

と叫べば、もう一人が、

「プフユー、プフユー」

と答えて、一晩じゅう同じ叫び声を繰返していたのであった。プフユーというのが、フン・カメーとヴクブ・カメーの庭番の名前(8)であった。

　この番人たちは、蟻がぐるぐるとあちこち歩きまわって、自分たちが番している花を木に登って切りおとしたり、それを木の下で集め、盗んで持ち運んで行ったりしているのを、いっこうに気づかなかったのであった。

　そのうえ庭番たちは、たがいに叫び声をあげている間に、蟻の歯が自分たちの尻尾や羽根を噛み切っているのにさえ、まったく気づかなかったのである。

こうして蟻は切りとった花を歯にくわえて運び集めて、たちまち四つの瓢を花でいっぱいにしてしまった。夜の明けたころ、花は露でしっとりとぬれていた。

やがて花を受け取りに使者がやって来た。そして、

「『摘みとったものを、すぐにここへもって来るように』との主さまの仰せだ」

と、若者たちに伝えた。

若者たちは「かしこまりました」と言って、花でいっぱいになった四つの瓢をもって出かけて行った。そして、主たちやその他の連中の前に現われたとき、その花は見た目もまことに鮮やかであった。

こうして、シバルバーの連中は負けてしまったのである。若者たちはただ蟻をさし向けて、一晩で花を摘みとらせ、瓢に入れさせただけではあったが、シバルバーの連中はこの花を見ていっぺんに顔色を変え、真っ青になってしまった。

そして急いで花番たちを呼びにやった。

「どうして、おれたちの花を盗ませたのだ。ここにあるのは、おれたちの花なんだぞ」

と、花番たちを叱りつけた。

「主さま、私どもは何も気づきませんでした。それに、私どもの尻尾までもやられてしまったのです」

と、花番たちは答えたが、主たちは、番をしていて花を盗まれた罰として、花番たちの口を引き裂いた。

こうしてフン・カメーとヴクブ・カメーはフンアフプーとイシュバランケーにうち負かされてしまった。だがこれは、彼らの偉業の、まだほんの序の口であった。このとき以来、ふくろうの口は裂けてしまい、今日に至っているのである。

そこで、みんなはすぐに球戯の試合に降りて行ったが、数回の引分けで、試合をやめてしまった。シバルバーの主たちは、明朝またつづけてやろうと言ったが、若者たちもこれに、「そうしましょう」と答えた。

第十章

それから二人は〝寒冷の館〟に入った。ここは、言いようもないほどに寒く、なかは雹《ひょう》でいっぱいになっているという、まったく寒い館であった。けれどもその寒さを、若者たちは火のついた古い木片ですぐにふっとばしてしまったのである。

そんなわけで彼らは死にもせず、一夜を明かしてもまだとても元気であった。実際のところ、シバルバーの連中はここで二人を殺してしまおうと思っていたのだが、そうはいかなかったのである。それどころか、夜が明けて、使者が迎えに行くと、二人とも元気いっぱいで、またまた出てきたのであった。

「これはいったい、どうしたことだ？　まだ死んでいないのか」

と、シバルバーの主たちは言ったが、フンアフプーとイシュバランケーのやったことにすっかり驚いてしまった。

　次に二人は、〝じゃぐゎーるの館〟へ入った。この館のなかはじゃぐゎーるでいっぱいだった。

「おれたちに食いつくな。そうら、おまえさんたちの食べものだよ」

と、二人は言って、素早く骨を投げてやると、じゃぐゎーるはその骨に飛びかかって行った。

「こんどこそは、やつらもとうとうおしまいだ。今ごろはもう、はらわたまでも食われてしまっているぞ。とうとうやられてしまったな、もう骨までしゃぶられているよ」

と、番人が言ったので、みんなすっかり嬉しくなってしまった。

　しかし若者たちは、死にはしなかった。まえと同じように元気いっぱいで〝じゃぐゎーるの館〟から出たのである。これを見てシバルバーの連中は、

「いったい、こいつらは何という人間なのだ。どこからやって来たんだろう？」

と言いあった。

　つづいて二人は、〝焔の館〟のなかへ入っていった。この館のなかは火焔でいっぱい

になっていた。けれども二人は、焼けもしなかった。炭と薪が焼けただけのことであった。そして夜が明けると、まえと同じように二人は元気に出て来たのである。

シバルバーの連中はこの館のなかで二人をさっさと焼き殺してしまいたいと思っていたのに、そうはいかなかったので、すっかりがっかりしてしまった。

それでこんどは、二人を〝蝙蝠《こうもり》の館〟に入れた。このカマソッツ(1)の館にはカマソッツだけしかいなかった。カマソッツは堅い棒(2)のようなものを持っていて、現われるものは何でも、これですぐさま殺してしまうという怪獣であった。

ところで若者たちは、この館のなかに入って行ったけれども、吹筒のなかにもぐって寝ていたから、館の怪獣に嚙みつかれなかった。しかしながら一匹のカマソッツが空からやって来たので、一人が吹筒から出てみたために、とうとう負けてしまうことになるのである。

カマソッツは、一晩じゅう寄り集まって、「キリッツ、キリッツ」と言って、相談しあっていた。そして話をしばらくやめたかと思うと、一本の吹筒の口のところにじっと動かずに身をよせた。

一方、イシュバランケーはフンアフプーに、

「もう夜が明けそめただろうか。おまえ、ちょっと見ておいでよ」

と言った。フンアフプーは吹筒の口から外が見たくて仕方なかったところだし、それに

夜が明けたかどうかも知りたかったので、

「そうだね、ちょっと見てみよう」

と言って、ひょいと吹筒の口から首を出した。すると、カマソッツはたちまちその首を切りおとした。フンアフプーの首は胴から切り離されてしまったのである。

イシュバランケーはもう一度、

「まだ夜が明けないのかい？」

と尋ねた。しかし、フンアフプーは、もう動かなかった。

「フンアフプー、どうしてしまったのだ。いったい、どうしたのだ」と彼は言ったが、フンアフプーはもう動かず、返事もしなかった。

イシュバランケーはすっかり心配になって、

「ああ、何としたことだ。おれたちはすっかりやられてしまった」

と叫んだ。

シバルバーの連中は、フン・カメーとヴクブ・カメーの命を受けて、早速、フンアフプーの首を球戯場に吊しに行った。シバルバーの連中はフンアフプーの首がとれたというので、みんなで喜びあった。

第十一章

そこでイシュバランケーは、早速、夜のあいだに、すべての動物たち、ピソテや猪、小さな獣や大きな獣を呼び集めて、夜が明けると、早速、彼らに何を食べものとしているのかと尋ねた。

「おまえたちの食べものはいったい何だ。おれがおまえたちをここへ呼んだのは、おまえたちが自分で自分たちの食べものを選べるようにと思ってなのだ」

と言った。

獣たちは、「よろしゅうございます」と答えて、すぐにそれぞれ自分の食べものをとりに、連れだって出かけていった。あるものは腐ったものを、あるものは草を、あるものは石を、また、あるものは土をとりに出かけて行った。小さな獣、大きな獣の食べものは、じつに種々さまざまであった。

この獣たちの後から、亀がのこのこと食べものをとりにやって来た。そしてフンアフプーの胴の端まで来ると、たちまちフンアフプーの首の形になってしまった。そしてみるみるうちに眼が彫られていった。

そのとき、たくさんの予言者が天から降りてきた。天の心、フラカンも、〝蝙蝠の館〟の上へ舞い下りてきた。

フンアフプーの顔を作り上げるのは、なかなか容易なことではなかった。けれども、ともかく、髪の毛並みも美しく出来あがった。それに、口をきくことさえもできた。しかし、もう夜明けが近づき、地平線が赤くなりそめていたので、

「もう一度暗くしろ」と蒼鷹《ソピローテ》に言った(1)。

蒼鷹が「よろしい」と答えて、空をたちまち暗くかげらせた。だから今日でも人々は「蒼鷹がかげらせたぞ」と言うのである。

こうして、夜明けの涼しいうちにフンアフプーは再び生を受けた。

「これでいいかな、フンアフプーに似ているかな」という問いに「まったく結構な出来ばえです」との答えがあったが、実際、骨で出来たほんとうの頭のように作られていた。

そこで二人は話しあったが、イシュバランケーは、

「おまえは、ただ球戯をやっているような恰好さえしていればよいのだ。球戯のほうは、おれ一人でやるからな」

と言った。

そしてすぐに一匹のうさぎを呼び、

「おまえは球戯場の上のほうにいるのだ。あの樫林(2)のなかに入っているのだぞ。球がおまえのところへ飛んできたら、すぐ走って出てくるんだよ。それから後はみなおれがする」

と言い渡した。夜のうちにこうした指示をうさぎに与えたのであった。

やがて夜が明け、二人の若者は元気に球戯場へと降りて行った。ところで、フンアフプーのほんとうの頭は、球戯場の上にぶら下げてあったのである。

シバルバーの連中は、

「おれたちは勝ったぞ。おまえたちは自分で破滅を招き、降参したのだ。さあ、あの頭に球をぶつけてやれ」

と叫んで、フンアフプーを挑発したが、二人はこれを問題にしなかったし、フンアフプーも知らぬ顔をしていた。

それで、シバルバーの連中がまず球を投げた。イシュバランケーはこれを受けとめに走ったが、球は環に向かって真っ直ぐに飛んで行き、途中で止まり、はねかえって球戯場を越え、ひとっとびに樫林に向かって行った。

すると、うさぎが、すぐに飛び出して跳ねて行ったので、シバルバーの連中は大声を上げながらうさぎを追って走った。こうしてシバルバーの連中はみんな走って行ってしまったのである。

その間にイシュバランケーは、フンアフプーの首を取り戻し、そのかわりに亀を球戯場の上にぶら下げた。手に入れた首はフンアフプーのほんとうの首であったから、二人は大喜びをした。

球を探しに走って行ったシバルバーの連中は、樫の木のあいだに球を見つけだしたので、

「さあこっちへ来い。球はここにあったぞ。球は、おれたちが見つけたぞ」

と言って、球をぶらさげて球戯場へ帰ってきた。そして、「いったいこれは、どうしたことだ」と叫んだ。

そしてまた球戯を始めたが、両方とも同点となってしまった。

そこでイシュバランケーが亀に石を投げつけた。亀は地面に落ち、シバルバーの連中の眼の前で、果実の種のようにこなごなになって壊れてしまった。

シバルバーの主たちは「だれがまた頭をとりに行くのだ、だれがここへもって来るのだ」と言ったが、こうしてシバルバーの連中はフンアフプーとイシュバランケーに負けてしまったのである。

二人はいろいろと難儀な目にあわされ、苦労をしつづけたが、それでも二人は、死ななかったのである。

第十二章

ではこれから、フンアフプーとイシュバランケーの二人がどうして死んだか、その次第を話すこととしよう。

二人は、シバルバーの主たちのありとあらゆる責苦にかけられても死ななかったし、シバルバーのあの猛獣たちにもうち負かされなかった。

　そこで二人は、二人の予言者、つまりシュルーとパカム[1]という知恵者を呼んで、

「シバルバーの主たちが、われわれの死について、おまえさん方に尋ねるにちがいない。連中は、われわれが死にもせず、破られもせず、その責苦にもめげず、また獣どもにやられることもなかったので、こんどはどうしてわれわれを殺そうかと計画をめぐらし、準備をしているのだ。どうも連中は、われわれを火あぶりにして殺そうとしているような予感がするのだ。シバルバーの連中はみんな集まって相談をしている。でもわれわれは、死なないのだ。そこで、おまえさん方があの連中に言わなければならないことを教えておこう。もしも連中がおまえさん方のところへ、おれたちを殺して供犠《いけにえ》にすることで相談にやって来たら、シュルーとパカムさん、おまえさん方はいったい何と答えるだろうね。もしも連中が『やつらの骨を崖から投げ落としたらどうだろう?』ときいたなら、『それはだめだ。そんなことをしたって、すぐに生き返ってくるよ』と言うんだね。そしてもし『やつらを木に吊したらどうだろう?』ときいてきたら、『それはまったくだめだね。そうしたって、また彼らは出てきて、君たちと顔を合わせることになるよ』と答えるのだ。三度目に『骨を川に投げこんだらどうだろう?』ときいたなら、『それがいい、そういうふうに殺すのがよい。そして一人ずつの骨を別々に石臼でとうもろこ

しの粉を挽《ひ》くように挽いてしまい、それを水が湧き出ている川に投げこみ、骨の粉が小さな峰、大きな峰に流されて行くようにするがよい』と答えておくれ。おれたちがおまえさんたちに言ったとおりに話を進めて、そう答えるのだよ」

と言った。

こうして二人は、彼らに別れを告げたときにはすでに自分たちがやがて死ぬということを知っていたのであった。

一方、シバルバーの連中は、大きなかまどのようなものを造って、火を焚《た》き、太い木の枝を一杯つめこんだ。

やがて、フン・カメーとヴクブ・カメーの使者が二人を連れにやって来た。そして、

「若者たちよ、『若者たちを探して、連れてこい。やつらを焼いてしまうということを知らせに行ってこい』と、主さまたちの仰せだ」

と叫んだ。

若者たちは「よし」と答えて、早速、焚火の所まで一緒にやって来た。するとシバルバーの主たちは、彼らが、自分達と遊ばざるを得ないようにしようと考え、フン・カメーが、

「さあ若者たち、チチャを飲もう。そして、焚火の上を四度ずつ飛びこえようじゃないか」

と言った。若者たちは、

「われわれをだまさないでください。われわれが死ぬということ、死がわれわれを待っているということを、いったい、われわれは知らないとでも思っているのですか」

と答え、おたがいに向かいあって、抱きあってから、両腕を拡げ、大地に頭を下げて、焚火のなかへ飛びこんだ。こうして二人は一緒に死んでいった。

シバルバーの連中は喜びに溢れ、大声をあげ、口笛を吹きながら、「こんどこそやっつけたぞ。やつらはとうとう参ってしまったぞ」と叫んだ。

そして早速、シュルーとパカムを呼んで、若者たちが予言していたとおり、「彼らの骨をどうしたらよいだろう?」と尋ねた。

そんなわけでシバルバーの連中は彼らの骨を粉々に挽き、川に投げ棄てた。

しかし骨の粉は、遠くへ流れ去ってしまわなかった。たちまち川の底へ沈んでしまい、やがて美しい青年に姿を変えてしまったのである。そして再び現われ出たときには、まったくまえと同じ顔[2]をして現われたのである。

第十三章

すなわち、それから五日たって、二人は再び姿を現わした。シバルバーの連中が川のなかを探しまわって、二人を水のなかに見つけだしたとき、二人は人魚[1]の姿をしていた。

そして次の日、老いぼれた顔つきで襤褸《ぼろ》をまとい、どう見ても値打ちのない様子をした、みすぼらしげな二人の男が、シバルバーの連中の前に現われた。

彼らは、べつにこれといったことをするでもなく、ただ、プフイ（ふくろう）の踊り、クッシュ（いたち）の踊り、イボイ（よろい鼠）の踊り、イシュツール（むかで）の踊り、チティック（竹馬）の踊り(2)などをおどっているだけであった。

それにまた、いろんな手品をして見せた。まるで家がほんとうに焼けているかのように燃やして見せるかと思うと、その場でそれを、またすぐもとどおりにして見せた(3)。たくさん集まったシバルバーの連中は、これを感心して眺めていた。

それから二人は、おたがいに斬合いを始めて、相手をこなごなに切って殺しあい、最初に殺されたほうが死んだようにのびて横たわってしまったかと思うと、相手はすぐにまたこの男をよみがえらせて見せた。シバルバーの連中は二人のすることを見て、すっかり驚いてしまったが、この二人のやったことが、やがてシバルバーの連中に対する彼らの勝利の初めとなるのである。

この二人の踊りの話がフン・カメーとヴクブ・カメーの耳に入った。彼らはこの話を聞くと、

「その二人の親なし子というのは、いったい何者だ?」とどなり、「ほんとうにそんな面白いことをやってみせるのか」と尋ねた。

「まったく、やつらの踊りときたら、どれもこれも、すばらしいのです」と、この踊りのことを主たちに知らせた者が答えた。

これをきいて嬉しくなった主たちは、うまく二人をおだてて連れてくるようにと使いを遣わした。そして「『ここへやって来るように、ここでおれたちにやって見せてくれるように、おれたちを感心させてくれるように』と主たちが言っていると、やつらに言え」と、使者に言いつけた。

使者たちは早速、踊り手のところへやって来て、主たちの命を伝えたが、彼らは、「いやです。正直なところ、私たちはきまりが悪いのです。こんな不細工な顔つきで、大きな眼をもち、しかもこの貧乏たらしい恰好をしていては、主さま方のお邸にあがるのは恥ずかしいのが、あたりまえではございませんか。ご覧のとおり、私たちは貧しい、ただの踊り手にすぎないではございませんか。それに、私たちの踊りをたのしもうと思って、一緒にやって来ている私たちの貧乏友だちに何と言えましょうか。第一、主さま方の前で、私たちの踊りなど、できたものではないではございませんか。お使いの方々、そんなわけで、私どもは伺うことがいやなのでございます」

と答えた。フンアフプーとイシュバランケーはこう答えたのである。

それでも、とうとう二人は、いやそうな、悲しそうな顔つきをして出かけていった。そして、主たちの家への道々で、彼らはときどき歩こうとしなかったので、使者たちは何度か二人の顔を叩かねばならなかった。

やがて二人は、小さくなり、頭を垂れ下げて、主たちの前へやって来た。ひれ伏して、うやうやしくお辞儀をしながらやって来たのである。(4) 二人がやって来たときのさまは、ひどく弱々しそうで、みすぼらしく、まったくの浮浪人のようであった。

主たちは早速、彼らの生まれた国や生まれた村、その母や父などについて、問いただした。

「どこからやって来たのだ?」

と、主たちが尋ねた。しかし二人は、

「存じません。母親の顔も父親の顔も知らないのです。両親が死んだとき、私たちはまだ小さかったのです」

と答えたきり、それ以上は何も言わなかった。

「よし。それでは、これから踊りをやってみせろ。しっかりやって、おれたちを喜ばせるのだ。ほうびには何が欲しいか」

と、二人に言った。

「いや、何もいりません。ただ、私たちは、踊るのがほんとうに恐ろしいのです」

と、主に答えた。

「心配するな。惧《おそ》れることはないぞ。さあ踊れ。まず、殺し合いの踊りをやれ。それか

そこで二人の歌と踊りが始まった。シバルバーの連中は彼らの踊りを見ようと、みんな集まってきた。

ら、おれの館を焼いてみせるのだ。そして知っていることは、何でもみなやってみろ。おれたちは、おまえたちの踊りを見て楽しもうと、わくわくしているのだ。踊りがすんだら、家へ帰れるようにほうびもとらせてやる、さあ、哀れなやつらよ」

と、主たちが言った。

そこで二人の歌と踊りが始まった。シバルバーの連中は彼らの踊りを見ようと、みんな集まってきた。まずクッシュの踊りが始まり、プフイの踊りとイボイの踊りがこれにつづいた。

やがて主が、「おれの犬をずたずたに切ってみろ。そして、すぐよみがえらせてくれ」と言った。二人は、「かしこまりました」と答えて、ただちに犬を寸断し、これをまたすぐに生き返らせた。犬は生きかえると、うれしそうに尻尾を振った。

するとは主は、「こんどは、おれの家を焼け」と言った。彼らは、主の家に火をつけた。家のなかには主たちがみな集まっていたのだが、だれも火傷をしなかった。フン・カメーの家はたちまちまた元どおりになって、少しの破損もなかったのである。

これを見て主たちはみな、まったく感心してしまった。踊りのほうも、すっかり彼らの気に入った。

そこで主は、「人を一人殺して供犠《いけにえ》にしてくれ。しかし、ほんとに死なせてしまってはいけないぞ」と言った。二人は、「かしこまりました」と答えると、一人をつかまえて、たちまち供犠にし、その心臓を取り出して、主の眼の前に高々とかかげてみせた。フン・カメーとヴクブ・カメーは、ここでもまたすっかり感心してしまった。二人は一瞬の間に男をよみがえらせたが、男の心は、生き返ると、喜びにみち溢れたのである。

主たちはすっかり魂消《たまげ》てしまって、「こんどは、おまえたち自身を供犠にしてみせてくれ。おれたちは、おまえたちの踊りがすっかり気にいった」と二人に言った。二人は「よろしゅうございます」と答えて、早速、おたがいどうしを供犠にしてみせた。つまり、イシュバランケーがフンアフプーを供犠にしたのだが、まず手と足を一本ずつすぱりと切り落とし、それから首を切り離して、少し離れたところへもって行き、それから心臓を胸からひっぱり出して、草むらのほうへほうり出した。シバルバーの主たちはみな恍惚としてこれを眺めていた。たった一人が踊りつづけていた。それはイシュバランケーであった。

やがてイシュバランケーが「立て」と言うと、すぐにフンアフプーは元の体となって、息をふき返した。若者たちは喜びあい、主たちも一緒に喜びあった。まったくのところ、若者たちの踊りにフン・カメーとヴクブ・カメーはすっかり喜んでしまって、まるで自分たちが踊っているかのような気持になっていた[5]。

フン・カメーとヴクブ・カメーは、フンアフプーとイシュバランケーの踊りを見て、もうたまらなくなってしまい、二人に命じて、

「こんどは、おれたちを同じようにしてみてくれ。おれたちを供犠にしてみてくれ。一人ずつずたずたに切ってみてくれ」

と言った。二人は、

「いいですとも。すぐに生き返りますからね。みなさん方が私どもをお呼びになったのは、みなさん方ご自身やお子供さん方、そしてまた家来の方々を楽しませるおつもりだったことなのでしょうから」

と答えて、真っ先に、主たちの長でありシバルバーの王であるフン・カメーを供犠にしてしまったのである。フン・カメーを殺すと、二人はヴクブ・カメーをやっつけた。そして、そのどちらも生き返らせなかった。

シバルバーの連中は、主たちが殺され、供犠にされてしまったのを知ると、たちまちのうちに逃げ散っていってしまった。まったく一瞬のうちに二人は供犠にされてしまったのである。が、それは、二人を罰するためであった。主の長は、あっという間に殺されてしまって、再び息をふき返さなかったのである。

そうしていると、主の一人がうやうやしく踊り手たちの前にひれ伏した。しかしすぐには二人の眼にとまらなかった。やっと眼にとまったとき、彼は「どうか私を哀れとおぼしめしください」と言った。

シバルバーの子供たちや家来たちはみんな大きな谷間へ逃げて行って、みんな深い絶壁の下にもぐりこんでしまった。そしてそこに群がりあっていると、たくさんの蟻がやって来て、彼らを見つけ出し、谷間から彼らを追い出してしまった。こうして彼らは、道端へほうり出されてしまったのである。それで、みな悲しそうな顔つきでやって来て、道にひれ伏し、降参してしまった。

こうしてシバルバーの連中は、みな負かされてしまった。これは、まったく奇蹟と化身[6]によって初めてなしとげられたことであった。

第十四章

そこで若者たちは、シバルバーの連中の前で自分らの名を明かして、自らを賞め称《たた》えた。

「さあ、おまえたち、われらの名前をよくきけ。われらの父上たちの名前も一緒にきかせてやろう。われらこそはフンアフプーとイシュバランケー(1)だ。これがわれらの名前だぞ。おれたちの父上たちは、おまえらが殺したフン・フンアフプーとヴクブ・フンアフプーだ。そして、ここにいるわれわれこそ、父上たちのこうむった苦しみと悩みの仇《かたき》を討とうとする者だ。おまえらが父上たちに加えた幾多の悪事をわれわれは忍んできた。しかし今こそ、おまえたちをみな殺しにしてやる。みんなに、これから死を与えてやる。一人だって逃がさないぞ」

と、二人は言った。これをきくと、たちまちシバルバーの連中は泣き出してひざまずき、

「フンアフプーさま、イシュバランケーさま。どうか私どもを哀れに思ってください。たしかに私どもは、プクバル・チャフに葬られたあなた方の父上さま方に、悪いことをいたしました」

と言ったが、二人は、

「それはわかっている。さあ、これからおまえたちに宣告を言い渡してやる。さあ、シバルバーの者どもよ、よくきいておれ。おまえたちにはもう権力もなければ種族もなくなっているのだ。おまえたちに慈悲をかけてやるいわれはない。おまえたちの血の位(2)は引き下げられねばならない。球戯などはもうおまえたちのすることではない(3)。おまえた

ちは土鍋と土鉢と、とうもろこし挽きの石臼を造ってさえおればよいのだ。おまえたちと口をきくのは、草の茂みや沙漠のなかの子供たちだけだ。秀《すぐ》れた子供たちや礼儀正しい家来たちは、もうおまえたちのものではない。彼らはおまえたちから遠ざかってしまうだろう。(4)おまえたちの相手になるものは、罪人や、悪人や、淋しくしている者や、薄幸の者、それに悪徳に身をまかせている者だけだ。もうおまえたちは、にわかに人を捕まえるようなことをしてはならない。おまえたちの血が賤《いや》しいことを、いつもよく知っておれ」

と、シバルバーの連中に言い渡した。

　こうしてシバルバーの連中の破滅と嘆きが始まった。しかし彼らの権力といっても、むかしから大したものではなかった。ただ人々に悪事を働くことがそのたのしみであったのである。それに彼らは神格をもっていたわけでもなかったのである。おまけにおそろしい顔つきをしていたから、だれでも彼らを見るとこわがった。彼らはみみずくであった。悪や、罪や、不和をよびおこす万人の敵(5)であったのである。彼らはまた、その心にいつわりが多く、同時に黒でもあれば白でもあり(6)、嫉妬深く、また横暴であったということである。そのうえ、顔には色や油を塗っていたのであった。こうして彼らの栄光は消え、その帝国は衰亡していった。これこそ、フンアフプーとイシュバランケーの手柄であった(7)。

一方、この二人の祖母は、二人が植えていった、とうもろこしの木の前で泣きかなしんでいた。とうもろこしは、はじめ芽を出したが、あの焚火で二人が焼かれたときに枯れてしまったのである。そしてまた芽をふき出した。そこで祖母は、とうもろこしの前で、孫たちを偲び、コパールをもやしたのであった。祖母は、再び芽が出てきたのを見て、すっかり喜び、このとうもろこしを崇めて、家の中心、すなわちニカフと名づけた。とうもろこしはカサム・アフ・チャタム・ウレウ（平野の生き草）という名でもあった。これを家の中心と呼んだのは二人の若者たちが家の真ん中にこの草を植えていったからであった。この植えていったとうもろこしを平野の生き草とよんだのは、芽をまた吹き出したからであった。これは、フンアフプーとイシュバランケーが祖母に思い出してもらうようにと植えていったときに、イシュピヤコックがつけた名前であった。

ところで、彼らの父親たち、すなわち、さきに殺されたフン・フンアフプーとヴクブ・フンアフプーであるが、若者たちはシバルバーでこの二人の顔を見ることができた。そしてこの二人は、シバルバーの連中を征服した自分の子供たちと話をしたのであった。

そこで若者たちがどのように父親たちを崇め称《たた》えたかと言うと、まず二人は球戯場の供犠の場に行って、ヴクブ・フンアフプーを称え、同時にその顔を造ろうとした。二人は彼の全身、口、鼻、眼(8)を探してまわった。彼の身体は見つかったが、大したことはできなかった。フンアフプーという名も呼ぶことができなかった。その口も何も言うことはできなかった。

彼らがどのようにして、球戯場の供犠の場に置いてきた父親たちの霊を崇め称えたかと言うと、彼らはまず心をしずめ、「御身らの霊を称えよう。御身らはまず立ち上り、そして秀れた子供たちや、礼儀正しい家来たちに崇められ、その名はいつまでも消えないだろう、願わくばそのようになれ」と父親たちに告げ、さらに、「われわれは、御身らの死と御身らの受けた苦しみや悩みの仇を、今や討ちとげたのだ」と言って、安堵したのであった。

こうして二人は、シバルバーの連中をみな平らげたので、別れを告げ、ただちに光につつまれて天に上っていった。そして一人は太陽に、もう一人は月となってしまった。すると天穹《てんきゅう》も、地の面も、光り輝いた。こうして二人は天を住いとすることになったのである。

そしてまた、シパクナーが殺した四百人の若者たちも天に舞い上がって、この二人の伴侶、つまり空の星に身を変えてしまったのである。

第三部

第一章

さてこれから、人間をどのようにして創《つく》ろうとしたか、人間の肉を何で創ろうとしたかを書きはじめるとしよう。

アロムとクァホロム、ツァコルとビトル、またの名をテペウとグクマッツという神々[1]は、

「夜の明ける時がやって来た。われらの仕事をなしとげよう。われらを養い、われらの糧《かて》を用意する者たち、すなわち秀れた息子たち、礼儀正しい家来をこの世に出すべき時がやって来た。大地の面に人間が現われ出るようにしてやろう」

と語った。

神々は暗黒のなかで、夜の間に、相集《あいつど》って、相談しあった。おたがいに話に話を重ね、考えに考えを重ねた。そしてようやく考えはまとまり、人間の肉にするものを考え出した。

それは、ツァコルとビトルの頭上に太陽と月と星が現われ出る、ほんのちょっとまえ

のことであった。

やがてパシールとカヤラー(2)という所から、とうもろこしの黄色い穂と白い穂がとり寄せられた。この食糧(3)をもってきたのは、ヤック（山猫）、ウティウ（山犬）、クエル（チョコヨとよぶ小さなおうむ）、それにホウ（からす）という動物たちであった。この四匹の動物が、とうもろこしの黄色い穂、とうもろこしの白い穂のあるところを神々に示し、パシールへの道を教えたのであった(4)。

こうして食糧が見つけ出され、これが新しく創造される人間の肉となり、また血となった。アロムとクァホロムの業《わざ》により、とうもろこしが人間を形づくる血肉となったわけである。

さてパシールとカヤラーの地には美味《おい》しい食糧がふんだんにあった。黄色い穂のとうもろこし、白い穂のとうもろこしのほかにも、パタクステやカカオ、それにサポテ、アノーナ、ホコーテ、ナンセ、マタサーノスなど(5)の実や、蜜があった。彼らはこの美しい、豊かに恵まれた土地を見出して、喜悦に溢れた。

まさしくパシールとカヤラーの村には美味しい食べものが豊かにあって、あらゆる種類の食べものが、小さなものから大きなものまで、小さな木、大きな木になっていた。この村への道を教えたのは、あの動物たちであったのである。

さてそこで、イシュムカネーは、この黄色い穂のとうもろこしと白い穂のとうもろこしを臼で挽き、これから九種類の飲料を造った。そしてこの食糧のおかげで力がつき、脂肪《あぶら》がのったのであった。そしてまた、この食糧から人間の筋肉、活力が創られたのであった。これはみな、アロムとクァホロム、テペウとグクマッツの業であった。

つづいて神々は、われらの最初の母、最初の父の創造について語りあった。そして黄色い穂のとうもろこしと白い穂のとうもろこしでその肉を創り、とうもろこしをこねて人間の腕や脚を創った。

われらの父たち、すなわち初めて創られた四人の男たちの肉となったものは、この、とうもろこしをこねたものにほかならなかったのである。

第二章

最初に創られ最初に形を与えられたこの四人の男の名は、一番目をバラム・キツェー、二番目をバラム・アカブ、三番目をマフクタフ、四番目をイキ・バラム[1]といった。これがわれらの祖先[2]の名前であった。

彼らは独りでに創《つく》られたもので、母親も父親もいなかったということである。したがって、親の名はもっていなかった[3]。女から生まれたものでもなければ、創成主たち[4]に孕まされたものでもなかったのである。創成主たち[5]の奇蹟により、呪術によって創り上げられたものにほかならなかった。彼らは人間の恰好をしていたから、人間であったのである。口をきき、おたがいにものをしゃべりあい、ものを見、ものを聴くこともでき、歩きまわったり、ものを摑んだりすることもできた。四人とも美しく善い人間で、男の姿をしていた。

彼らは才能に恵まれ、見渡せばたちまちはるか彼方までも見ることができ、この世にあるすべてのことを見ることができ、また知ることができたのである。彼らが眼をみはれば、たちまち、まず近辺から、やがて天穹や円《まる》い地表までも見渡すことができたのであった。

ずっと遠くにかくれているものでさえも、身動きもしないで、いながらにして、みな、ちゃんとわかってしまうのであった。いながらにして世界をちゃんと見渡すことができたのである。

まことにその叡智は偉大であった。彼らの眼は、森にも、岩にも、湖にも、海にも、山にも、そしてまた谷にまでもとどいた。バラム・キツェー、バラム・アカブ、マフクタフとイキ・バラムの四人は、まったくすばらしい人たちであった。

それで創成主たち(6)は彼らに、

「どんな具合かね、よく見えるかね？　聴えるかね？　おまえたちの言葉、おまえたちの歩き方は、それでいいかね？　さあよく見るんだ。世界を見つめるんだ。山や谷が現われてくるかどうかよく見るんだよ。さあやってみるんだ」

と言った。

すると彼らはただちに、この世界にあるものをみな見つくしてしまった。

彼らは創成主たち[7]に、

「ほんとに二度も三度もあなたさま方に御礼を申し上げます。私たちを創造してくださり、口と顔をつくってくださったおかげで、ものを言うこともできますし、ものを聴きわけることもできますし、考えることも、歩くこともできます。何事もよくわかり、遠くにあるものも近くにあるものも知ることができます。また天上や地上にある大きなもの、小さなものも、みな見ることができます。創成主さま方、私たちを創ってくださり、生を与えてくださったことを、ほんとに感謝いたしております。われらの祖母、われらの祖父よ」

と、創成主たちに感謝を捧げた。

　彼らはこの世のすべてを知りつくしてしまった。天穹と円い地表の四隅、四点をも検《しら》べて見た。

　しかし、これをきいた創成主たちは喜ばなかった。

「われらが創造した者たち、われらが創り上げた者たちの言っていることは、よくないことだ。彼らは、『大きなものも、小さなものも、みな知っている』と言っている」

と言って、再び寄りあって相談した。そして、

「彼らをどうすればよいだろう。彼らの眼が、近くにあるものだけしか見えないように、彼らが地表のほんの少ししか見ないようにしてしまおう」

「彼らが言っていることは、よくないことだ」

「彼らはもともとわれらが創り上げたものにすぎないではないか。彼らが神と同じでよいというわけはあるまい」

「それに、夜が明けて太陽が昇るとき、もしも彼らが繁殖しなかったとしたら、どうしよう?」

「生み、殖えていかなかったとしたら、どうしよう?」

と言いあった。

「彼らの野望を少し抑えることにしよう。彼らの言っていることは、よくないことだ。われらはどんな遠いところのことでもみなわかってしまい、すべてを知りつくすことができるのだが、彼らが、創成主であるこのわれらと同じでよいというはずはない」

と、天の心、カクルハー・フラカン、チピ・カクルハー、ラサ・カクルハー、テペウ、グクマッツ、アロム、クァホロム、イシュピヤコック、イシュムカネー、それに創造主《ツァコル・ビトル》が言った。そして、こう言ったかと思うと、たちまち自分たちの創り上げた者の本性を変えてしまった。

つまり、天の心は、彼らの眼に霞《かすみ》を吹きかけたのであった。すると彼らの眼は、鏡に息を吹きかけたときのように、曇ってしまったのである。彼らの眼にはヴェールがかけられ、近くにあるものだけしか見えなくなってしまった。はっきりしたものだけしか見えなくなってしまったのである。

こうして、キチェー族の先祖である、四人の男の叡智と知識はうちくだかれてしまったが、われわれの祖父、われわれの父は、天の心、地の心によって、このようにして創造されたのであった。

第三章

それから、彼らの妻となる女たちが創《つく》られた。神はこれをひじょうに注意深く創り上げた。夢のうちに、じつに美しい女たちが、バラム・キツェー、バラム・アカブ、マフクタフとイキ・バラムの傍にやって来た。

男たちは、眼をさましたとき、この女たちが傍にいるのを見て、たちまち喜びに満ち溢れた。

女たちの名は、バラム・キツェーの妻がカハ・パルーナ、バラム・アカブの妻がチョミハー、マフクタフの妻がツヌニハー、イキ・バラムの妻がカキシャハーといった。これが、女たち、すなわち女主人たちの名前[1]であった。

彼女たちが小さな部族、大きな部族の人々を孕み、われわれ、すなわちキチェー族の祖先となったのである。部族にはたくさんの神官や供犠師《いけにえし》がいて、けっしてたった四人だけというわけではなかった。しかしこの四人が、われわれキチェー族の祖先となったのである。

彼らが東方で生み、殖《ふ》えていったときには、それぞれちがった名前をもっていた。つまり東方ではテペウ、オロマン、コハフ、ケネッチ、アハウと呼ばれていた[2]。これが東方で生み、殖えていった人たちの名前であった。

東方から一緒にやって来た、あのタムブ族とイロカブ族の人々[3]の起原もわかっている。バラム・キツェーはカヴェック族の九つの大家《たいけ》の父であり祖父であった。バラム・アカブはニハイブ族の九つの大家の父であり祖父であった。マフクタフはアハウ・キチェー族の四つの大家の祖父であり父であった。

このように三つの部族があったが、東方において増加し、生み、殖えていった人たちは、自分たちの祖父、自分たちの父の名を忘れはしなかった。

タムブ族とイロカブ族と一緒に、テクパンの十三の分族や、ラビナール、カクチケール、チキナハー、サカハー、ラマック、クマッツ、トゥハルハー、ウチャバハー、チュミラハー、キバハー、バテナバー、アクル・ヴィナック、バラミハー、カンチャヘール、バラム・コロブの諸部族[4]がやって来た。

これらは、ほんの主だった部族や分族だけを数え上げたにすぎない。このそれぞれの部族からまた他の分族が分れていった。彼らもまた東方で繁殖していったのであるが、ここではその名をいちいち挙げないでおこう。

たくさんの人間が創られ、そして暗闇のなかで繁殖していった。太陽も光もまだ現われていなかったころのことである。彼らはみんな一緒に大勢で住んでいて、あの東のほうで歩きつづけていたのである。

しかしながらこれらの者は、神を養い、その糧《かて》を用意することをしなかった。ただ顔を天に向けているばかりで、こんなに遠くまで何をしにやって来たのか知らなかった。

そこにはたくさんの黒い人間、白い人間、いろんな種類の人々、いろんな言葉の人々がいて、(5)その言葉をきいているのは、素晴らしいことであった。

地上には、幾世代を経ても山に住んでいて、まったく顔を見せず、家ももたず、ただ大きな山々、小さな山々を気が狂ったように歩きまわっている者がいる。(6)人々はこれらの山々の人たちを軽蔑して、狂人とよんでいる。太陽の昇る地方の人々もまた彼らをそう呼んでいたのである。

この人たちがしゃべる言葉はみな同じであった。彼らは木や石の像を崇めなかったが、ツァコルやビトル、天の心、地の心の言ったことはよく覚えていた。

彼らは夜明けの来るのをもどかしく待っていた。彼らは愛らしく、素直に、また畏《おそ》れおののいて、神を称《たた》える祈りの言葉を捧げ、天を仰いで自分たちに娘や息子が与えられるようにと祈った。

「おお、汝、ツァコルよ、ビトルよ、私たちをご覧ください。私たちの言うことをお聞きください。天と地におられます神、天の心よ、地の心よ、私たちをお棄てなさいますな。お忘れなさいますな。太陽がその道を進んで行くかぎりは、光のあるかぎりは、私たちに子孫をお与えください。継承者をお与えください。さあ、夜が明けますように。曙がやって来ますように。私たちに善い道、平らかな道をたくさんお与えくださいますように。種族が平和でありますように。いつまでも平和で、幸福でありますように。私たちによい生活、有益な生涯をお与えくださいますように。おお、カクルハー・フラカンよ、チピ・カクルハーよ、ラサ・カクルハー、チピ・ナナウアク、ラサ・ナナウアク、ヴォック、フンアフプー、テペウ、グクマッツ、アロム、クァホロム、イシュピヤコック、イシュムカネーよ、太陽の祖母、光の祖母よ、さあ夜が明けますように。曙が来ますように[7]」

彼らは太陽の出現、曙の到来を祈りながら、こう言った。そして太陽が昇り出るとき、その先駆をつとめる暁の明星、偉大な星の出てくるのを待っていた。天穹《てんきゅう》と地表を照らし、この創造された人間たちの足下を輝かす暁の明星の出てくるのを待っていた。

第四章

偉大な知恵者で聡明な男たち、神官であり供犠師《いけにえし》である、バラム・キツェー、バラム・アカブ、マフクタフとイキ・バラムの四人は、「夜が明けるのを待とう」と言った。

このわれらの祖先たちは、まだ木や石の像(1)をもっていなかったが、彼らの心は太陽の出を待ちあぐんでいた。どの種族も、ヤキの人々(2)も、そして神官や供犠師も、もはやひじょうに数多くなっていた。

「さあ、われらの御印《おしるし》が安泰かどうか尋ねてみよう。そして、御印の前で焚《た》くもの(3)を見つけに行こう。このままでは、われらを見守ってくれるものがいないのだから」と、バラム・キツェー、バラム・アカブ、マフクタフとイキ・バラムは言った。ところが、ある町の話が彼らの耳に入ったので、みんなはそこへ赴くことになった。

バラム・キツェー、バラム・アカブ、マフクタフとイキ・バラムの四人がタムブとイロカブの人々と一緒に赴いたところは、トゥラン・スイヴァ、ヴクブ・ペック、ヴクブ・シヴァンという所(4)であった。この町へ彼らは神を迎えに行ったのであった。

やがて彼らはトゥランに到着した。やって来た者の数は、多過ぎて数えることもできなかったが、みんな規律正しく歩いてやって来たのであった。

ここで彼らの神々が現われた。最初に現われたのは、バラム・キツェーとバラム・ア

カブ、マフクタフ、そしてイキ・バラムを守る神々であった。彼らは喜びに満ち溢れて、

「とうとう、求めていたものを見つけ出した」

と叫んだ。

まず、トヒール(5)という神が現われた。バラム・キツェーはこの神を籠(6)に入れて、肩に担《かつ》いだ。次に、アヴィリシュという神が現われて、バラム・アカブがこれを担いだ。ハカヴィツという神はマフクタフが担ぎ、ニカフタカフ(7)という神はイキ・バラムが担いだ。タムブ族の連中もキチェーの人々と一緒にその神を迎えた。タムブ族の神もまたトヒールであった。それが今日われわれの知っているタムブ族の、祖父や父が迎えた神の名であった。

三番目は、イロカブの神であるが、今日われわれが知っているイロカブ族の祖父や父たちが迎えた神は、これもまたトヒールであった。

キチェーのこの三つの部族は、同じ名の一つの神をもっていたから、彼らは離れ離れにならなかった。すなわち、キチェー族のトヒール、タムブ族のトヒール、イロカブ族のトヒールというように、神の名は一つであったのだ。それゆえにキチェーの三部族は分離しなかったのである。

そこでラビナール、カクチケール、チキナハーの諸族、それに、今日ヤキと言われている人々がみなやって来た。そしてここで、これらの種族の言葉は変わってしまい、み

な異なった話し方をするようになってしまった。彼らは、トゥランへ着いてからは、おたがいどうしではっきりと理解できなくなってしまった。そこでまた、みな分れてしまい、あるものは東方[8]に行ったが、多くはこちらのほうへやって来たのであった。

彼らの身に着けていたものは獣の皮で、りっぱな着物はもっていなかった。獣の皮だけが身に着けていた唯一のものであった。

彼らは貧しくて、何ももっていなかった。しかし、その天性は非常にすぐれていた。

彼らがトゥラン[9]へ来るには、古い伝承によれば、長い道のりを歩いて来たということである。

第五章

これらの部族は火をもっていなかった。トヒールの神の部族だけが火をもっていた。トヒールは初めて火をつくった部族の神であった。どうして火ができたかは知られていない。バラム・キツェーとバラム・アカブが見たときには、もう火は燃えていたのである。じつは彼らが、

「ああ、もうわれわれの火はなくなってしまった。やがて寒さにこごえて死んでしまうだろう」

と言ったので、トヒールが、

「心配するな。おまえたちが失ったというその火を、おまえたちに与えてやろう」

と言った。彼らは、

「おお、神さま、ほんとうですか。われらを支え、われらを守ってくださる神さま、おお、われらの神さま」

と、神に感謝した。

「そうだ、そのとおり、われこそはおまえたちの神なのだ。そのとおり、われこそはおまえたちの主なのだ」

と、トヒールは神官や供犠師《いけにえし》に答えた。そうしてこの部族は火をもらい、とても喜んだのであった。

ところが、その火が燃えさかっているとき、にわかに大雨が降ってきた。霰《あられ》が部族の人々の頭上に降ってきた。おかげで火は消えてしまい、またもや火がなくなってしまった。そこでバラム・キツェーとバラム・アカブは、もう一度火を与えてくれるようにと、トヒールに頼んだ。

「おお、トヒールの神。ほんとに私たちはこの寒さで死んでしまいます」

と言った。

「よし、心配するな」

と、トヒールは答えて、靴のなかをかきまわし(1)、すぐに火をとり出した。

バラム・キツェー、バラム・アカブ、マフクタフとイキ・バラムの四人は大喜びで、またすぐに身体をあたためた。

一方、そのころ、ヴカマッグ[1]の人々の火も同じように消えてしまって、彼らは寒さで死にそうになっていた。それで彼らは大急ぎで、バラム・キツェー、バラム・アカブ、マフクタフとイキ・バラムのところへ火を求めにやって来た。彼らは、もう寒さや霜《しも》をがまんできず、歯と歯をあわせてふるえていた。生きた心地もせず、手足がふるえあがっていて、ものをつかむこともできなかった。

彼らはやって来て、

「私たちは、みなさん方の火を少し下さい、と、このようにお願いに来たのですが、しかし、それでもこうすることが恥ずかしいことだとは思っておりません」

と言った。彼らはこころよくは迎えられなかった。

それで彼らの心は悲しみでいっぱいになってしまった。

「われわれの言葉は、バラム・キツェー、バラム・アカブ、マフクタフとイキ・バラムの言葉とはちがっている。ああ、われわれは自分たちの言葉を捨ててしまったのだ。何ということをしたのだろう。われわれはもうだめだ。われわれはいったいどこで騙されたのだろう？　あのトゥランへ着いたときは、みんな同じ一つの言葉をしゃべっていたのに。みな同じように育てられ、同じように教えられたのに。われわれがやったことはよくないことであった」

と、部族の連中は樹木や葦草の下で言いあった。

　すると、バラム・キツェー、バラム・アカブ、マフクタフとイキ・バラムの四人の前に一人の男が現われた。(2) 彼は、シバルバーからの使者であった。

「トヒールこそはほんとうにおまえたちの神だ。おまえたちの支柱だ。そのうえ、彼こそは創造者《ツァコル》、形成者《ビトル》の身代りであり、その形見だ。おまえたちは、他の部族の者たちに、彼らがトヒールに献物を捧げないかぎりは、火を与えてはならないぞ。おまえたちには何もくれなくてよいのだ。火をもらいに来るときには、何を持って来なければならないか、それはトヒールにきけ」

と言った。この使者は蝙蝠《こうもり》の翼のような羽根をつけていたが、

「おれはおまえたちの創造者《ツァコル》、形成者《ビトル》から使わされた者だ」

とつけ加えた。(3)

　シバルバーの使者はこう言うと、たちまち眼の前から消え去ってしまったが、これをきいてトヒールとアヴィリシュとハカヴィツの心には喜びが満ちひろがった。

　一方、この部族の者たちがやって来たときは、寒さで死にそうになってはいたが、それでも死にはしなかった。霰《あられ》や、黒い雨が降り、霧がかかり、それは、言いようもない寒さであった。

部族の者たちがみな、バラム・キツェー、バラム・アカブ、マフクタフとイキ・バラムのところへやって来たときには、まったく寒さにふるえあがっていたのである。彼らの心は深く悩み、その口もとにも、目つきにも、悲しみの色が見えたのであった。

頼みにやって来た者たちは、バラム・キツェー、バラム・アカブ、マフクタフとイキ・バラムの前に現われると、

「あなた方は、われわれを哀れと思ってくださらないのでしょうか。われわれは、あなた方の火を、ほんの少しばかりいただきたいとお願いしているだけなのですが。われわれは、もともと一つになっていたのではありませんか。われわれが創《つく》られ、形を与えられたころは、同じ故郷に住み、一つの国にいたではありませんか。どうか、われわれに情をかけてください」

と言った。すると、

「おまえたちに情をかけてやるかわりに、いったい、おまえたちはわれわれに何をくれるのかね？」

と、四人が尋ねた。

「それでは、あなた方にお金を差し上げましょう」

と、部族の者たちが答えた。バラム・キツェーとバラム・アカブは、

「お金は要らない」

と言った。

「それじゃ、何をお望みなのですか」

「今、それを尋ねてみる」

「では、どうか」

と、部族の者たちは言った。

「トヒールに尋ねてから、おまえたちに言うとしよう」

と、二人は答えた。

「おお、トヒールよ。あなたの火を求めてやって来た部族の者たちは、何をあなたに差し上げればよいのでしょうか」

と、バラム・キツェー、バラム・アカブ、マフクタフとイキ・バラムが言った。

「よし、彼らは、その胸と腋《わき》の下をくれるだろうか。[4] 彼らは、このトヒールに、この腕で抱きしめてもらいたいと願っているだろうか。それがいやというなら、おれも、火をやるわけにはゆかぬ」

と、トヒールは答え、

「しかしそれは、もっと先のことでよいのだ。今、その胸と腋の下を、おれに捧げに来ることはいらないのだ。そう彼らに言ってくれ」

　これが、バラム・キツェー、バラム・アカブ、マフクタフとイキ・バラムへのトヒールの返事であった。

それで彼らは、トヒールのこの言葉を伝えた。これをきいて部族の者たちは、

「かしこまりました。われわれは一緒になって、トヒールを抱きしめましょう」

と言って、すぐさま、そのようにした。

彼らは、

「よし。しかし、早くだよ」

と言った。そうして部族の者たちは火を受け取り、身体をあたためた。

第六章

ところが、煙のあいだから火を盗み出した部族があった。それはソチール家[1]の者たちであった。そして、このカクチケール族の神はチャマルカン[2]といって、蝙蝠《こうもり》の姿をしていた。

彼らは、煙のなかをそっと通りぬけて、火を手に入れたのである。このカクチケールの人々は、他の部族の者たちのように敗北者としてその胸と腋《わき》の下を捧げ出して切り開かれるのがいやだったので、火をもらいに行くようなことはしなかった。トヒールは、彼の眼の前で、あらゆる部族の者たちの胸と腋の下を切り開き、心臓をひっぱり出して、供犠《いけにえ》にせよと言っていたのであった。これがトヒールの言う、切り開くということであ

トヒールは、彼の眼の前で、あらゆる部族の者たちの胸と腋の下を切り開き、心臓をひっぱり出して……。

った。

だが、トヒールが、バラム・キツェー、バラム・アカブ、マフクタフとイキ・バラムに、権力と主座をとらせるであろうと予言したころには、こういうことはまだおこなわれていなかったことである。

また、彼らのやって来た、あのトゥラン・スイヴァでは、彼らは曙の到来を待ち、太陽の出を待って、断食をまもっていたから、何も食べないでいることには慣れていた。

太陽の昇るまえに、まず現われる、かの偉大な星、イコキフ[3]がやって来た。あのトゥラン・スイヴァに彼らがいたころはいつも東のほうに輝いていた、かの輝しい星、イコキフを見まもって、彼らはかわるがわる見張りに立っていた。

彼らがその権力と主座を受領したのはこの地ではなく、かのトゥランであった。かの地で彼らは、大部族、小部族を屈服させて征服し、すべての者をトヒールの前に供犠とし、その血、その中身、胸、腋肉などを捧げたのであった。

彼らはトゥランでたちまち権力を得た。その知恵は、暗闇のうち、夜のうちに、絶大な力をもっていた。

やがて彼らはトゥランを去り、東方を後にした。

「ここは、われらのいる所ではない。われらの落着先を探しに行こう」

と、トヒールが言った。トヒールは、バラム・キツェー、バラム・アカブ、マフクタフとイキ・バラムに、いつものように、

「おまえたちも感謝の意を示すおこないをせよ。おまえたちの耳から血を出す用意をせよ。おまえたちの肘《ひじ》を刺して、おまえたちの供犠をおこなえ。これこそ、おまえたちが神に感謝をささげる印だ」

と告げた。彼らは「かしこまりました」と言って、耳から血を出した。そして歌いながら泣き出した。トゥランを去るので、彼らは心から悲しかったのである。

「ああ、哀れなわれらよ。太陽が昇り、地の面が光り輝くあの夜明けを、この地で見ることもなく、われらは立ち去って行くのだ」

と言いながら、彼らはトゥランを去って行った。しかし彼らは、通った道に人を残して、

日の出を見張らすことにしたのであった。

どの部族の者も、太陽に先んじて出る星を見ようとして、起きつづけていた。

彼らは、東方からやって来たとき以来、暁の明星を心に憧れていたのである。[4] 彼らは、今でも歌にうたわれているように、こうした憧れを抱いて、あんなに遠いところからやって来たのであった。

第七章

やがて彼らは、ある山の頂《いただき》へやって来た。ここで、すべてのキチェー族と他の部族が集まって、いろいろと相談しあった。この山は今日チ・ピシャブ[1]とよばれている。

彼らはここに集まって、自らを賞め称《たた》え、それぞれの部族の名を定めた。

「おれは、すなわちキチェー族だ。おまえはタムブ族、これをおまえの名前とせよ」

と言い、イロカブからやって来た人々には、

「おまえはイロカブ族、これをおまえの名前とせよ」

と言い、そして、

「われわれキチェーのこの三部族は、滅びることなく、たがいの運命を一つにしよう」

と言ったのである。

ひきつづいてカクチケール族に名を与えて、ガグチェケレブ[2]と名づけた。それからラ

ビナール族をラビナールと名づけたが、今日も彼らはこの名で呼ばれている。同じようにチキナハー族(3)にも名をつけたが、今日も彼らはこの名で呼ばれている。こうして彼らにめいめい名前が与えられた。

こうして彼らはより集まって、夜明けを待ちあぐんでいた。太陽がまさに昇ろうとするとき、太陽に先がけて現われる明星の出現を待っていたのである。そして、「われわれは、同じようにあちらの方から一緒にやって来たのに、いまは、散り散りばらばらになってしまった」と言いあった。

彼らは幾多の悩みをかかえ、いろいろな苦しみを嘗《な》めていた。食べるものがなくて、食事もできなかった。杖の尖《さき》の匂いをかいでは、ものを食べているような気持になっていた(4)。実際、彼らがここへやって来たときは、ろくろくものを食べていなかったのである。

彼らがどのようにして海を越えて来たのか、はっきりしていない。まるで海などというものがなかったかのように、彼らはここへ渡って来てしまったのである。彼らは石づたいに渡って来た。砂上に列をなしている石づたいに渡って来たのである。それゆえ、この石は、一列の石、取り出した砂などとよばれているのである。これは、彼らが、水が二つに分れてしまったところを渡ってきたときにつけた名前であった。

ところで彼らの心は悩みに閉ざされていたので、より集まっておたがいに話しあった。食べるものといえば、ただ一口の水と一握りのとうもろこししかなかったからである。チ・ピシャブの山にはみんなが集まった。トヒールやアヴィリシュや、ハカヴィッツも連れて来られた。バラム・キツェーも妻カハ・パルーナとともに断食をしていた。バラム・アカブもチョミハーという彼の妻と一緒に何も食べなかった。マフクタフもツヌニハーという彼の妻とともに、イキ・バラムもカキシャハーという彼の妻とともに完全な断食をしていた。

みんな、暗闇のうち、夜の間、断食をつづけていた。チ・ピシャブと今も呼ばれている、あの山の上にいたころの彼らの悲しみは、まことに深いものであった。

第八章

再び神々が彼らに語った。すなわちトヒールとアヴィリシュとハカヴィッツは、バラム・キツェー、バラム・アカブ、マフクタフとイキ・バラムにこう言った。

「さあ行こう。さあ起ち上がろう。ここにいるのはもうよそう。われらを、どこかひっそりとしたところへ連れて行ってくれ。もう夜明けが近づいている。おまえたちが守っていてくれるこの壁のなかで、われわれが敵の囚《とりこ》となってしまったら、それこそおまえたちにとって不幸なことではないか。われわれを一人一人、たしかな場所に安置してくれ」

　神々がそう言ったので、彼らは、

「よろしゅうございます。出かけることにいたしましょう。森を探しに、出かけることといたしましょう」

と、みんなが答えた。

　それから早速、彼らはめいめい、それぞれの神を手にとって、肩に担いだ。こうしてバラム・アカブはアヴィリシュを、エウアバール・シヴァン(1)という谷、すなわち今日パヴィリシュ(2)とよばれている森の大きな谷間に運んで行って、そこへ安置した。アヴィリシュはこの谷間に、バラム・アカブによって、安置されたのであった。

　こういうふうにして彼らは順番にそれぞれの神々を安置して行った。まずハカヴィッツが、今日もハカヴィッツと呼ばれている山の、大きな赤いピラミッド(3)の上に安置された。そしてこのハカヴィッツという神の安置されている所に、村がつくられた。

　マフクタフも同じようにその神を安置したが、これが二番目に安置された神であった。ハカヴィッツは森のなかに安置されたのではなく、木を伐りひらいた丘の上にこっそりと安置されたのであった。

　次にバラム・キツェーがやって来て、大きな森のなかへ入っていった。バラム・キツエーは、今日もパトヒールと呼ばれているその山に、トヒールをこっそり安置しようと思ってやって来たのである。そして谷間、すなわち隠れ家で、トヒール安置の儀式をとりおこなった。神官や供犠師《いけにえし》たちがトヒールを安置した森には、たくさんの蛇や、じゃぐゎーるや、蝮《まむし》や、カンティ(4)がうようよしていた。バラム・キツエー、バラム・アカブ、マフクタフ、イキ・バラムは、みな一緒になり、ハカヴィツの丘の上で夜明けを待っていた。

すこし離れたところに、タムブ族とイロカブ族の神がいた。タムブの人々の神はアマック・タン(5)という所にいたが、そこで彼らは暁《あかつき》を迎えた。イロカブの人々が暁を迎えた所はウキンカット(6)といって、イロカブ族の神がいる所であった。それは山のすぐ近くであった。

そこにはラビナール族、カクチケール族、チキナハー族の人々がみな、大部族も小部族もすべて集まっていた。彼らは一緒になって、曙の到来、つまり夜明けに太陽に先立って現われるあのイコキフという星の出現を待っていた。

バラム・キツエーとバラム・アカブとマフクタフとイキ・バラムは一緒になっていた。彼らは眠りもせずにじっと立ちつづけていた。彼らの心と腹は、曙と夜明けをひたすらに待っていた。しかしそのとき、彼らは恥ずかしくなってきた。彼らはひじょうな悲しみにおそわれ、ひじょうな悩みを感じ、苦しみでいっぱいになった。実際、そんなにま

でなったのであるが、彼らは、

「ああ、われらは喜びも知らずにここまでやって来た」

「太陽が出るのだけでも、見ることができればよいのに」

「これからわれらはどうしたらよいのだ」

「われわれが祖国にいるときは、みんな同じように考え、同じように感じることができたのに、今ではどうしてこんなに離れ離れになったのだろう」

と、彼らは哀れな声で、淋しさと悲しみのうちに、こう言いあった。

　彼らはこのように話しあったけれども、曙の到来を待つもどかしさはいっこうにおさまらず、心ははやるばかりであった。彼らは、

「神々は谷間や森にあり、蔦や苔[7]のなかに坐っている。坐る板の台さえもないのだ」

と言った。

　何よりもまず、トヒールとアヴィリシュとハカヴィッツがあった。彼らがすべての部族の神々の上に及ぼしたその栄光、その力、その勢威は、まことに偉大であった。彼らは幾多の奇蹟をおこない、寒さにもかかわらず、数えきれないほど幾度も旅や巡礼に出たのであった。そして部族の人々の心はみな、彼らをおそれる気持でいっぱいであった。

　しかしこの神々については、バラム・キツェー、バラム・アカブ、マフクタフとイキ・バラムの心は、おだやかであった。

彼らは、自分たちが受領して、東のほう、トゥラン・スイヴァから、その肩にかけて運んできた神々に対しては、懸念を感じなかったのであった。

彼らが、サキリバール・パ・トヒール、パヴィリシュ、パ・ハカヴィッツ[8]と今日よばれている森にたむろしているとき、夜は明け、暁の光がこのわれらの祖父、われらの父たちの上に輝いた。

では、これから暁の到来と、太陽と月と星の出現について述べるとしよう。

第九章

さて、いよいよ暁《あかつき》となり、太陽と月と星が現われた。

曙の星を見たとき、バラム・キツェー、バラム・アカブ、マフクタフとイキ・バラムはひじょうに喜んだ。太陽に先がけ、星は光り輝いて現われた。

彼らは、かねてから焚《た》こうと考えていた、東方から将来した香[1]の包をすぐに開いた。まえから星に捧げようと思っていた三つの貢物《みつぎもの》のひもを解いた。

バラム・キツェーがもってきた香は、ミシュタン・ポムといい、バラム・アカブのもってきた香はカヴィスタン・ポムといい、マフクタフがもってきたのはカヴァウィル・ポムという名[2]であった。三人はそれぞれその香を焚いて、東のほうに向かって踊りを始めた。

彼らは、踊りながら喜びに泣き、その大切な香を焚いた。そしてこんどは、太陽がまだ出ないのを泣き悲しんだ。

太陽はすぐに出た。小さな獣も、大きな獣も、大喜びで、川のほとりや谷の間や、さては山の上に立ち上がって、太陽の出てくる彼方に目を向けた。

ぴゅーま、じゃぐゎーるは吼《ほ》え立てた。しかし最初になき出したのはケレッツー(3)という鳥であった。鷲やソペ王(4)鳥をはじめとする大きな鳥、小さな鳥はその羽根を大きく拡げた。ほんとうにすべての獣が喜んだのである。

神官や供犠師《いけにえし》は、ただひざまずいていた。神官や供犠師をはじめ、タムブ族、イロカブ族、ラビナール族、カクチケール族の人々、チキナハー、トゥハルハー、ウチャバハー、キバハー、ベテナー、ヤキ、テペウの人々、つまり今もあるすべての部族がみな喜びに喜んだ。その数は数えきれないほどであった。

暁は、これらのすべての部族の人々の頭上に、等しく輝いた。

そして地の表面は、太陽のおかげですぐに乾いてしまった。太陽は人間と同じような姿をしていたが、地表を乾かすその顔は燃え立っていた。

実際、太陽が現われるまでは、地表はじめじめとし、どろどろとしていた。しかし、太陽は上った。人間のように立ち上がって登っていった。太陽の熱はとても耐えられないほど熱かった。そしてそのうち、太陽は鏡のような形になっていった。

歴史の伝えるところによれば、この太陽は今日われわれが見ている太陽と、まったく同じものではない、ということである。

一方、トヒールとアヴィリシュとハカヴィッツは、たちまちのうちに石になってしまった。神と崇められた、ぴゅーまも、じゃぐゎーるも、蛇も、カンティも、怪鬼もまた、石と変わってしまった。[5] 彼らの腕は、太陽と月と星とが現われ出たときには、木にぶら下げられていた。こうしてすべてのものが、石に変わってしまったが、ぴゅーまや、じゃぐゎーるや、蛇や、カンティや、怪鬼などの最初の動物が、この太陽のおかげで石と化していなかったなら、われわれはおそらく、これらの飽くことを知らない獣のために、生きていられなかっただろうし、[6] きっとわれらの栄光も失われていたであろう。

太陽が現われ出たとき、バラム・キツェー、バラム・アカブ、マフクタフとイキ・バラムの心は喜びに満ち溢れ、夜が明けたのを喜びあったが、その場に居合わせた者は多くなかった。ハカヴィッツの山の上にいたのは、ほんの少しにすぎなかった。[7] その山の上で夜明けを迎えた彼らは、自分たちがやって来た東方を向いて香を焚き、踊りあった。バラム・キツェー、バラム・アカブ、マフクタフとイキ・バラムがやって来たあの東方には、彼らの山があり、谷があった。

しかし彼らが殖《ふ》えていったのは、こちらであった。山の上であった。この山こそが彼らの町であった。その上に太陽と月と星が出て、夜が明け、地表が、そして全世界が光り輝いたとき、彼らはここにいたのであった。そしてまた、ここで彼らは、カムクー[8]という歌を歌いはじめたのであった。この歌に彼らの心や腹の悩みを托したのである。そして「ああ、哀れなわれらよ。トッランでわれらは敗れ、離れ離れになってしまった。そしてわれらの兄や弟は彼の地に残ってしまった。ああ、われらは太陽を見た。しかし夜が明けた今、彼らはいったいどこにいるのだろう」

と、ヤキの神官や供犠師に向かって言ったのである。というのも、じつを言えば、トヒールがヨルクアト・キッツァルクアト[9]という名のヤキの神と同じ神であったからである。

彼らはたがいに、

「われわれはあのトゥラン・スイヴァで離れ離れになり、あそこから一緒にやって来た。そしてやって来るとき、あそこでわれらの民族が出来上ったのだ」

と言いあった。

そしてそのとき、彼らは、その兄や弟、ヤキの人たちのことを思い出していた。

「ヤキの人たちは、今日メキシコという国で、暁を迎えているのだ。ほかにも東方に残った人たちがいるのだ。それはテペウ・オロマンとよばれる人たちで、東方に残ってしまったのだ」

と、彼らは言った。

彼らはハカヴィッツで悲しみ悩んでいた。アマック・タンの森のなかに一緒にいたタムブの人々も、イロカブの人々も、同じように悲しんでいたが、タムブの神官や供犠師は、その神トヒールとともに、アマック・タン[10]の森で暁を迎えた。タムブ族の神もトヒールであった。それは、キチェーの三部族の神は同じ一人のトヒールであったからである。ラビナールの人々の神の名もまた同じようなものであった。その名をフントフといったが、この名はトヒールと大して違わなかった。それゆえ、彼らはその言葉をキチェーの言葉と同じようにしようと願っていたと言われている。

しかし、カクチケールの言葉は違っていた。それは、彼らがトゥラン・スイヴァからやって来たとき、もうその神も違った名前であったからである。神の名はツォチハー、チマルカン[11]といった。それで彼らは、今日でも違った言葉をしゃべっているが、アフポソチールやアフポシャー[12]家の名前はこの神の名からとられたのである。

トゥランにおいて、石の傍[13]で、彼らに神が授けられたとき、神の言葉も変えられてしまった。暗黒のうちにトゥランからやって来たとき、その言葉が変えられたのである。そしてすべての部族が集まっているとき、その神々が集まっているとき、すべての部族の上に暁の光が輝いた。

第十章

さてそれでは、バラム・キツェー、バラム・アカブ、マフクタフとイキ・バラムの四人が、彼方の山に、一緒にいたときの模様を述べるとしよう。

彼らは、羊歯《しだ》や苔《こけ》のあいだに置去りにしてきた、トヒールとアヴィリシュとハカヴィツのことを考えて、心に泣いていた。それで彼らはトヒールとアヴィリシュのいる所へやって来ると、トヒールを安置したそのすぐ下で供犠《いけにえ》をおこなったが、では、その供犠の模様をここで語るとしよう。

四人はこの神々に敬意を表わし、暁《あかつき》が到来したことを神々に感謝しようと、やって来たのであった。神々は森のなかの草の深みや石のあいだに置かれていた。そして神官や供犠師がトヒールの前にやって来たとき、神々はその魔術の力で口をきくことができた。四人は大した贈物も持って来なかった。ただ樹脂と、ノフ・ゴムのはしきれと、ペリコン草[1]を持って来ただけであった。四人は神の前でこれを火にくべた。

するとトヒールが口をきき、秘蹟によって、神官や供犠師に助言を与えた。神々はこう言った。

「これこそ、まことにわれらの山、われらの谷だ。われらは、汝らのものだ。すべての人間の力によって、われらの栄光は偉大となり、われらの子孫は数多くなるだろう。すべての種族は汝らのもの、われらは汝らの友である。汝らの町を守れ、われらは汝らに知識を与えよう」

「種族の者たちの口から出る言葉や、そのおこないがもとで、われらが怒っているときには、けっしてわれらを種族の者たちの前へ出してはならない。また汝らは、われらを罠《わな》に落としてはならない。そして汝らは、かわりに、草の子、野の子、鹿の雌(2)、鳥の雌をわれらに与えよ。汝らの血を少しだけ、われらに与えにやって来るように。われらに情をたれよ。われらは鹿の皮を与えよう(3)。汝らは、われらをだました者に気をつけよ。この鹿の皮をわれらの印として、種族の者どもに示せ。もし『トヒールはどこだ』と問う者があれば、その眼の前にこの鹿の皮を差し出せ。汝ら自身も姿を出してはならない。汝らのすることはほかにあるからだ。汝らの身分は高い。汝らがすべての種族を支配するのだ。そして、その血と肉をわれらのところへ持って来るように。われらを抱擁しに来る者は、すべてわれらのものとなるであろう」

これが、トヒールとアヴィリシュとハカヴィッツの言ったことであった(4)。

四人が貢物を捧げようとやって来たときには、この神々は男の子の姿をしていた。そしてそれからすぐに、鳥のひな、鹿の子の狩が始まり、神官や供犠師が猟の獲物を受け取った。鳥や鹿の子が見つかると、すぐに彼らは、鹿と鳥の血をトヒールとアヴィリシュの石像の口に捧げに行った。

神官や供犠師がその貢物を捧げ、神々がこの血を飲み終わると、石像は口を開いた。神官たちは彼らの御印の前でもペリコンやホロム・オコッシュ(5)を焚《た》いたのであった。

それぞれの御印は、神官たちの手によって、彼方の山の上に安置されていた。しかし神官たちは、日中は家で暮らさず、山のなかを歩きまわり、見つけ出した馬虻《うまあぶ》や蜂や蜜蜂の子だけを食糧としていた。その食物も飲料もよいものではなかった。そのうえ、彼らは家への道をも知らず、その妻たちがどこにいるかも知らなかった。

第四部

第一章

さて、それからだんだんと村が造られていき、また、いろんな部族が、自分たちが開いた道に沿って集まっていった。

バラム・キツェー、バラム・アカブ、マフクタフとイキ・バラムについては、彼らがどこにいるのかわからなかった。しかし彼らは、部族の者たちが道を通って行くのを見ると、たちまち山の上から狼《コヨテ》や山犬のうなり声を出したり、じゃぐゎーるやぴゅーまの咆哮《ほうこう》をまねて叫びたてたりした。

道を行く部族の者たちはこれをきいて、

「あれは狼《コヨテ》や、山犬や、じゃぐゎーるや、ぴゅーまの叫び声だ。彼らは動物の叫び声を出して、人間でないように見せかけているのだ。われらをみんな騙《だま》そうとしてやっているのだ。彼らは何かをたくらんでいるのだ。彼らはあんなことをやっても、自分ではこわくないのだ。人が道を一人、二人通ると見ると、たちまち、じゃぐゎーるやぴゅーまの叫び声をあげるというのは、何かを考えてのことだ。彼らはわれらを全滅させてしまおうと考えているのだ」

と言った。

神官たちは毎日、自分の家、その妻のもとに帰って行ったが、妻たちには熊蜂や地蜂や蜜蜂の子を持って帰るだけであった。

彼らはまた、毎日、トヒールとアヴィリシュとハカヴィッの前にやって来ていたが、心のなかで、

「トヒールとアヴィリシュとハカヴィッは、ここにおられるのだ。われらは、鹿と鳥の血を彼らに捧げることができるだけだ。われらの耳と腕から血を取り出そう。そして、トヒールとアヴィリシュとハカヴィッに、力と精気を与えてくれるように願おう。われらが村の者どもを次から次へと殺していけば、何と言われるだろう」

と言った。彼らは、トヒールとアヴィリシュとハカヴィッのところへ歩きながら、こう言ったのである。

そして、神々の前でその耳と腕を刺し、取り出した血を杯に入れ、石の前に捧げた。(1)

じつは石と言っても、ただの石ではなく、みんな若者の形をしていたのである。

神々は、神官や供犠師《いけにえし》が、その業《わざ》の印として捧げた血に満足し、

「さあ、(供犠にする獣物の)跡を追え。おまえたちはそれでこそ救われるのだ」

と述べ、さらに、

「おまえたちがトゥランからわれらを連れて来たとき、その名をパシリシイブという、血に染まった毛皮がおまえたちに与えられた。血を流せ。そして血を、トヒールとアヴィリシュとハカヴィッツへの貢物とせよ[2]」

と言った。

第二章

さてそこで、バラム・キツェー、バラム・アカブ、マフクタフとイキ・バラムがどのようにしてヴク・アマグの諸部族の人たちをかどわかしたかを述べるとしよう。

部族の殺戮《さつりく》が始まった。彼らは道を歩いている者を一人、また二人と捕《つか》まえた。いったい、いつ捕まえるのかはわからなかったが、捕まえてきた者は、トヒールとアヴィリシュの前ですぐ供犠《いけにえ》にされた。そして彼らは、その血を道に撒《ま》き流し、首を一つずつ道に並べた。部族の者たちは、「じゃぐゎーるが食ったのだ」と言っていた。というのも、足跡が、じゃぐゎーるのそれに似ていたからであった。彼らは姿を見せなかったが、その足跡が残っていたのである。

彼らが、かどわかした人間は、もうかなりたくさんになっていたが、部族の者たちはずっと後までそれと気づかなかったのである。

「われらのなかに入りこんできているのは、トヒールとアヴィリシュだろうか」

「きっと、あの神官や供犠師が養っている者たちにちがいない。いったい、どこに住んでいる者だろう？　この足跡について行ってみよう」

と、村の人たちは言った。

そして村じゅうが集まって会合を開き、すぐ神官と供犠師の足跡をつけて行った。といっても、その足跡は、はっきりしておらず、獣の足跡のようで、彼らも、これはじゃぐゎーるの足跡だと思っていたのである。

最初にあった足跡は、まったくはっきりせず、まごつくようにわざと逆さまになっていたし、また道もさだかではなかった。そのうえ、霧がかかり、黒い雨雲が出て、道はどろんこになって、小雨が降り出してきた。これが村の人々の眼にうつったありさまであった。彼らは道を探し、彼らの跡をつけて行くのにすっかり疲れてしまった。というのも、トヒールとアヴィリシュとハカヴィッツは偉大であったので、人々が殺された村の近くにある山の頂《いただき》の彼方に隠れていたからであった。

このようにして魔術師たちが部族の者たちを道で捕まえ、トヒールとアヴィリシュとハカヴィッツの前で供犠にするという、人攫《ひとさら》いが始まった。もっとも、彼らは、自分自身の子供はあちらの山のほうに隠しておいたのである。

トヒールとアヴィリシュとハカヴィッツは若者の恰好をしており、石の魔力によって歩くことができた。川が流れていた。彼らはこの川の畔で水を浴び、ここへだけはその姿を現わしていた。それでこの川はトヒールの浴川[1]と呼ばれていた。部族の者たちは彼らをたびたび見かけたが、彼らは村人に見つかるとすぐにその姿を隠してしまうのであった。

そのとき、バラム・キツェー、バラム・アカブ、マフクタフとイキ・バラムの居所がわかったので、部族の者たちは、すぐに集まって会合を開き、彼らを殺す方法を相談した。

まず部族の者たちは、トヒールとアヴィリシュとハカヴィッツを打ち負かす方法を相談しようとした。部族の神官や供犠師は、みなの者に、

「みんな立ち上がるのだ。みんなを呼べ。われらのなかにおくれをとる者が一組も二組もあってはならないぞ」

と言った。

みなが集まった。そして大勢の者が集まって相談したが、たがいに、

「カヴェック[2]のキチェー族のせいで、われらの子供や部下たちが殺されているのだ。どうしたら彼らに打ち勝つことができるだろう」

「どうして人々が打ち滅ぼされているのかわからない」

「われらが、あのように、さらわれて死ななければならぬものなら仕方がない。トヒールとアヴィリシュとハカヴィッツの力がそんなに偉大なら、トヒールをわれらの神とすれ

ばよいではないか。なんとかトヒールを囚《とりこ》にしたいものだ。われらは彼らに負けないのだ。われらの数も少なくはないはずだ。カヴェックのやつらは大した数ではない」

などと、みんな言いあった。

　すると、ある者が部族の人々に向かって、

「毎日水浴びをするというその連中を、だれか見たことがあるのか。もしそれがトヒールとアヴィリシュとハカヴィッなら、まず彼らをやっつけようではないか。そしてそれから、神官や供犠師を滅ぼすことにしよう」

と言った。他の者たちは、

「でも、どうしてやっつけるのだ？」

と尋ねた。

「それはこうだ。つまり、彼らが水のなかに入っているときは若い男の姿をしているのだから、こちらから、ほんとにきれいで、とてもやさしそうな乙女を二人そこへ向けるのだ。彼らが自分たちのものにしたいと思うような女の子をやるのだよ」

と答えた。

「それはいい。じゃ早速、すばらしい乙女を二人探すとしよう」

と叫んで、すぐ自分たちの娘を探しに行ったが、その二人の娘はほんとうに、申し分なく美しい少女であった。そこで、彼らは、二人の少女に、

「さあ、行くのだ、娘たち。川へ洗濯に行くのだ。そして、もし三人の若者がそこにいたら、おまえたちは男たちの前で着物を脱ぐのだ。彼らの心がおまえたちを欲しているとみたなら、彼らを呼ぶのだ。もし彼らが、『君たちのところへ行ってもよいかね？』と言ったなら、『ええ』と答えるのだ。そしておまえたちに、『君たちはどこから来たのかね？　君たちはだれの娘かね？』ときいたなら、『私たちは首長[3]の娘です』と答えるのだ。それから、『あなた方のものを何か下さいな』と男たちに言うのだ。男たちがおまえたちに何かをくれて、そのうえでおまえたちの顔に口づけしたいと言うなら、ほんとうに彼らに身をまかせてしまうのだよ。彼らに身をまかせなかったなら、おれたちがおまえたちを殺してしまうぞ。そうさえしてくれれば、われらは満足するのだ。そして彼らの印の品を手に入れたなら、ここへ持ってくるのだ。われわれはその品を、彼らがおまえたちと結ばれた印としよう」

　首長たちは二人の娘にこう言い聞かせたが、この二人の娘の名をここで言うと、すなわち一人はイシュタフといい、もう一人はイシュプッチ[4]という名前であった。このイシュタフとイシュプッチの二人の娘が、すべての部族の命によって、トヒールとアヴィリシュとハカヴィツが水浴びをする川へ送られていったのである。

　二人の娘は着飾って、すぐに出かけて行った。トヒール[5]が水を浴びる所へ、また洗濯をしに、そしてまた男たちに見られようと、出かけて行ったが、このとき二人はまったく美しかった。彼女たちが出かけて行ったあと、首長たちは二人の娘たちを送り出したことを喜んだ。

少女たちは川の畔へ着くと、すぐに洗濯を始めた。トヒールとアヴィリシュとハカヴィツがやって来たときには、もう二人は裸になって岩にもたれていた。三人は川岸へ着くと、二人の若い女が洗濯をしているのを見て、少し驚いた。少女たちも、トヒールがやって来たときには、恥ずかしく思った。しかしトヒールは二人の乙女に心をひかれなかったのである。トヒールは二人に、

「おまえさんたちはどこからやって来たのかね？」

と尋ね、さらに、

「いったい何が欲しくて、このわれわれの川の岸までやって来たのかね？」

とつけ加えた。彼女たちは、

「首長さま方が私たちをここへよこしたのです。『トヒールたちの顔を見て、あの人たちと話をして来い』と首長さま方が言ったのです。そして『あの人たちの顔を見たという印の品を持って来い』と言ったのです」

と言って、やって来た目的を話した。

部族の者たちはトヒールの化身(6)が乙女たちを辱《はずか》しめることをほんとうに願っていたのであった。

しかしトヒールとアヴィリシュとハカヴィッツは、イシュタフとイシュプッチというこの二人の乙女に、

「よし、われらと話をした印の品を、おまえさん方にあげよう。それを首長方に渡すのだよ」

と言った。

そこで神官や供犠師(7)は、たがいに相談し、バラム・キツェーとバラム・アカブ、マフクタフとイキ・バラムに、

「三枚のケープに絵を描くのだ。ケープにおまえたちの印を描け、洗濯をしている少女たちがそれを持って、部族の者たちのところへ行くように、彼女らにケープを渡せ」

と、バラム・キツェーとバラム・アカブとマフクタフに命じた。

三人はすぐに絵を描きはじめた。まずバラム・キツェーがケープの上にじゃぐぁーるの絵を描いた。次にバラム・アカブが鷲の絵を描き、つづいてマフクタフがケープの布いっぱいに熊蜂と蜂の絵を描き上げた。こうして三人は三枚のケープの上に絵を描き終わった。

バラム・キツェーとバラム・アカブとマフクタフは、早速、このケープをイシュタフとイシュプッチに渡しに行って、

「これが、おまえさん方がわれらと話をした印だ。これを首長のところへ持って行くが

よい。そして『トヒールはほんとうに私たちと話をしました。ここにその証拠を持ってきました』と言うんだ。そして『これを着てごらんなさい』と言うんだよ」

と言ったが、これは乙女たちと別れるときに言ったのである。それで彼女たちは絵を書いたケープを持って、すぐに帰って行った。

　彼女たちが帰って来たとき、首長たちはその姿を見、その手に乙女たちが求めに行ったものがぶら下がっているのを見て、喜びでいっぱいになった。

「トヒールの顔を見たか」

と、首長たちが尋ねた。

「ええ、見ましたとも」

と、イシュタフとイシュプッチは答えた。

「よし、では印の品を持って来ただろうな」

と、首長たちは尋ねたが、その品こそ彼女たちの罪の印だと決めこんでいたのであった。娘たちは、早速、絵の描いてあるケープを拡げて見せたが、布には、じゃぐゎーるや、鷲や、熊蜂や、蜂がいっぱいに描かれてあって、眼もまばゆいほどであった。これを見て首長たちは、早速、着てみたくなった。

　そこで首長は、じゃぐゎーるの絵が描いてある一枚目のケープを肩にかけたが、じゃぐゎーるはべつに何もしなかった。つづいて鷲の絵を描いたケープを身に着けたが、首長はケープにくるまって気持よさそうであった。彼はみんなの前でぐるぐると廻ってみせた。それから首長はみんなの前で袴《はかま》を脱ぎ、三枚目のケープを身に着けた。するとなかに入っていた熊蜂や蜂が襲いかかり、たちまち首長の体じゅうを刺しまわった。首長はこの痛みに耐えかね、叫び声をあげて苦しんだ。これは、マフクタフが三枚目のケープに描いた蜂の仕業であった。

こうして彼らは負けてしまった。首長たちはすぐに二人の乙女、すなわちイシュタフとイシュプッチを捕まえて、

「おまえたちが持ってきた衣は、いったい何という代物だ。どこから持ってきたのだ。この化物《ばけもの》め」

と、どなりつけた。こうして、村という村は全部、トヒールによって征服されてしまったのである。

彼らが願っていたことは、トヒールがイシュタフとイシュプッチと楽しい時を過ごし、この娘たちが遊び女になってしまうことだったのである。部族の者たちは、彼女たちがきっと誘惑の種《たね》になると思っていたのであった。しかしトヒールを負かすことはできなかった。これも、あの非凡な男たち、バラム・キツェー、バラム・アカブ、マフクタフとイキ・バラムのおかげであった。

第三章

そこで、すべての部族がまた会合を開いた。

「彼らをどうしよう。彼らは大した者だ」

と会合に再び集まって、言いあった。

「よし、それなら彼らを待伏せしよう。そして彼らを殺してしまおう。われらは弓と盾とで身を固めよう。おれたちは大勢いるではないか。おれたちのなかに後へひくような者が一人でも二人でもあってはならないぞ」

と、会合を開いて、言いあった。

そして村々の人々はみな武装をしたが、彼らを殺そうとすべての村々の人々が集まったとき、その戦士の数は多かった。

一方、バラム・キツェー、バラム・アカブ、マフクタフとイキ・バラムは、ハカヴィツの山の峰に居を占めていた。彼らは山のなかにいる自分たちの子供を救おうとして、そこにいたのであった。

彼らは大した数ではなく、村々の人々のようにたくさんではなかった。彼らが居を占めていた山の頂《いただき》は狭かったから、部族の者たちは、みな集まったときに、彼らを殺してしまおうと取り決めて、集《つど》いあい、立ち上がったのであった。

それで、どの村の人もみな弓と盾とで身を固め、集まった。その武器は、言いようもないほどに立派で、その首長や男たちの姿は美しく、人々はみなよく彼らの命令を守った。

「完全に打ち破ってしまうのだ。そしてトヒールを囚《とりこ》にしたら、われらの神として崇めよう」

と、たがいに言いあった。しかしトヒールは、これをみな知っていた。バラム・キツェーもバラム・アカブもマフクタフも、みんなそれを知っていた。彼らは、戦士たちが武装して身を固めてからというものは、寝もせず休みもしなかったので、連中が計画していることはみな聞いて、知っていたのであった。

すぐに戦士たちは立ち上がり、夜中に攻め入るつもりで道を歩き出した。しかし彼らは、目的地に到着しなかった。戦士たちが道で寝ずの番をしている間に、バラム・キツェーとバラム・アカブとマフクタフによって滅ぼされてしまったのである。

彼らは道で張番をしていたが、何の音も聞えなかったので寝てしまった。その間にバラム・キツェーとバラム・アカブとマフクタフが彼らの眉毛とあごひげを引き抜いてしまい、さらに首につけていた金《かね》の飾り物や冠や首輪を取り上げ、長槍の柄の金具も奪ってしまったのである。これは、彼らを罰し、彼らを屈服させ、そして彼らにキチェー族の力を示すためにやったことであった。

戦士たちは目を覚まし、冠や杖を手にとろうとしたが、もう柄の金具も冠もなかった。

「だれが盗んだのだ？」

「だれがおれたちのひげを抜いてしまったのだ？」

「おれたちの大切な金物を、いったいどこから盗みにやって来たのだろう？」

と、戦士たちはみな言いあった。

「人さらいをやる悪魔の仕業だろうか。しかし、われらをこわがらせようとしても、それはできないことだ。われらはどんなことがあっても町に攻め入り、もう一度、われらの銀にお目にかかるのだ」

と、部族の者たちは言いあった。そしてみんながこれをなしとげようと決心した。

一方、神官や供犠師《いけにえし》たちは山の頂で安閑としていた。バラム・キツェー、バラム・アカブ、マフクタフとイキ・バラムは相談しあって、町のぐるりに城壁を造り、板や棘《とげ》でこれを取り囲み、人間の姿をした人形を作って城壁の上に一列に並べ、これに盾と矢を持たせ、頭には金属の冠を飾りつけた。こうして、ただ人形を飾りつけただけであったが、あの道ばたで部族の者たちから奪った銀の飾りもこの人形に取りつけたのであった。

そして町のぐるりに壕を掘り、そこでトヒールに、

「われらは殺されるでしょうか。われらは負けてしまうでしょうか」

と、伺いを立てた。するとトヒールは、

「心配するな。わしがここにいる。これを置いておけばよい。おそれることはない」と言って、バラム・キツェー、バラム・アカブ、マフクタフとイキ・バラムに雄蜂と地蜂を与えた。これを彼らは、四つの大きな瓜殻《うりがら》に入れ、町のぐるりに据《す》えた。つまり、村の者たちと戦うためにこの蜂を瓜殻につめこんだのであった。

町は部族の斥候によって遠くから監視されていた。斥候たちは「敵は大した数ではない」と言っていたが、じつは弓と盾をゆっくり動かしている人形だけしか見ていなかったのである。彼らが見た人形はまったく人間と同じような姿をしていたし、ほんとに戦士のふうをしていた。そして部族の者たちは、敵の数は大したものではないと、すっかり喜んだのであった。

部族の者たちは大勢であった。ハカヴィッツという山の上にいるバラム・キツェーとバラム・アカブとマフクタフを殺そうとやって来た戦士は、数えきれないほどであった。では、その到着の模様を述べよう。

第四章

戦士たちがやって来たとき、バラム・キツェー、バラム・アカブ、マフクタフとイキ・バラムは妻や子供たちを伴って山のなかにこもっていた。部族の者の数は一万六千人でもなければ二万四千人でもなかった。(1)

彼らは矢と盾とで身を固め、大声をあげ、太鼓をたたき、口笛を吹いたり、叫んだりして、戦《いくさ》を挑みながら、町を取り囲んだ。こうして彼らは町の麓までやって来たのであった。

しかし神官や供犠師《いけにえし》はこれに驚きもせず、妻や子供たちと一緒に、秩序正しく城壁のなかから連中を眺めていた。そしてようやく彼らが山の麓を登り出したとき、彼らの懸命の努力や怒声に初めて気を配りはじめた。

そして、今まさに彼らが町の入口に殺到しようとしたとき、町のぐるりに置いてあった四つの瓜殻を開いたのである。蜂や地蜂が瓜殻から煙のように飛び出していった。そして戦士たちは瞳を蜂に刺されて死んでしまい、やがて鼻を、口を、足を、そして手をしばられてしまったのである。戦士たちは、

「こんな蜂や地蜂を捕《つか》まえてきて、ここへ放した連中は、どこにいるのだろう？」

と言った。

蜂は瞳孔を刺しにまっすぐ飛んで行き、一人一人の上に群がって、うなりたてたので、彼らはこの蜂の群れに茫然として、弓や盾を手にとることもできず、地上におり重なって倒れてしまった。

彼らは、山の麓で倒れてしまって、矢で射《う》たれても、斧で傷つけられても、気がつかなかった。バラム・キツェーとバラム・アカブは、先の尖《とが》ってもいない棍棒《こんぼう》を使っただ

けであった。その妻たちも戦に加わった。部族の者たちはほんの一部だけは生きて帰ったが、それも、みんなやっとのことで逃げ帰ったのであった。しかし、最初に彼らを捕まえた連中が、彼らを殺してしまった。死んだ者の数は少なくなかった。しかし死んだのは、彼らが追跡していった者ではなくて、蜂が攻めたてた者たちであった。彼らは矢や盾で殺されたのではなかったから、殺したのも、けっして武勇のせいではなかったのである。

こうして、すべての部族はみな降服してしまった。村の者たちはバラム・キツェーとバラム・アカブとマフクタフの前に屈服してしまった。彼らは、

「どうかわれらを哀れと思ってください。われらを殺さないでください」

と叫んだ。

「よし、おまえたちは殺してしまうのがあたりまえだが、一生涯[2]おれたちの家来にしてやろう」

と言った。

こうして部族の者たちは、われわれの最初の母たち、最初の父たちによって滅ぼされてしまった。これは、今もハカヴィッツ山と呼ばれるあの山の頂での出来事であった。このハカヴィッツの山の頂に彼らは初めて居を定め、この地で娘や息子を生み、殖《ふ》え、増していったのであった。

この山の頂で全部族をうち破って、彼らは非常に満足していた。こうして部族をうち破って、彼らの心は安らかとなった。やがて彼らは、息子たちに、もう死の時が近づいていることを告げた。

ではこれから、バラム・キツェー、バラム・アカブ、マフクタフ、それからイキ・バラムの死について述べるとしよう。

第五章

彼らは、その死、その終末が近づいているのを予感していたので、子供たちに助言を与えた。しかし、彼らは病気であったわけでもなく、またべつに痛みや苦しみを感じていたわけでもなかった。

カヴェック族[1]の祖父であり父であるバラム・キツェーには、二人の子供があった。長子をクォカイブ、次子をクォカヴィブといった。これが子供たちの名前であった。

ニハイブ族[1]のバラム・アカブのもうけた子供も二人であった。長子をクォアクル、次子をクォアクテックといった。

マフクタフの子供はたった一人で、クォアハウという名前であった。

この三人には子供があったが、イキ・バラムには子供がなかった。

彼らはほんとうの供犠師《いけにえし》で、以上が彼らの子供たちの名前であった。

さて、そこで彼らは子供たちに別れを告げた。四人は一緒になって、悲しそうに歌をうたいはじめた。このカカクウという歌をうたったとき、彼らの心は泣いていた。これが子供たちと別れるときに彼らがうたった歌の名前であった。

「さあ子供たちよ、われらはもう行ってしまうのだ。立ち去って行くのだ。おまえたちに健全な忠告やすぐれた助言を与えておこう。おおわれらが妻たちよ、遠い祖国からやって来た妻たちよ」と、妻たちにも言って、その一人一人に別れを告げた。

「われらはわれらのふるさとに帰って行くのだ。われらの鹿の主[2]はすでに天にあって、その座にましますのだ。これからわれらは帰路につく。われらの使命はもう終わった。われらの日々はもう終わってしまった。おまえたちよ、われらのことを思い出しておくれ。われらをおまえたちの記憶から消さないでおくれ。そしてわれらを忘れないでいておくれ。おまえたちはおまえたちの家、おまえたちの山を再び見るのだ。そして彼の地に居を定めるのだ。ああ、そのようになるように。おまえたちは、自分たちの道を歩みつづけるのだ。そしてわれらがやって来た所を再び見に行くのだ」

彼らは別れに際してこう言った。そしてバラム・キツェーがその生の印を与えた。

「これはおまえたちに記念として与えるものだ。これはおまえたちの力だ。私は悲しみに満ちて別れて行く」

とつけ加えてピソム・ガガール[3]という生の印を与えたが、その中身を見ることはできなかった。包んであって、開くことができなかったからである。包んだときに見ていなかったから、つなぎ目がわからなかったのであった。

　こうして別れを告げ、彼らはすぐにハカヴィッツの山の頂の彼方に消えてしまった。

　妻や子供たちは彼らを葬らなかった。というのも、彼らが消え去って、いったいどうなってしまったかを見なかったからであった。はっきり見たのは、別れのときだけであった。

　そんなわけで彼らは、包をとても大切にした。包は父親たちの記念の品であったから、彼らはこの包の前にコパールを焚《た》いたのであった。

　その後、バラム・キツェーの後を継いだ首長たちによって人々が創《つく》られ、これがカヴエック族の祖父となり、父となった。しかしあの子供たち、クォカイブとクォカヴィブが消え失せてしまったわけではなかった。

　つまり、こうして四人は死んでしまった。われわれの最初の祖父たち、最初の父たちは消え去ってしまい、子供たちはハカヴィッツの山の頂に残され、その地に止まった。

　そして村々は征服されてしまい、あの威勢は終わってしまった。部族の者たちはすっかり力を失い、毎日、みな人に使われて生計《くらし》をたてていた。

　子供たちは父親たちを思い出していた。彼らにとって包の栄光は偉大であった。彼らはけっしてこの包を開けることなく、いつも包み巻いたまま、それを傍から離さなかった。彼らは、父たちが生の印として残していったこの包を偉大な包と名づけ、これを称《たた》えていた。

これが、海の彼方の、太陽の出るところからやって来た最初の男たち、バラム・キツェー、バラム・アカブ、マフクタフとイキ・バラムの最後、その消滅の次第である。長とよばれ供犠師とよばれた彼らは、年老いて死んでいったが、それは、彼らがこの地にやって来てからずいぶん時が経ってからのことであった。

第六章

そこで息子たちは、父親たちの言いつけを守って、東方に行くことを心に決めた。彼らは父親たちの助言を忘れないでいたのである。部族の者たちは三人に妻を与えたが、それは父親たちが死んでからもうだいぶ経ってからのことであった。こうして三人は妻をめとり、姑や小姑ができていった。[1]

三人の息子たちは、

「父親たちがやって来た、あの東方へ、さあ行こう」

と言って出かけたが、この三人の一人はカヴェック族のバラム・キツェーの息子、クォカイブであり、二人目はクォアクテックといってニハイブ族のバラム・アカブの息子、三番目がクォアハウというアハウ・キチェー族のマフクタフの息子[2]であった。

これが海の彼方へ出かけて行った三人の名前であったが、この三人は、ともに知恵と経験に恵まれ、けっして平凡な男たちではなかった。彼らは兄弟や親類に別れを告げ、

「われらは死なないで、また戻って来るだろう」

と言って、楽しそうに出かけて行った。三人はこう言って出かけて行ったのである。

彼らは王の叙任を受けるために東方へ出かけて行ったが、彼の地へは海を渡って行ったものにちがいない。彼らが訪ねたのはナクシット[3]という東方の王であった。これがすべての王国の上に君臨する唯一人の最高判官の名であった。王は訪ねてきた彼らに、王国の印綬と、その象徴であるすべての品々を与え、まずアフポップとアフポップ・カムハーの印綬[4]、つづいてアフポップとアフポップ・カムハーの壮厳と、領地の印が与えられ、最後にナクシットが、彼らに王位の印を与えた。それはすなわち天蓋、王座、骨の笛、チャム・チャム、黄色の首飾り、ぴゅーまの爪、じゃぐゎーるの爪、鹿の頭と脚、天幕、蝸牛《かたつむり》の殻、葉巻、小瓜殻、おうむの羽根、白鷺の羽根で作った旗とタタムとカシユコン[5]であった。これらの品々はすべて、海の彼方へトゥランの絵すなわち彼らの歴史を記した絵文書[6]を受け取りに行った人々が持ち帰ってきたものであった。

その後、彼らはハカヴィツという村にやって来た。ここでタムブとイロカブの人々がみな集まった。すべての部族がみな集まった。彼らは、クォカイブとクォアクテックとクォアハウがやって来たので、すっかり喜んだ。そしてこの三人が再びすべての部族を

統治することになった。(7)

ラビナールの人々、カクチケールの人々、チキナハーの人々も喜んだ。彼らの前に王国の尊厳を示す旗が示された。この部族の者たちは、まだその力を十分に発揮してはいなかったが、すでに偉大な存在となっていた。彼らは、東方からやって来た者たちと一緒にハカヴィッツに集まっていた。大勢の彼らはこの山の頂《いただき》で長い年月を過ごしたのであった。

この地で、バラム・キツェー、バラム・アカブとマフクタフの妻たちが死んでいった。やがて彼らは、その故郷を棄てて、他に安住の地を求めて去った。彼らが居を定めた場所は数えきれないほどであったが、そのとどまった場所にはすべて名前をつけていった。この場所場所で、彼らの最初の母、最初の父は、相集《あいつど》い、殖えていった。最初の町ハカヴィッツを彼らが棄て、チ・キッシュ(8)と呼ぶ町を造った模様を、古老は、こんなふうに述べている。

彼らは今述べた町に長いあいだ住みつき、娘や息子をもうけた。この地に住んでいた者は数多く、町には四つの山があり、その一つ一つに町の名がつけられていた。彼らは娘や息子を結婚させた。彼らは、娘たちを贈物のようにやってしまい、そのお礼にもらった贈物や謝礼を、娘の代価のつもりで受け取って、たのしい暮しをしていたのである。(9)

それから彼らは、町のなかや各部落、すなわちチ・キッシュ、チ・チャック、ウメタハー、クルバーとカヴィナルを訪ねて歩いた。これが彼らの居を構えた場所の名前であった。それから丘や町を調べ歩き、まだ人の住んでいない所を探し求めた。というのも、彼らは、みんな一緒にすると、もうとても大勢になっていたからであった。

東方へ領地を受けに行った連中はもう死んでいた。彼らがそれぞれの町へ着いたときにはすでに年老いていたのである。そして祖父や父たちは、通って来たいろんな土地になじむことができなかった。彼らは幾多の辛酸と労苦を嘗《な》め、自分たちの村に行き着くまでには長い期間を要したのであった。さて、それでは、彼らが到達した町の名を述べるとしよう。

第七章

彼らがその後、居を定めたところは、チ・イスマチー[1]という町であった。彼らはこの地で勢力を拡げ、第四代目の王のときには石と石灰の建物[2]を造りあげた。

そして、ガレル・アハウである、コナチェーとベレヘブ・クエフが統治し[3]、つづいてアフポップとアフポップ・カムハーである、コトゥハー王とイスタユール[4]が、それぞれ自分たちが建てた美しい町イスマチーで統治した。

イスマチーには主な家が三家あった。そのころはまだ二十四家はなく、ただ三家だけであった。すなわち、カヴェック大家とニハイブ大家とアハウ・キチェー大家だけであった。大家をもっているのはキチェーとタムブの二部族だけであった。

そして、ここイスマチーの町で、彼らはみな思いを一つにして、争いもせず、また困難にもめぐり合わず、住んでいた。領土は平穏で、喧嘩も内紛もなく、みんなの心は平穏と幸福に満ちていた。羨みも嫉《ねた》みもなかった。彼らの繁栄は限られていた。すなわち、もっと偉大になったり、もっと大きくなることなどは考えていなかったのである。しかしあるとき、彼らは、イスマチーの町で、盾を手にとった。それはただ、彼らの王国の存在を示すため、つまり彼らの権力と偉大さを誇示するためにすぎなかった。

イロカブの連中はこれを見て、戦《いくさ》を挑みかけた。彼らは、コトゥハー王を殺して自分たちの首長を唯一の首長にしようと願っていた。イロカブの連中はまた、イスタユール王を懲らしめ、殺してしまおうと考えていた。しかしコトゥハー王に対する邪《よこし》まな企《たくら》みは成功しなかった。コトゥハー王がイロカブ族に殺されるよりもまえに、王が彼らを降してしまったからである。

こうして騒乱が始まり、不和、戦が生じた。まず町を攻めたてて、兵士たちがやって来た。彼らは、キチェー族を滅ぼして自分たちだけでこの国を統治しようと願っていた。けれども彼らは、死ぬために攻めてきたようなもので、みな捕《つか》まえられて、虜囚となってしまった。遁《のが》れえたものはほとんどなかった。

すぐに供犠《いけにえ》が始まった。コトゥハー王の命により、イロカブの連中は、その罪の償いとして、神前で犠牲に供せられた。奴隷にされた者も少なくなかった。彼らは、首長たちに対して戦を挑み、町(5)を襲ったばかりに、敗れてしまったのであった。彼らはキチェー族を滅ぼし、キチェーの王を敗ろうとしたのだが、これを果たすことができなかったのである。

　こんなふうに、この盾の戦が起こったとき、神前で人間を供犠にすることが始まったのであるが、またそれは、戦に備えてイスマチーの町に城砦を築くこととなった所以《ゆえん》でもあった。

　キチェーの王国はひじょうに大きくなり、その権勢もまた起こってきた。キチェーの王たちは、あらゆる点から言ってすばらしい人々であった。だれもこの王たちを征服することができず、だれも彼らを辱《はずか》しめることはできなかった。この王たちこそ、イスマチーに礎《いしずえ》を置いて、この王国の繁栄を築きあげた人々であった。

　そのうちに、神に対する怖れが、だんだんはびこっていった。大きい部族も、小さい部族も、みな怖れを抱いておののいた。

　それは、コトゥハー王とイスタユール王、およびニハイブ家とアハウ・キチェー家の人たちの力と権威により犠牲に供され、殺されてしまう虜囚たちが、次から次へとやって来るのを彼らが見たからであった。

　いわゆるイスマチーの町に住んでいたのはキチェー族の三部族だけであったが、この町では、彼らの娘たちに結婚を申込む(6)者がやって来ると、これを理由にして饗宴が催された。三大家とよばれている部族の連中が相集《あいつど》い、酒を呑み(7)、ご馳走を食べるのであるが、これがつまり彼らの姉妹や娘たちの代価であった。こうして大家に集い、飲み食いしておれば、彼らの心は喜びに満ち溢れるのであった。そして、「われらはこのようにして感謝を捧げ、われらの後世、われらの子孫のために道を開くのである。こうしてわれらは、両人が妻となり夫となることに同意することを示すのである」と言うのであった。そして彼らは、そこでたがいにその身を明らかにし(8)、名前を授けられて、分族に、七つの主な部族(9)に、そして部落に分けられていった。

「われらカヴェックの者、われらニハイブの者、そしてわれらアハウ・キチェーの者よ、さあ、みな一つに集まろう」

と、三大家、つまり三家の者たちが言った。彼らは長いあいだイスマチーに住んでいたが、やがて新しい町を見つけ、このイスマチーの町を棄て去った。

第八章

さて彼らは、彼の地を去ってから、このグマルカアフ(1)の町へやって来た。この町の名は、コトゥハー王とグクマッツ王とすべての首長たちがこの地にやって来たとき、キチェーの人々がつけたものであった。このとき彼らは、文化と民族が生まれ、国家というものが始まってから、すでに第五代の世に入っていた。この地に彼らはたくさんの家を建て、そのうえ、町の高台の中心に神殿を築いた。

やがてこの王国はさらに大きくなっていった。そして大家で集会を開くときなどは、たくさんの人々が集《つど》いあうようになった。彼らは集いあったが、後では別れ別れになってしまった。それは、姉妹や娘たちの代価のことで意見が食い違い、嫉みが生じたからであった。もうみなが一緒に酒を飲んだりすることがなくなってしまったからであった。(2)これが、彼らの離れ離れになった理由であり、またたがいを敵として、死人のしゃれこうべを投げあうようになった理由であった。

そこで彼らは、九つの家族に分けられたが、さらに、その姉妹や娘たちのことでの争いが終わってから王国を二十四の大家に分割した。僧正の手で祝福されたこのグマルカアフの町で、やがてこの二十四の大家も終りを告げた。それはこの町へ来てからだいぶ長い年月が経ってからであった。その後、彼らは、この町も放棄してしまった。(3)

彼らはこの地で強大になった。ここにきらびやかな王座や王位を設けて、すべての首長たちには栄与を授けた。カヴェックの九人の首長たちは九家を、ニハイブの首長たちは別の九家を、アハウ・キチェーの首長たちはさらに別の四家を、そしてサキックの首長たちもまた別の二家を、それぞれ創設した。その数は大層多くなり、それぞれの首長に従うものの数も多くなったが、これが最初の首長たちの家来たちであった。こうして首長たちは、いずれも大きな家族をもつこととなった。

　さてここで、それぞれの大家の首長たちの名前を述べるとしよう。すなわち、まずカヴェックの首長たちの名前は、第一の首長がアフポップ[4]で、これにアフポップ・カムハー[5]、アフ・トヒール[6]、アフ・グクマッツ[7]、ニム・チョコフ・カヴェック[8]、ポポル・ヴィナック・チトゥイ[9]、ロルメット・ケフナイ[10]、ポポル・ヴィナック・パ・ホム・ツァラッツ[11]とウチュチ・カムハー[12]がつづいていた。

　これらがカヴェックの首長たち、九大家の首長たちであった。彼らはそれぞれの大家をもっていた。後でまた彼らのことを書くことにする。

　次に、ニハイブの首長たちは、第一がアハウ・ガレールで、これにアハウ・アフチック・ヴィナック、ガレール・カムハー、ニマ・カムハー、ウチュチ・カムハー、ニム・チョコフ・ニハイバブ、アヴィリシュ、ヤコラタム、ウツァム・ポプ・サルクラトール、ニマ・ロルメット・イコルトゥシュがつづいていた。これがニハイブの九首長の名[13]であった。

　それから、アハウ・キチェーの首長たちであるが、それはアフチック・ヴィナック、アハウ・ロルメット、アハウ・ニム・チョコフ・アハウ、それとアハウ・ハカヴィツで、これがアハウ・キチェーの四首長であり、大家の順位もこのとおりであった。サキック家は二家族で、ツトゥハーとガレール・サキックであったが、この二首長が二人で一軒の大家をもっていた。[14]

第九章

こんなふうにして二十四の首長たちがそろい、二十四の大家があらわれた。そしてキチェーの息子たちの威厳と権力は大きくなり、石と石灰で峡谷の町[1]が築かれた。それから小さな部族、大きな部族が、王のもとにやって来た。その栄光は輝き、威勢は上がり、また神殿が建てられ、首長たちの邸が築き上げられて、キチェーはさらに偉大な国となっていった。しかしその作業に従事し、邸を建て、神殿を造ったのは、首長たちではなく、もうたくさんの数になっていたその息子たちや家来たちであった。それはけっして彼らを騙《だま》したり、盗んできたり、また無理矢理に捕《つか》まえてきてやったことではなかった。というのは、実際、彼らはそれぞれその首長に属しており、またそれぞれの首長の命に従うために寄り集まっているその兄弟や親族たちがたくさんあったからである。

首長たちはほんとうにしたわれていたし、その栄光も偉大であった。野や町に住む人々は殖《ふ》えていったが、首長たちの生まれた日[2]は、その息子たちや家来たちによって、いとも厳かに祝われていた。

しかし彼らがこんなに偉大になったのは、すべての部族がみな降参してしまったからでも、また野や町の住人たちがみな戦に斃《たお》れてしまったからでもなく、それは、非凡な首長たち、すなわちグクマッツ王とコトゥハー王のおかげであった。グクマッツはまったく非凡な王であった。彼は七日間天に昇り、七日間シバルバーへ降りる道を歩んだ。また七日間蛇に身を変え、ほんとうに大蛇となってしまい、また七日間鷲と化し、七日間じゃぐゎーるに身を変えた。彼はほんとうに鷲やじゃぐゎーるのような姿となったのである。そしてまた、七日間凝固した血となった。ただじっと静まりかえった血となったのである。

この王の天性はいかにも不可思議であった。他の首長たちは王の前に出るとただ畏《おそ》れおののくばかりであった。王の不可思議な天性の話は次から次へと伝わって、どの村の首長たちもこれをきき知った。こうしてグクマッツ王がその力を示現したことがキチェー族の隆盛の始りであった。彼の面影は、その息子たちや孫たちの記憶から消え去ることがなかった。しかしグクマッツ王は、ただ不可思議な王になるためにこんなことをしていたわけではなかった。彼はただ、すべての村々を統治する一つの方法として、一人の王がすべての部族の長となるべきだということを示す一つの方途として、こんなことをしたのであった。

この非凡な王グクマッツは第四代の王であったが、彼はアフポップであると同時にアフポップ・カムハーでもあった。

彼の後継者やその子孫はこの国を統治し、たくさんの子供をはらませ、いろんなことをした。テペプルとイスタユールがその子供であり、これが第五代の王であった。そしてこの首長たちが、またその後継者をつくっていったのである。

第十章

さてここで、第六代目の王の名前を述べるとしよう。二人の大王がいた。一人はガグ・キカブ、もう一人はカヴィシマフといった。この王たちは、まったく驚くべき天性をもっていたので、偉大な仕事をなしとげ、キチェー族を繁栄に導いた。

さてそれでは、彼らが近隣の小さな国、大きな国の町や野を破壊し、分割した模様を述べるとするが、これらの国々のなかには、そのむかしカクチケール族の祖国であった、現在のチュヴィラー[1]、ラビナール族のパマカー[2]、カオケー族の祖国サクカバハー[3]をはじめとしサクレウ[4]、チュヴィ・ミキナー[5]、セラフウ[6]、チュヴァー・ツァク[7]、それにツォロフチェー[8]の諸族の村々が含まれていた。

これらの部族の者たちはキカブを忌み嫌っていた。というのも、キカブが彼らに戦《いくさ》をしかけて、ラビナールの住人、カクチケール族、サクレウ族の野や町をそれこそほんとうに征服し破壊してしまったからであった。キカブはすべての村々を征服し、彼の兵士は、はるか彼方にまでその武威を誇ったのである。貢物《みつぎもの》を持って来ない部族があれば、キカブはたちまちその村を襲って、キカブとカヴィシマフのところへ貢物を持って来させたのである。

彼らは奴隷とされ、傷つけられ、そして樹木にくくられては投矢で殺された。彼らはその栄光を失い、その力をも失った。こうして町々は荒され、たちまちのうちにその礎石までうち壊されてしまった。征服された国の者たちは、彼らを、岩をもうち砕き、石をも粉々にする、あの雷光のようにおそれおののいた。

今もコルチェーに面して研《と》ぎすました斧で切り砕いたような石の山があるが、それはキカブに破壊された村の印としてそびえ立っている。この石の山はペタタユブ(9)という海岸にあるが、今日でも、ここを通りかかる人々は、それをキカブの勇気の証《あかし》として見ることができた。

彼はまったく勇敢な男であったから、だれも彼を殺すことはできなかった。彼をうち破ることもできなかった。そしてみな、彼に貢物を捧げにやって来た。

首長たちはみな集まって相談し、谷や町を固め、ありとあらゆる部族の町々を征服していった。

斥候たちは敵状を探りに行き、占領した所に村のようなものを造っていった。「ひょっとしたら、またあの部族の連中が、町を占領するために戻ってくるかもしれない」と首長たちは集まって、言いあった。

彼らはすぐに出かけていった。そしてそれぞれの部署についたが、「ここはわれらの砦、われらの町であり、われらの城壁、われらの守城だ。ここでわれらの勇気と男を示すのだ」と、すべての首長たちは言いあって、それぞれに定められた部署につき、敵との戦に備えた。

彼らは命を受けると、部族の国に造られた部署へと向かった。

「さあ、進め。あそこはもうわれらの領土なのだ」

「こわがるな。敵がおまえたちを殺そうとしてまだやって来るようなら、すぐこのおれに知らせろ。おれがやつらを殺しに行ってやる」

と、キカブはみなを送り出すとき、ガレールとアフチック・ヴィナック[10]のいるところで言ったのであった。

吹矢手と土球手といわれている連中が出かけていった。それからキチェーの全国の祖父や父たちがその部署に分けられた。みんなそれぞれ山の上に、山の番兵として、矢と土球の番兵として、あるいはまた哨兵として配置された。彼らは出かけていったが、彼らは出身を異にしていたわけでもなく、違った神を持っていたわけでもなかった。彼らは自分たちの町々を固めるために出かけていっただけであった。

出かけていった連中はウヴィラー[11]のすべての人々、チュリマール、サキヤー、サフバキェフ、チ・テマフ、バフシャラフーフの人々、カブラカン[12]、チャビカク・チ・フンアフプーの人々、パマカー[13]の人々、ショヤバフ[14]の人々、サクカバハー[15]の人々、シャハー[16]の人々、ミキナー[17]の人々、シェラフフ[18]の人々、それに海岸地帯の人々である。彼らは、アフポップとアフポップ・カムハーであるキカブとカヴィシマフ、およびガレールとアフチック・ヴィナックの、すなわちこの四人の首長の命によって、戦を見守り、領土を守るために、出かけていったのであった。

彼らは、カヴェック家の二王すなわちキカブやカヴィシマフと、ニハイブの首長すなわちケエマーと、それにアハウ・キチェーの首長すなわちアチャク・イボイの敵を監視するために派遣されたのであった。これが、彼らの息子や部下をそれぞれの山へ派遣した首長たちの名前であった。

彼らはすぐに出かけていった。そして、キカブ、カヴィシマフ、ガレール、アフチック・ヴィナックの前に捕虜をひき連れてきた。吹矢手や土球手は勇敢に戦って、捕虜を捕《つか》まえた。部署を守った者たちにも、りっぱな英雄がいた。彼らが捕虜たちを連れてやって来たとき、首長たちは彼らにたっぷり賞を与えた。

それから、アフポップ、アフポップ・カムハー、ガレール、およびアフチック・ヴィナックの命によって会合が開かれた。そしてまず、この場にいる者がその家族を代表する資格をもつ、と定められたのであった。

会合を開いたとき、首長たちはだれもかれも、

「われこそはアフポップである」

「おれこそはアフポップ・カムハーだ」

「アフポップの資格はおれのものであり、アハウ・ガレール、おまえの資格はガレールだ」

と言いあった。(19)

　タムブの者たちもイロカブの者たちも同じように振舞った。キチェーの三部族はみな同じような状態にあったが、彼らは彼らの息子や部下たちを初めて将軍に任命し、彼らに栄誉を与えたのであった。これは相談の結果であった。しかし彼らは、このキチェーの国で彼らを将軍に任命したわけではなかった。息子や部下たちが初めて将軍に任命せられたのは、彼らが派遣され、その後、みんなが集まったあの山々においてであった。シェバラッシュ、シェカマッシュというのがその山の名前であった。これはチュリマールでの出来事であった。

　こうして二十人のガレールと二十人のアフポップが、アフポップ、アフポップ・カムハー、ガレール、それにアフチック・ヴィナックによって任命せられ、昇格せられ、栄誉を受けた。すべてのガレール、アフポップが栄誉を授けられた。十一人のニム・チョコフ、ガレール・アハウ、ガレール・サキック、ガレール・アチフ、アフポップ・アチフ、ラフツァラム・アチフ、ウツァム・アチフがその称号の名であったが、栄誉とその座を与えられた、このキチェー族の最初の息子と部下たちは、キチェー国の哨兵であり間者であり、吹矢打ちでもあれば土球手でもあったし、さらにキチェー国の城壁であり城門であり、かつ城塞でもあったのである。

タムブ族もイロカブ族も同じように、各所にあったその最初の息子と部下たちを役につけ、高い地位を授けた。

すなわち、これが現在これらの各地にあるガレール・アフポップをはじめとする種々の称号の起原である。こうしてこれらの称号は生まれたのであった。それはアフポップと、アフポップ・カムハーと、ガレールと、アフチック・ヴィナックによって造られたのである。

第十一章

さてここでは、神の家の名を述べるとしよう。

この家には神の名がそのままつけられていた。

カヴェックの人々の神トヒールの神殿はトヒール大殿とよばれ、ニハイブの人々の神アヴィリシュの神殿はアヴィリシュ、アハウ・キチェーの人々の神の神殿[1]はハカヴィッツという名であった。

ツトゥハーというのは、カフバハーにある大きな殿堂[2]の名であるが、ここにはキチェーのすべての首長たちによって敬《うやま》われ、またすべての部族によっても崇められた一つの石が安置されていた。

部族の者たちはまずトヒールの前に供犠《いけにえ》を捧げて、それからアフポップとアフポップ・カムハーのもとに赴き、敬意を表わすのが常であった。それから、王の前に見事な羽根や、その貢物《みつぎもの》を捧げるのである。彼らが捧持する王は、かつて彼らの町々を征服したアフポップとアフポップ・カムハーであった。

ともに非凡な王であるグクマッツとコトゥハーと、キカブとカヴィシマフらは、じつに偉大な首長であり、すぐれた男たちであった。彼らは戦《いくさ》をなすべきであるかどうかを知っていたし、すべてが彼らの眼には明らかであった。死や飢えが襲ってくるかどうか、争いが起こるかどうか、すべてみなわかっていた。

そういうことは『ポポル・ヴフ』とよばれる本でみな知ることができることをよく知っていた。しかしこの首長たちの偉大さは、それだけではなかった。その断食(3)もまた大したものであった。これは、自分たちが生み出されたこと、自分たちに王国が授けられたことの御礼としてなされたものであった。彼らの断食は長いあいだつづけられ、神々には供犠が捧げられた。どういうふうに断食したかというと、まず九人の男が断食をし、他の九人の男が供犠をおこない、香を焚《た》いた。そしてさらに十三人の男が断食をおこない、他の十三人がトヒールの前に捧げ物をし、香を焚いた。彼らは神の前でただサポテとマタサーノスとホコーテの果実を食べるだけで、トルティリャを食べることはできなかった。供犠を捧げる者が十七人になろうと、断食をするものが十人になろうと、まったく彼らは何も食べずに、偉大な掟《おきて》を守り、首長としての貫録を示したのである。

彼らはまた、ともに寝る女をも避け、男ばかりで断食をしつづけた。彼らは神の家で終日祈りを捧げ、香を焚き、供犠を捧げた。こうして夕方から翌朝にかけて、心と胸のなかでうめき泣き、天を仰いでは、その子、その部下の幸と生命を願い、その王国のために祈った。

さて、彼らが祈りを捧げるときの神への願いというのは、それこそ彼らの心からの願いであったが、こんなふうなものであった。

「おお汝、美しき日よ。汝、フラカン、汝、天と地の心よ。汝、富を与えたもう御方よ、娘や息子を与えたもう御方よ、汝の栄光と汝の富をわれらに及ぼしたまえ。わが子、わが部下に生命と成長を授けたまえ。故に食物を捧げ、汝を護る者、道に、野に、川の端に、谷間に、木の下に、はたまた葦草の下に、汝を祈る者がその数を増し、殖《ふ》え、かつ育ちいくように。

彼らに娘や息子を授けたまえ。彼らが不幸や災難に遭《あ》わぬよう、彼らの前にもまた背後にも、彼らを欺《あざむ》く者の現われぬよう、躓《つまず》き倒れて傷つかぬよう、姦淫せぬよう、そして法の裁きも受けぬように。坂道の上りにも下りにも転ばぬように。彼らの前にもまた背後にも、その道を妨げたり、跪《ひざま》ずかせたりするものが立ち現われぬように。彼らに善い道を、美しくかつ平らかな道を授けたまえ、汝の手落ちのために、汝の魔術のために、不幸や災難を受けることのないように。

汝、天の心、地の心、荘厳の包よ、汝に糧《かて》を運び、汝の口に、汝の眼前に食物を捧げる者たちの暮しが幸となるように。汝、トヒールよ。汝、アヴィリシュよ。汝、ハカヴィツよ。天穹《てんきゅう》よ、地の面よ、四つの隅よ、四つの主点よ。おお神よ、汝の口の前、汝の眼の前には、ただ平和と平穏がありますように(4)」

家のなかで九人の男、十三人の男、そして十七人の男が断食をつづけているあいだに、首長たちはこんなふうに祈ったのである。首長たちは、終日、断食をして、それぞれ神への捧げ物をしたが、そのとき彼らの心は、その息子たちや部下たちのために、またその妻たちや子供たちのためにうめき泣いていたのであった。

これが幸福な暮しの代価であったし、またアフポップ、アフポップ・カムハー、ガレール、およびアフチック・ヴィナックの威厳、すなわち権力の代価でもあった。この四人は二人ずつ組になって統治し、一組が他の一組を承《う》け継いでは、キチェーの人民と、このキチェー国全体の重荷を背負って、治めていったのである。

彼らの伝統は、その根元をただ一つにしていた。彼らが自らを護り、自ら糧をあがなう習慣も、根元はただ一つであった。タムブやイロカブの人々、ラビナールやカクチケールの人々、チキナハー、トゥハルハー、ウチャバハーの人々の伝統も習慣もその根元はただ一つであった。キチェーの国で彼らがしていることを聞いたとき、まだ彼らは一つの幹、すなわち一つの家族に属していた。

彼らはしかし、ただこんなふうにして、国を治めていたというわけではなかった。彼らが養い護ってやっている者からの贈物を、無駄にすることなく、それを自分たちで食べたり、飲んだりした。また彼らは食べものを買いとることもなかった。彼らは自らの帝国、自らの権力と領土とを戦いとっていたからである。

彼らは野や町を、ただ簡単に攻めとったというわけではなかった。だから小さな部族も大きな部族も高い償《つぐな》いを支払わねばならなかった。彼らは、宝石や金銀をもって来たし、蜂蜜や腕輪、エメラルドやその他のいろんな石の腕輪や、さらに青色の羽根で造った冠などをもって来た。それがいろんな部族からの貢物であった。彼らは、すばらしい王たちである、グクマッツ、コトゥハー、キカブ、カヴィシマフの前に、すなわち、アフポップ、アフポップ・カムハー、ガレール、アフチック・ヴィナックの前に、これを捧げにやってきたのであった。

彼らのなしとげたことは、けっして小さくなかったし、また彼らの征服した部族も少なくはなかった。数多くの部族の諸分族がキチェーに貢物を捧げにやってきた。彼らは悲しみでいっぱいになって、その貢物を捧げにやって来た。しかしながら、キチェーの勢力はたちまちのうちに大きくなったのではなかった。グクマッツこそこの王国を隆盛に導いた人であった。こんなふうにしてグクマッツの隆盛は緒《いとぐち》につき、またキチェーの隆盛が始まったというわけである。

ではこれから、首長たちの各時代と、その首長たちの名前を述べるとしよう。ここでもう一度すべての首長の名を挙げることにしよう。

第十二章

さてそれでは、太陽が出て、月と星が現われたころ、われわれの最初の祖父であり最初の父であるバラム・キツェー、バラム・アカブ、マフクタフ、およびイキ・バラムをもって始まったこの国の治世の列伝と、その各世代とについて、これから述べるとしよう。

それでまず、ここに各世代と王家の列伝をその系譜の始原から、また首長たちが権力の座を承《う》け継いでその治世を始めてから、その死に至るまでのところを述べることにする。各世代の首長たちや祖先たち、また町の首長など、すべての首長たちをその一人一人について述べることにする。で、ここにキチェーの首長たちを一人ずつ掲げる。

バラム・キツェー　カヴェック家の根幹。

クォカヴィブ[1]　バラム・キツェーの第二代。

バラム・コナチェー[2]　第三代、アフポップの称号は彼から始まる。

コトゥハーとイスタユール[3]　第四代。

ググマッツとコトゥハー　「驚くべき王[4]」の初めで、第五代である。

テペプルとイスタユール　第六代。

キカブとカヴィシマフ[5]　王国の第七代。

テペプルとイスタユブ　第八代。

テクムとテペプル[6]　第九代。

ヴァフシャキ・カアム[7]とキカブ　第十代の王。

ヴクブ・ノフ[8]とカウウテペチュ　第十一代の王。

オシブ・クエフとベレヘブ・ツィ[9]　第十二代の王。この二人は、ドナディウがやって来たころ国を統治していた王で、スペイン人によって絞殺された。

テクムとテペプル[10]　第十三代の王で、この二人は、スペイン人に貢物をささげ、その子孫を殖した。

ドン・ファン・デ・ロハスとドン・ファン・コルテス　第十四代の王で、テクムとテペプルの子。

以上が、キチェーのカヴェック族の首長、アフポップとアフポップ・カムハーの各治世とその代記である。

さて次に、その他の家族について述べるとしよう。

これはアフポップとアフポップ・カムハーに次ぐ首長の大家である。これがカヴェックの九家族、九大家の名であり、また各大家のそれぞれの首長の称号である。

アハウ・アフポップ　大家、クハー家という名であった。

アハウ・アフポップ・カムハー　この大家は、チキナハーという名であった。

ニム・チョコフ・カヴェック　大家。

アハウ・アフ・トヒール　大家。

アハウ・アフ・グクマッツ　大家。

ポポル・ヴィナック・チトゥイ　大家。

ロルメット・ケフナイ　大家。

ポポル・ヴィナック・パ・ホム・ツァラッツ・クスクセバー　大家。

テペウ・ヤキ　大家。

これらがカヴェックの九家族であった。この九家に従う部族の息子たちや部下たちの数はひじょうなものであった。

ニハイブの九家族は次のとおりであったが、まず、この王国の統治者の系譜を述べるとしよう。太陽が初めて輝き、光が初めて輝いたとき、たった一つの幹からこれらの九つの名前が生まれたのである。

バラム・アカブ　最初の祖父であり、かつ父である。

クォアクルとクォアクテック　第二代。

コチャフッフとコチバハー　第三代。

ベレヘブ・クエフ（Ⅰ）　第四代。

コトゥハー　第五代の王。

バッツァー　第六代。

イスタユール　第七代の王。

コトゥハー（Ⅱ）　第八代の王。

ベレヘブ・クエフ（Ⅱ）　第九代。

いわゆるクエマー　第十代。

アハウ・コトゥハー　第十一代。

いわゆるドン・クリストーヴァル　スペイン人の時代になって統治した。

ドン・ペドロ・デ・ロブレス　現在のアハウ・ガレール。

さて、これがアハウ・ガレールから出た諸王であるが、つづいて各大家の首長の名を挙げるとしよう。

アハウ・ガレール（Ⅰ）　ニハイブ族の最初の首長、大家の長。

アハウ・アフチック・ヴィナック　大家。

アハウ・ガレール・カムハー　大家。

ニマ・カムハー　大家。

ウチュチ・カムハー　大家。

ニム・チョコフ・ニハイブ　大家。

アハウ・アヴィリシュ　大家。

ヤコラタム　大家。

ニマ・ロルメット・イコルトゥシュ　大家。

これらがニハイブ族の大家である。つまり、ニハイブとよばれる部族の九家族の名前であった。ここに記した各首長の家族は数多かった。

次にアハウ・キチェーが祖父であり父であったアハウ・キチェーの人々の系譜を述べるとしよう。

マフクタフ　最初の男。

クォアハウ　第二代の王の名。

カブラカン
ココソム
コマフクム
ヴクブ・アフ

コカメル
コヤバコフ
ヴィナック・バム
これらがアハウ・キチェーの王たちで、これがその治世の代記である。

さて次に、大家をつくりあげた首長たちの称号を挙げることにするが、それは四大家のみであった。

アフチック・ヴィナック・アハウ　これが大家の最初の首長の称号であった。

ロルメット・アハウ　大家の第二代の首長。

ニム・チョコフ・アハウ　大家の第三代の首長。

ハカヴィツ　大家の第四代の首長。

というわけで、これがアハウ・キチェーの大家で、大家は四つであった。

このほかに、キチェー族のすべての首長から父のような権威を与えられている三人のニム・チョコフ(11)があった。この三人のチョコフは集まって、母の定め、父の定めをみなに知らせていた(12)。この三人の地位はじつに高かった。

カヴェック族のニム・チョコフ、第二代のニハイブ族のニム・チョコフ、そして第三代のアハウ・キチェー族のニム・チョコフ・アハウ、これがすなわち三人のチョコフで、それぞれその部族を代表していた。

そのむかし諸王がもっていた『ポポル・ヴフ』の書はすでに失われて、もうどこにも見ることができないが、これがキチェー族の生活であった[13]。

今日、サンタ・クルス[14]とよばれているキチェーの国の人々は、もうみな滅びてしまった。

付録〔1〕　首長の起原の書

ウタトランの人々の最初の王の名はバラム・キセーといった。この王は、二人の兄弟を伴って東方からやって来た。その兄弟の一人はバラム・アカブ、もう一人はマフクタフという名であった。この三人は、ともにこの国を統治し、ロビナールの土地を開いた。兄のバラム・キセーには、ココハーとコロホン・アマックという二人の子供があった。この二人の子がウタトランの州を発見し、開発し、これを征服した。

ココハーはEをもうけたが、彼は、父ココハーにかわって統治し、ラビナールの地およびその周辺を征服した。バラム・キセーの第二子、すなわちココハーの弟である、コロホン・アマックはツイキンをもうけたが、このツイキンとEはともにこの国を統治し、夜ともなれば戦《いくさ》を起こして、注意を怠って四散している敵を殺しに出かけていった。この二人は敵におそれを抱かすために、魔術をもって、その姿をじゃぐゎーるやぴゅーまに変えて現われ、夜ともなれば口から火を吐いて空を飛び、敵をうちのめし、怖れを与えて、ラビナールの全土を征服した。このようにして、自らがツァコル、ビトルの子であること、すなわちすべての創造主の子であることを知らしめたのであった。

　Eはその長兄の系統を受けて王となり、アフをもうけたが、このアフもまた妖術を使い、祖先たちと同じようなことをすることができた。ツイキンはアカンをもうけ、この二人の従兄弟はともにこの国を統治したが、彼らもまた魔術師であった。

　真の首長であるアフは、コカイブとコカイビムをもうけた。コカイブは父よりその王国を継承し、初めて共和国をつくった。このコカイブは祖先の代からの十人の首長を征服し、最初に町をつくり、ロビナールに王宮と城塞を営んだ。彼は、まず土地を配分し、軍長や知事を任命し、これを各地に配した。また彼は、法律や規則をつくり、各人がその持つところにしたがい税を支払い、払うものを持たない者は自らの役務や適当な物で払うことを定めた最初の王であった。

　このコカイブは、弟コカイビムを領土の将、すなわちアフポップの職に任じ、彼にも自分と同じ権利を認めたが、長子権は認めなかった。

　コカイビムは九人の軍長、すなわち知事職を創設し、これを任命したが、この九人が彼を補佐して統治をおこなった。この九人のだれかが成年に達しないときは、成年に達し、能力があるとされるまで、その家族の最近親者がかわって統治をおこなった。

　このコカイビムは、兄が家を外にしているあいだにその兄嫁とのあいだに一子をもうけた。兄は、出かけるまえに、このような罪に対しては絞首刑を定めておいたので、兄の帰って来るにあたって、子供の祖母が子供を隠匿した。やがてこの子が成年に達したので、その子の叔父である義父は、その父の職を与え、アフポップに任じた。こうして王国はコカイブのものとなり、他の者を排して彼が王となり、この国を統治した。このコカイブは、ケフナイとさらに五人の子をもうけた。王は彼らを知事に任命したが、これ以来、スペイン人が到来するまで、王はいずれもこのケフナイを名乗った。この称号は、あたかもシーザーというに等しかった。

コカイビムという名であった二番目の弟を継承していった者は、新しい継承者コナチエーが来るまでは、いずれもアフポップを名乗った。このコナチェーは、現存しているドン・ファン・コルテスの祖父に当たるが、彼は、今日、スペイン王国に属するケッツァルテナンゴの村の原野でおこなわれた、ドン・ペドロ・デ・アルバラードとの戦で討死したのである。

訳注

＊（　）はアドリアン・レシーノスによる原訳注、〔　〕は訳者注を示す。

序文

（1）キチェー Quiché は、グァテマラの土語で「森」を意味する。すなわち qui- は「たくさんの」を意味し、ché は「木」の意である。併せて「たくさんの木のある土地」すなわち「森」のことである。これが十六世紀におけるグァテマラ地方の最も強力な国の名であった。
ナウアの言語 la palabra náhuatl〔ナウアはメキシコ中部高原地帯を占めた種族の総称。トルテカ族、チチメカ族、アステカ族等がこれに属する〕でクアウフトレーマリャン Quauhtlemallan というのはこれと同義であり、おそらくキチェーの語を訳したものと思われるが、いずれにしてもメキシコの南部に拡がる豊かな山岳地帯をよく表現した名前である。しかしながらアステカ族がクアウフトレーマリャンとよんだのは——現在の国名「グァテマラ」はもちろんここから出ている——当時のキチェー国のみをさしていたのではなく、今日のグァテマラ全体をさしたものである。
ユカタン半島とペテン・イッツァ地方の南に位置するこの地帯は、すでにスペイン人の征服以前から、クアウフトレーマリャンとテコロトラン Tecolotlán（現在のベラパス州）の名によって知られていた。

（2）本書の著者は、キチェー国の起原とその発展の古い歴史を書くにあたって、おそらく言い伝えのみならず、古絵文書をも参考にしたと思われる。サアグン Bernardino de Sahagún〔フランシスカ派に属するスペインの宣教師で、主としてメキシコにおいて布教に従事し、*Historia de las cosas de Nueva España* を著わした。この書には、メキシコ地方の原住民族の歴史、習慣等に関する記述が多く、メキシコ古代文化を知るための最も貴重な文献である。一五九〇年歿〕は、トルテカの神官たちが東方へ、すなわちユカタン地方へ向かうとき、すべての古事や技を記した絵文書をいっしょに持ち歩いた、と述べており、また第四部第六章には、ナクシット、すなわちトルテカ族の神ケッツァルコアトル Quetzalcoatl がトゥランにおいてその歴史を記した絵文書をキチェーの王子に与えた、と述べられている。

〔3〕このキチェーの諸神についてはブリントン Daniel G. Brinton の "The Secred Names in The Quiche Mythology." ***Essays of an Americanist,*** 1890 等の研究がおこなわれているが、いまだ定説はなく、これを明らかにすることは現在のところきわめて困難である。

レシーノスは、これら諸神は結局は一組の母神と父神をさすものであり、それぞれその機能によって名を変えたものであろうとしている。すなわち、ここに列記されている神々は、結局、ツァコルとビトルとをもって一体となす二元神のそれぞれの別名であると考えている。アロム、クァホロム、ツァコル、ビトルの四神があって、その他はこの四神の別名である、としている者もある〔Rafael Girard〕。

この諸神の名前の意義およびその組合せは、レシーノスの注によれば次のとおりである。

ツァコル Tzacol とビトル Bitol は、創造主と形成主。

アロム Alom とクァホロム Quaholom は、前者は母の神、子を生む神、後者は子を孕ます神。フランシスコ・ヒメーネス神父 Padre Fray Francisco Ximénez〔解説参照〕は、「母」と「父」とよんでおり、ラス・カーサス Bartolomé de Las Casas〔一四七四年生・一五六四年歿。一五一〇年、征服者の一人として初めて新大陸に渡ったが、原住民族がスペイン人の統治下におかれている状態に深く同情し、聖職に入り、原住民族の教化と、スペインの統治政策の攻撃に身を捧げた。その著では ***Historia de las Indias*** および ***Breve Belación de la Destrucción de las Indias*** がきわめて著名で、とくに後者は、ヨーロッパ諸国のスペイン植民政策攻撃の具に使われた。彼の人道的精神は、当時、本国で誤解もされたが、現在では高く評価されている〕は、インディオが天に在ると信じていた「大母」と「大父」としている。

フンアフプー・ヴッチ Hunahpú-Vuch とフンアフプー・ウティウ Hunahpú-Utiu は、前者は「狐の猟師」、夜明けの神で女神、後者は「狼の猟師」、夜の神で男神。

サキ・ニマ・チイス Zaqui-Nima-Tziis とニム・アク Nim-Ac は、前者は年老いて白毛になったピソテすなわち熊の一種〔第一部第二章注（6）参照〕、後者は大猪〔ニム・アクが本文に出ていないのは、誤記と思われる〕。

テペウ Tepeu とググマッツ Gucumatz は、前者はナウア語の Tepeuh から出た名で、「王」を意味する。モリーナ Alonso de Molina は「戦勝者」と訳している。後者は「緑色の羽根でつつまれた蛇」。Gucumatz は、guc- が「緑色の羽根」で、マヤの神鳥ケッツァールを意味し、cumatz が「蛇」である。このググマッツは、マヤの新帝国期における征服者の名で、神とも崇められていたトルテカ族の王ケッツァルコアトル Quetzalcoatl、マヤ語ではククルカン Kukulcán をキチェー語で表現したものである。キチェーの神話にメキシコ的要素が非常に多いことは、このテペウとググマッツが本書において大きな比重を占めていることでも明らかであり、この神は、第三部において、トヒール Tohil という神にその姿を変えるが、このトヒールは、ケッツァルコアトルと同一神であることが明示されている。

ウ・クス・チョ U Qux Cho とウ・クス・パロー U Qux Paló は、前者は「沼の心」または「沼の精」、後者は「海の心」または「海の精」。あとに出て来る「天の心」は、ウ・クス・カフ U Qux Cah である。

アフ・ラサー・ラク Ah Raxá Lac とアフ・ラサー・ツェル Ah Raxá Tzel は、前者は「緑の地の主」、すなわち大地の主、後者は「緑の瓜殻」「緑の椀」の主。ヒメーネスによれば、天の主である。

以上がレシーノスの注であるが、前記の神の名にあるフンアフプー Hunahpú の語については、種々の解釈が行なわれている。文字どおりに訳せば「吹筒（第一部第五章注〔2〕参照）をもった猟師」であるが、キチェー族がこの「猟師」という語を神に付したことには何らかの理由があったと思われる。原始時代において、猟師がきわめて重要な地位を占めていたことは当然であるが、この場合、マヤ民族の直系であるキチェー族は、マヤ語のフンアブ・クー Hunab Ku（「唯一の神」の意）の音をこのフンアフプーの語に見出したものかとも思われる。フンアブ・クーは、マヤの諸神のうちで最も重要な神で、無形であり、像をもって表現することはできなかった。したがって、当時、猟師の絵をもってこの無形の神フンアブ・クーを表現したものと考えられる。このようなことは中南米の古代の絵文書にはきわめてふつうのことであった。

フンアフプーはまた、キチェーの暦における第二十番目の日の名で、最も尊崇されていた日であった。マヤ語におけるアハウ Ahau（「主」または「長」）、ナウア語のショチトル Xóchitl（「花と太陽」で、太陽神トナティウフ Tonatiuh のシンボル）に該当する。

（4） イシュピヤコック Izpiyacoc とイシュムカネー Ixmucané は、「老女」と「老人」の意で、メキシコのシパクトナール Cipactonal とオショモコ Oxomoco の二神に該当する。このメキシコの二神は、トルテカ族の伝説によれば、占星術を発見し、時を算える術、すなわち暦法をつくった賢者である。

キチェーの伝説には、すでに前注で述べたように、観念的にはいくつもの一対の神が存在したのであるが、この二者、とくにイシュムカネーは、現実社会と直接関係をもっていた。この両者は、メキシコの考古学者エンリケ・ファン・パラシオス Enrique Juan Palacios がよんでいるように、「事物の創作を直接司る活動的な創造主の一対」であった（レシーノスは、この二神は、結局、ツァコルとビトルと同一神であるかもしれないとも述べている。「二度にわたって祖母」「二度にわたって祖父」としているのは複数を意味している模様で、全人類の祖母と祖父、すなわちその創造者を意味していると思われる）。

（5） ポポル・ヴフ Popol Vuh あるいはまたポポ・ヴフ Popo Vuh は、文字どおりに訳せば、「共同体《コミュニティ》の書」または「全住民の書」である。ポポルはマヤ語で「会合」または「共通のもの」の意で、Popol na といえば、国家の諸事を討議するために集る「共同体《コミュニティ》の家」である（*Diccionario de Motul*）。

ヒメーネスによれば、pop はキチェー語の動詞で「集る」「統一する」「人を集合させる」の意で、Popol は「（村会等の）共同体に属する物」すなわち「共通のもの」を意味する。したがってヒメーネスは、Popol Vuh を「共通の書」または「合同の書」Libro del Común. Libro del Consejo と訳した。

vuh または uúh は「本」「紙」「布」を意味し、マヤ語の huúm、または nuú から出た語である。このマヤ語は、「本」「紙」、および、むかし紙を作るのにその樹皮を使用した、グァテマラでふつう

amatle と呼ばれている木を意味する。
マヤ語の n は、キチェー語になると、気息音の j または h に変わるのがふつうで、マヤ語で「家」を意味する na は、キチェー語で、ha〔ハア〕または ja〔ハア〕となり、また、本を意味するマヤ語の húum または úun は、キチェー語で vuh〔ヴフ〕または uuh〔ウウフ〕となる。

（6）「四つの基点」とブラシュール Brasseur de Bourbourg は訳している。これはマヤ族の天を支える四つの Bacabes と同じ思想である。

（7）本書で男女の性を並べて記すときは、おおむね女性を先にしている。

第一部

第一章

〔1〕子供をつくるこの二者を、レシーノスは「祖先たち」Progenitores（forefathers）と訳しているが、誤解を避けるため、アロムとクァホロムの名をそのまま出した。前注にもあるように、レシーノスは、この六神の名も結局は同一の二神をさすと解している。

（2）これらの神は水のなかにあったとされているが、これは、キチェー族が Gucumatz（序の注〔3〕参照）と液体とを関係づけて考えていたからである。ヌニエス・デ・ラ・ベーガ Nuñez de la Vega 司教は「グクマッツは水中にいる羽根の生えた蛇である」とし、カクチケールの手書本には「グァテマラに移住した原始民族の一つは、グクマッツという名であった。それは水のなかに自らの救いを見出していたからである」としている。

（3）キチェー語でグック Guc、マヤ語で Kuk とよばれ、今日グァテマラでケッツァールとよばれている鳥 *Pharomacrus mocinno* の緑色の美しい羽根とラクソン Raxón という鳥 *Cotinge amabilis* の藍色の羽根をさしている。このラクソンという名の鳥は、グァテマラでは、ふつうランチョン Ranchón とよばれ、メキシコでは、シィウフトートトル Xiuhtototl とよばれているが、羽根は濃藍色、胸と首は紫色である。

この二鳥はとくにベラパス州に多いが、その羽根はマヤの最も古い時代から、王や重だった首長の儀式用の装飾として用いられていたものである。

〔4〕ここにある「天の心」と、のちに出て来る「地の心」というのは、明らかに一対神のシンボリックな名前であるとレシーノスは解している。

〔5〕著者はここで、キチェー語独特の省略をおこなっているが、創造主たちがここで人類創造の思想を初めてもったことを明らかにしている。

ブラシュールは「ここで人類が生まれた」と訳しているが、のちの記述でも明らかなように、現実に人間を創造するのはもっとあとになってからである。

〔6〕ヒメーネスの解釈によれば、フラカン Huracán は「一本足」の意で、カクルハー Caculhá は「雷」、チピ・カクルハー Chipi Caculhá は「小雷光」、ラサ・カクルハー Raxa Caculhá は「緑の雷光」の意である。

カリブ海地方のインディオは、この Huracán の語を同じように破壊的な他の自然現象、すなわち台風に適用し、これがその後、現代語に取り入れられた。

第二章

〔1〕文字どおりには「山の小人」。キチェー族は、山には山の精である小人が山番として住んでいると考えていた。これは、マヤ族が一種の妖精であるアルス Alux の存在を信じていたのと同じである。

〔2〕ブラシュールは「植つけの時が近づいた」と訳しているが、まだ人類もつくられていないし、農業も発明されていないのだから、この訳は誤りである。

〔3〕この部分はきわめて難解で、レシーノスも明らかでないとしており、ヴィリァコルタ J. Antonio Villacorta の訳によっても文意は不詳である。

〔4〕「二度の母、二度の父」と言っているのは、この一対神のそれぞれの性別を強調するためである。

（5）　ニム・アク Nim-Ac は「大猪」で、これが父である。

（6）　ニマ・チイス Nima-Tziis はスペイン語でピソテ Pisote またはコアティ Coati とよばれる動物、学名 ***Nasua nasica*** で、南米産の〔長い軟かい鼻をした〕あらいぐまと解せられる。これが母である。この動物は大きな貘、スペイン語でいう danta または tapir とも解せられる。貘はチャパス州のツェンダール族 los Tzendales の聖獣で、ヌニエス・デ・ラ・ベーガ司教は、「伝説によればヴォタン Votán がフエフエトラン Huehuetlán に貘を持ちきたり、この貘がソコヌスコ Soconusco 地帯を流れる水のなかで繁殖した」としている。

（7）　ここに記されているのは、当時最もふつうであった職業の名前である。「碧玉の師」はエメラルド等の碧玉を細工する者であったろうし、そのほか彫刻をしたり皿や椀を作る者が示されている。「トルテカットの師」というのは、トルテカ族が銀細工にきわめて秀でていたこと――伝説によれば、彼らはこの術をケッツァルコアトル神より直接習得した――から考えて、当然、銀細工師をさすものと思われる。

（8）　チッテー Tzité、学名 ***Erythrina Corallodendron*** は、グァテマラ産の豆で、この豆の木は田舎などで囲いなどをつくるのに使用される。豆は赤色で、形はいんげんに似ている。この豆は、現在でも原住民がとうもろこしといっしょに占いやまじないに使用している。サンチェス・デ・アギラール Sánchez de Aguilar はその ***Informe contra Idolorum Cultores*** において、「マヤ族は一握りのとうもろこしで運勢を占っていた」と述べているが、この習慣はマヤ・キチェー族にはかなりむかしから存するものである。

（9）　チラカン・イシュムカネー Chiracán Ixmucané は「偉大なるイシュムカネー」。

（10）　占いが成功するように、天の心が来たって、これを助けるように、との祈りの言葉である。

第三章

（1）　キチェー語のシバケ Zibaque の語は、グァテマラにおいて葦草の一種に用いられており、この草は同国で「ペタテ」とよぶ蓙《むしろ》をつくるのに使用されている。

（2）ここに出て来る人類の敵の名は難解であるが、ヒメーネスは、シェコトコヴァッチ Xecotcovach はおそらく鳥の名で、鷲か鷹をさし、人間の頭を切り落とすというカマロッツ Camalotz は、大きな蝙蝠のことであろうとしている——第二部において、フンアフプーの頭を切り落とすのは、カマソッツ、すなわち死の蝙蝠である。また、コッツバラム Cotzbalam は、獲物を待ち伏せているじゃぐゎーると解せられ、トゥクムバラム Tucumbalam は貘の異名である。

ゼラー Eduard Seler〔一八四九年生・一九二二年歿。ドイツの考古学者、民族学者〕はその著 *Der Fledermausgott der Maya-Stämme*（1902-23. t. II）において、『ポポル・ヴフ』に現われる怪獣は、マヤの古絵文書 *Códice Borgia* の第四四ページに見られる四匹の怪獣と同じものであるが、トゥクムバラムは鱶のような魚、または鰐で表現されていると述べている。

（3）ヒメーネスは「挽臼」と訳しているが、ここでは水を入れる瓶または壺が正しい。

（4）メキシコ語では Comalli、キチェー語では Xot とよばれる大きな土皿で、トルティリャ、すなわちとうもろこし煎餅を焼くのに使用された。

（5）彼らが食べたという「犬」は、現在、アメリカ大陸にいる犬と同じものではなく、スペイン人の探険記録などに現われている Perros mudos すなわち「唖犬」のことで、吠えない犬の一種である。「鳥」というのは七面鳥、雉、山鳥をさしている。

（6）とうもろこしを石臼で挽くときの擬音。

（7）台所の三つの石、すなわちインディオたちが煮たきをするために土鍋などを置いた石である。

（8）スペインに征服された後のグァテマラの原住民には、大むかし洪水があったこと、そしてこの次に来るべき洪水が世界の終りとなり、『ポポル・ヴフ』のこの箇所に出てくるようなことが起こるだろうという思想があったことは明らかである。すなわち、ラス・カーサス神父はその著 *Apologética Historia* において、「インディオのあいだでは、洪水がやがて起こり、この世が終わるであろうと信じられており、この洪水をブティック Butic と呼んでいる。ブティックには『大洪水』という意味と『裁判』の意味があるが、彼らは、この世界の終りとなるブティックは、水の出る洪水ではなくて、火の裁判で、このときには人間の用をしていたあらゆるもの、すなわち、とうもろこしや、小麦を挽く臼、土鍋、瓶が、みな人間に反抗して戦を挑んでくると考えていた」と述べている。

（9）*Anales de Cuauhtitlán* には、「大地の第四世期において、多くの者が水に溺れたが、山に放り出されたものは猿になった」（Galicia Chimalpopoca の訳による）とある。

第四章

（1）ヴクブ・カキシュ Vucub-Caquix は「七つのおうむ」の意。キチェー語では、しばしばその固有名詞に Vucub すなわち7の数字が付せられている。

ヒメーネスは、この人物は、傲慢で、怒りっぽい、かのルシフェールと似ているとしている。ブラシユールは、おそらくこの人物は、中央アメリカに広大な領土を有していた首長の一人であろうとしている。

いうまでもなく、ヴクブ・カキシュとその息子たちの物語は歴史的根拠を有さない。

（2）ここでは、前章の木の棒の人間を滅ぼした洪水のことを述べているようである。のちに、このヴクブ・カキシュがこの洪水のときにすでにいたと述べられているが、インディオたちはこの洪水で原始人がみんな死んだとは考えていなかったようである。すなわち、ラス・カーサス神父は、前記の著書において「彼らは、この洪水から逃げた者があって、それが土地に住みついたと考えており、その一人を偉大なる父、偉大なる母と呼んでいた」と述べている。

（3）この部分はきわめて難解であるが、「人類にとって」といっているのは、「その部下、その子孫にとって」の意である。

第五章

（1） フンアフプー Hunahpú は「猟師」、イシュバランケー Ixbalanqué は「小さなじゃぐゎーる」の意。Ixbalanqué の ix- は、女性の接頭語でもあるが、「小さい」ことをも意味する。balan- には「じゃぐゎーる」または「妖精」の意味があるから、「小さな妖精」の意味にも解せられる〔この ix- が女性をも意味するので、この二人を男と女と解している者もあるが、レシーノスはこれを明白に誤りであるとしている〕。

原文の Xavi e qabauil というのを、ヒメーネスも「この二人は神であった」と訳しているが、スペインの神父たちは、キチェーのインディオが qabauli の語をもってその神をよんでいるのを、ふつう「偶像」とか「悪魔」と訳している。それは、インディオができるだけむかしの宗教を忘れ、カトリックの神以外には「神」の語を使わせないようにしていたからである。

同じようなことは、ユカタン半島のインディオに対してフランシスカ派の神父がとった態度についても言える。すなわち、マヤ語の Xu（神）、Kauil（神への敬詞で、マヤ族の最も重要な神 Itzamná（太陽神）に付して Itzamná Kauil というふうに用いられた言葉）も「神」とは訳さなかった。アベンダーニョ神父 Fr. Andrés de Avendaño y Loyola（一七〇五年、ユカタン地方の宣教師となり、同地方の言語に関する多くの著書を残した）は、ペテン・イッツァへ入ったとき（一六九五、九六年）の報告書に、「イッツァの土人の偶像のなかには Itzamná というのがあったが、これは悪魔の馬という意味である」と述べている。

マヤ語の Kauil とキチェー語の Qabauil は類似している。

（2） 吹筒〔スペイン語で Cerbatana〕は一メートルないし一メートル半の木製の筒で、筒のなかへ小さな土球を入れて吹き上げ、鳥などを射ったものである。現在でも中南米のインディオのきわめて未開な一部では使用されている。

（3） ヴクブ・カキシュの息子シパクナー Zipacná は、山を肩に担いで歩くほどの大男で、魚と蟹を餌としていた。レイノー Georges Ryanaud は、この男をメキシコの Cipactli と比較しているが、Cipactli の本体は鰐または剣魚である。

カブラカン Cabracán はキチェー語で「二重の大男」または「地震」の意である。ヴクブ・カキシュの妻チマルマット Chimalmat の名と、メキシコの神話に現われるケッツァルコアトル Quetzalcoatl の母の名チマルマン Chimalmán が相似していることは、偶然の一致とも考えられるが、メキシコの神話の影響とも思われる。

（4）チ・ガグ Chi Gag、フンアフプー Hunahpu、ペクル Pecul の三山は、それぞれ Volcán de Fuego（火の火山）、Volcán de Agua（水の火山）、Volcán de Acatenango（アカテナンゴの火山）とよばれている火山のことで、グァテマラの中部にあり、スペイン統治時代に首都のあった町のある平野を囲んでいる。ヤシュカヌル Yaxcanul は、グァテマラの西部にある Volcán de Santa María（サンタ・マリア火山）、マカモブ Macamob は、一説によれば、ケッツァルテナンゴにある Volcán Cerro Quemado（焼峰火山）、一説によれば、同地方の Volcán de Zunil（スニール火山）をさしている。

フンアフプーは、先に述べたように Volcán de Agua をさすが、『カクチケール語辞典』*El Vocabulario Cakchiquel* は、この語を「香る花」と訳しており、フランシスカ派の神父バスケス Vazquez も「花束」と訳している。興味深いことには、フンアフプーは、キチェー語およびカクチケールの暦では、第二十日をさすが、メキシコの暦の第二十日目はソチトル Xóchitl と言い、これまた「花」を意味している。

（5）球戯については、第二部第九章注（1）参照。

第六章

（1）ナンセ Nance は、キチェー語ではタパール Tapal、またメキシコ土語でナンツェ Nantze とよばれる木。学名は *Byrsonima Cotinifolia B. crassifolia* で、熱帯地方に産し、香り豊かな、白桜んぼに似た実がなる。

（2）サキ・ニム・アク Zaqui-Nim-Ac とサキ・ニマ・チイス Zaqui-Nima-Tziis は、それぞれ「大きい白い猪」「大きい白いピソテ」〔第一部第二章注（6）参照〕の意をもっているが、この二者は、創造主の変名である。すでに述べたように、一対をなす創造主は、随時、その名を変えて本書中に現われている。

第七章

（1）「四百」の数字は「多数」を意味している。

（2）チチャ Chicha 酒は、とうもろこしからつくる酒で、グァテマラの原住民の飲料である。

（3）ふたご星座の Cástor と Pólux、スペイン語で Siete cabrillas（七匹の小山羊）とよばれている星。ブラシュールは、「饗宴中に死んだ四百人の若者」というのは、メキシコで Centzon-Totochtin という名で崇められ、プルケ酒および酒呑みの保護神とされている「四百のうさぎ」と同じであるとしている。

第八章

（1）エク Ec はスペイン語で Pie de gallo とよばれている、木に育つ羊歯の一種で、光沢のある長い葉をもつ。

（2）ヒメーネスの注によれば、パハック Pahac はエクより少し小さい葉の羊歯である。

（3）グァテマラのチシォイ Chixoy 川沿岸のラビナール Rabinal 村の西にあるメアグアン Meaguán 山をさす。

第九章

（1）ブラシュールとレイノーは「大きな崖のある所に」と訳しているが、原文は「暁の赤い光で赤く染る所に」である。

〔2〕ティサテ Tizate はナウア語の Tizatl から出た語で、「石膏」「漆喰」を意味する。インディオは天然のこの白い粉をセメントのように使用していた。

〔3〕レシーノスの訳文にはこれにつづいて「若者たちは、『つくられた者、創造された者の知恵は、夜が明けるとき、光のさしこむときこそ偉大であろう』といった」とあるが、レシーノスもその注において、前後の関連が明らかでないとしており、ブラシュールもこの文意は明らかでないとしているので、本訳からは除いた。

第二部

第一章

〔1〕両者はいずれも日の名称であるが、インディオたちには生まれた日の名称をその名前としてつける習慣があった。そしてこのフン・フンアフプー Hun-Hunahpú の hun- は数字の1を、ヴクブ・フンアフプー Vucub-Hunahpú の Vucub- は7を意味するが、これは日の名称には必ず数字を前置する習慣であったからである。すなわち、マヤ暦（キチェー暦もトルテックの暦も同じであった）には儀式暦（聖暦または宗教暦）と年暦の二つがあり、この儀式暦はマヤ語ではツォルキン tzolkin、キチェー語ではチヨルキフ cholquih、メキシコ語ではトタルポフアリ totalpohualli とよばれ、二〇日間を一三度繰り返すことよりなる二六〇日（20×13）をもって一聖年としていた。

キチェーではこの二〇日には、それぞれ次のような名称がついていた。（ ）内はその意味である。

Imox（魚の名前）、Ic（月、風）、Acbal（夜）、Cat（とうもろこしを持ち運ぶ網、または、とかげ）、Can（蛇）、Camey（死）、Queh（毒）、Canel（富、黄色いとうもろこしの穂）、Toh（雨、雷）、Tzi（犬）、Batz（猿）、E, ei（歯、はけ）、Ah（葦草、または、柔かいとうもろこし）、Balam（じゃぐゎーる）、Tziquin（鳥）、Ahmac（みみずく）、Noh（強い、樹脂）、Tihax（刃、オブシディアン石）、Caoc（雷光）、Hunahpú（猟師、首長）。

これが二〇の日の名称であったが、これと一三の数字を組み合わすことにより、言いかえれば、この二〇の日の名称と一三の数字を同列に配しつづけていくことによって、異なった名称の二六〇日を生むことができた。すなわち1 Imox, 2 Ic, 3 Acbal と組み合わせていけば、11 Batz, 12 E, 13 Ah となり、ここで一四番に当たる Balam が 1 Balam、一五番目の Tziquin が 2 Tziquin とつづけられた。こうして、二度目に Imox が出て来るときは 8 Imox、三度目には 2 Imox となり、二六一日目に再び 1 Imox が出る勘定になっていた。

この聖暦は、マヤ文化（キチェーも含む）において最も重要視されていたもので、彼らの誕生日はこの生まれた日の名称をもって表わされ、その日の神が彼らの守護神とされ、グァテマラの内部地方では、この日の名称がそのまま名前としてつけられていたようである。

以上が儀式暦または聖暦とよばれるものであるが、明確な年代を示すためには、これにいわゆる年暦が併用された。

年暦というのは、二〇日間を一ヵ月とし、一年は一八ヵ月とこれに五日を加えた（20 × 18 + 5 =）三六五日よりなっていた。

（2）「夜のうちに」は、「太陽や月がまだ出ないうちに」「人間がまだつくられていないうちに」の意である。

（3）フンバッツ Hunbatz、フンチョウエン Hunchouén の hun- は、前記注のとおり、数字の1を示し、batz はキチェー暦の一一番目の日で、「猿」を意味する。chouén は、マヤ暦でこの同じ日をさす。

ここではフンアフプーとイシュバランケーの父親の名フン・フンアフプーが挙げられ、さらにこのフン・フンアフプーの別の子供の話が出てくるわけであるが、フンアフプーとイシュバランケーの誕生については第二部第五章になって初めて述べられている。

（4）イシュバキヤロ Ixbaquiyalo は、ヒメーネス神父は、「骨がつなぎ合わされている女」の意としている。「骨のちぐはぐな女」とも解することができる。

(5)　原語では Voc、スペイン語では gavilan。

(6)　キチェー族は、人間の敵が住んでいるシバルバー Xibalba という地下の国があるものと信じていた。コート Coto 神父は Xibalba は「悪魔」または「死者」を意味するとしている。メキシコのユカタン地方でも「悪魔」を Xibalba とよんでおり、xibil が「まぼろし」の意に使われている。マヤ族の踊りである Xibalba Ocot は「悪魔の踊り」の意である。

(7)　フン・カメー Hun-Camé、ヴクブ・カメー Vucub-Camé は、いずれもキチェーの儀式暦の日の名前で、カメーは「死」を意味し、「フン」および「ヴクブ」は、前注のとおり、「第一」および「第七」の意である。

(8)　ヒメーネスの訳によれば、シキリパット Xiquiripat は「空飛ぶ手押車」、クチュマキック Cuchumaquic は「たくさん集まった血」の意。

(9)　アハルプー Ahalpuh は「膿をつくる者」の意であるが、カクチケール族のあいだでは病名になっている。アハルガナー Ahalganá は、ヒメーネスにしたがえば、「水疱の出る病気」の名。

(10)　チュガナール Chuganal は黄疸の一種。

(11)　チャミアバック Chamiabac は「骨で作った杖を持つ者」の意。チャミアホロム Chamiaholom は「しゃれこうべのついた杖を持つ者」の意であり、両方とも衰弱と死の象徴である。なお Ahchami は「(権力または秩序の象徴である)杖を持つ者」の意である。

(12)　アハルメス Ahalmez は、ヒメーネスによれば「ごみをつくる者」、ブラシュールにしたがえば「不潔なものを扱う者」の意で、アハルトコブ Ahaltocob は「悲惨な目に遭わす者」の意である。

(13)　シック Xic は鷹の一種、パタン Patán は、原住民が荷物を背に担ぐために額から掛ける皮のバンドである。

(14)　球戯をするときに、足を守るために使用していた皮製の足当。

(15)　これらはいずれも激しい球戯をするときに身を守るため、または身を飾るために使っていたものである。

第二章

(1) アフポップ・アチフ Ahpop-Achih は、キチェーの首長または長者の位を表わす称号である。
(2) チャビ・トゥクール Chabi-Tucur、フラカン・トゥクール Huracán-Tucur、カキシュ・トゥクール Caquix-Tucur、ホロム・トゥクール Holom-Tucur の tucur は「みみずく」の意であり、chabi- は「矢」、huracan- は「一本足」または「大きな」の意で、caquix- は「おうむ」、holom- は「頭」を意味する。みみずくは、グァテマラでは tucur または tecolote (ナウア語の tecolotl) の名で知られている。
(3) ベラパス州の村、「偉大なるカルチャフ村」の意である。
(4) ヌ・シヴァン・クル Nu-zivan-cul は「私の谷」または「狭い谷」の意で、ク・シヴァン Cu-zivan と同じく「狭い谷」の意である。

Zivan は「谷」を意味するが、ベラパス州やペテン州では、「地下の穴」をも意味する。

本章の記述からみて、当時の原住民族は、そのむかし彼らの祖先を征服した、きわめて残虐で、しかも専制的な首長たちの国として、このシバルバー王国を考えていたようであるが、本章の記述からみると、その位置についてもかなり明確な観念があったようである。すなわち、まず本章で、シバルバーへの道をカルチャフから始めているが、同村は現在でもアルタ・ベラパス州の首府コバンから数キロの所にある。ここから「険しい段々道を下って」行くと、谷間を流れる川の畔に到着する、とあるのは、奥地の山岳部からペテン州の低地、すなわちイッツァ Itza 族の住む所へ到着することを意味すると考えられる。この第二部の終りに、シバルバーの者たちは Ah-Tza、Ah-Tucur、すなわち「悪者」「みみずく」であったとあるが、この二語は、「Itza の人々」「Tucur の人々」とも解釈することができる。「イッツァの地」とはペテン州であり、また「トゥクールの土地」とはベラパス州の Tecolotán と解してよいだろう(テコローテが、ナウア語原で「みみずく」を意味することは注(2)のとおりである)。

この土地は、キチェー族も征服しえなかった土地で、古代史にたびたび出てくる地名である。

比較的近代に入って、グァテマラの中部山岳地帯に定着した原住民族は、同国の北部には、自分たちの祖先を苦しめた、古くからの敵が住んでいると信じていた模様であるが、この北部の住民というのは、古代帝国時代のマヤ族であった。そしてその部族であるイッツァ族は、十七世紀末、スペイン人と最後まで戦ったのである。

この『ポポル・ヴフ』の記述によれば、シバルバーというのは、地下の深いところにあり、地上に出るには、かなりの道を登らねばならなかったことになっているが、一方、このシバルバーの首長たちは、神でもなければ不死身でもないことになっており、ただ邪まな心の偽善者で、羨しがりで専制的ではあったが、結局は敗れてしまうことになっている。

（5）ヒカロはキチェー語で Zimah とよび、またメキシコ語で Xicalli とよぶ、つる草 *Crescentia Cujete* で、その実は固くて丸形または楕円形をし、原住民はこれで「ヒカラ」または「グワカール」とよぶ椀を作る。

（6）キチェー語で Chah、メキシコ語で ocotl とよぶ松で、樹脂が多く、松明によく使われた。

〔7〕レシーノスは Cigarro（シガーロ）、原語 Ziq 煙草、Zikar は煙草を吸う、と注している。

（8）サキトック Zaquitoc は、直訳すれば「白刃」。ブラシュールは blanc silex（白い火打ち石）と訳し、ゼラーは、人間を犠牲にするとき、胸を切り開くために使ったものとしているが、これは明らかにマヤ族、キチェー族が石斧や石の矢尻に使った硬質の光沢ある石をさすものと思われる。
ここで原著者は、「石」の Chac という語と「松」の Chah の語をかけているものと思われ、この二人が白刃をもって脅かされていたことを示そうとしているようである。

（9）「剣の館」の剣は、もちろん金属製のものではなく、キチェー語で Chay、スペイン語で obsidiana とよばれる黒い火山石（黒曜石）で、原住民族（メキシコにおいても）は、この石をはがして薄い片とし、小刀や矢先に使っていた。

（10）プクバル・チャフ Pucbal-Chah は Puzbal-Chah（球戯場の供犠の場）の誤記と思われる。

第三章

（1）クチュマキック Cuchumaquic は「いっしょになっている血」、イシュキック Ixquic は「小さな血」または「女の血」の意。

（2）ここを「雄弁家」と訳したが、キチェー語の Naol Ahuchán、スペイン語の orador で、キチェー族の王宮にあった役職の一つである。

（3）原文では「フン・フンアフプーとヴクブ・フンアフプーの首が言った。この二人が彼女にしたことは、じつを言うと……」となっているが、レシーノスも、フン・フンアフプーの首だけをさしているとしているので、そのように訳した。

（4）原文では「男の顔を見たことがありません」となっているが、ラファエル・ジローはこれについて、「マヤ族では独身女が男を見ることは禁ぜられていた」と述べている。

（5）レシーノスの訳文では、この後に、「血だけは彼らのものである。血が彼らの面前にある」がつづいているが、レシーノスもこの項はきわめて難解であるとし、各種の辞書について考証したうえでも文意は定かでないとしているので、省略した。なお、ヴィリァコルタはこの項を次のように訳している。「よろしい。でも私の心は彼らのものではありません。あなた方は彼らの言うことをきく必要もなければ、あの家へ行くことも要りません。理由もなく人を殺すのは、不名誉なことです。ですから、血であれ、骨のないしゃれこうべであれ、何とも思わぬフン・カメーとヴクブ・カメーは、私のものになるのです」

（6）これによれば、イシュキックは事前に自分の心臓が焼かれることを知っていたことになるが、心臓を火に入れることは、マヤ族の古い習慣であった。

ランダ司教 Fr. Diego de Landa（フランシスカ派の神父で、一五三三年、ユカタン地方の僧院長等をつとめ、一五七二年、ユカタンの司教に任ぜられ、一五七九年歿。その著 *Relación de las cosas de Yucatán* はマヤ文明を知るうえの最も基礎的な書である」は、「マックの月には、彼らは鳥や、ぴゅーまや、じゃぐゎーる、とかげなどの心臓を火にくべる習慣があった」と述べている。

(7)「グラナの赤木」は学名 *Croton sanguifluus*。熱帯樹で、その樹液は血のような色と濃度をもっている。メキシコ原住民も「血の木」Ezquahuitl とよんでおり、ヨーロッパでも「竜の血の木」として知られている。

バスケス・デ・エスピノーサ Vásquez de Espinosa もその著 *Compendio y Descripción de las Indias Occidentales* のなかでこの木のことに触れ、「グァテマラ、チァパスの両州には、ドラゴスという木があり、アーモンドの木ほどの高さで、葉も茎も白いが、そのどの部分でも傷つけると人間の血のような液が流れ出る」としており、その他、アグスティン・カーノ Augustín Cano 神父もこの木について同様の記述をしている。

(8) この場合の「血」は原語の Quic で、「血」または「樹液、樹脂」を意味している。マヤ・キチェー族が燻香に使ったゴムの樹液も quic であり、また球戯に使ったゴムの球《まり》も quic とよばれていた。この物語の女主人公イシュキックも、「血の女」または「ゴムの女」と訳すことができるが、ブラシュール・ドゥ・ブールブールは「弾力あるゴムの女」と訳している。

第四章

(1) 実際はこの二人の祖母に当たるが、母親のかわりをしていた。

(2) チャハール Chahal は「播種床の番人」の意。

(3) ブラシュールの解説によれば、イシュトフ Ixtoh は雨の神、イシュカニール Ixcanil は穂の神、イシュカカウ Ixcacau はカカオ豆の神。

(4) キチェー語の Enauinac chic で、「知恵者」「魔術師、占師」または「予言者」を意味する。

第五章

（1）カンテー Canté は「黄色い木」の意。学名を *Gliricidia Sepium* と言い、*Diccionario de Motul* によれば、マヤ族はこの木の根から黄色い液をとっていた。ユカタン地方では Zac-yab とよばれており、中米では「カカオの母」Madre de cacao として知られている。
（2）ズボン、下帯。おそらく原住民が局部をかくすために使っていた腰布をさすものであろう。
〔3〕キチェー語の文字どおりに訳すと「胃の口」で、レシーノスは「腹の穴」と訳しているが、臍のことをさすものと思われる。
（4）ラス・カーサス神父の記述（1909, CCXXXV De los libros y de las tradiciones religiosas que habia en Guatemala）によると、ユカタン地方の絵かきや彫刻師が、フンチェヴェン Hunchevenとフンアハウ Hunahau（いずれもユカタン半島のマヤ族が崇めていた Ixchel と Itzamná の息子）を崇敬していたことが記されているが、この両者の名前は、フンチョウエンとフンバッツの名とよく似ており、関連性があるものと思われる。

第六章

（1）イシュムクール Ixmucur は鳩の一種。マヤ語では Mucuy とよばれる。
（2）文字どおりに訳すと「食事を挽いてください」であるが、キチェー族の主食は、とうもろこしを平面の石臼（キチェー語では Camam、メキシコ語では metatl）で粉に挽いてつくった煎餅《トルティイリャ》であった。現在のメキシコでもこれが主食となっている。
（3）赤とうがらしでつくった辛いソースのこと。キチェー語では Cutum-ic、ナウア語では Chilmulli。

第七章

（1）タマスール Tamazul はナウア語で「がま」を意味する。ナウア語でがまをこうよんでいるところをみると、グァテマラの思想にトルテカの影響があったことが明らかにみられる。

（2）サキカス Zaquicaz は、文字どおりには「白色のよろい虫」であるが、Santa Mariá: *Diccionario Cakchiquel* によれば、「逃げるときに大きな響きを立てる大蛇」となっている。

（3）ヴァック Vac は、フランシスカ教派の神父のつくった単語集には、「蛇を食う鷹」となっている。

（4）ロッツキック Lotzquic の lotz- は、グァテマラでふつう Chicha fuerte とよばれている、酸味の汁の出る熱帯植物で、lotzquic はその「液」の意であるが、同時に「ゴム」をも意味する。この草をメキシコでは Xocoyolli とよんでいるが、ブラシュールは、これはおそらく、中央アメリカの原住民が、そこひ目などの治療に用いる、学名を *Oxalis* という草のことであろうとしている。ガルシラーソ・デ・ラ・ベーガ Garcilaso de la Vega の *El Inca* も、ペルーの原住民が用いた同種の植物のことを書いている。フランシスカ教派神父の単語集によれば、lotz- は、白色または、こはく色のゴム状粘液に包まれたサポテという果物の種を意味する。

第八章

（1）モーライ Molay はマヤ語で「鳥または動物の群れ、あるいは集会」を意味する。ここでは特定の鳥をさすのではなく、グァテマラの熱帯の密林などに鳥が群れをなしているのをさすものと思われる。

（2）シャン Xan は「蚊」で、第六章でイシュピヤコックの水瓶に穴をあけたのと同じものである。

（3）ここに出てくるシバルバーの主たちの名前は、第二部第一章に現われるものと若干異なっており、また省略されているものもあるが、この話は前の話から一時代を経過した後の話であるためかと思われる。

キクシック Quicxic（血の羽根）、キクレー Quicré（血まみれの歯）は、いずれもこの章で初めて出てくる名前であるが、いずれも Quic（血）を冠しているのは興味深い。

第九章

（1）キチェー族のみならずマヤ族、メキシコの諸原住民族のあいだにおこなわれた球戯 Juego de pelota については、サアグンが次のように説明している（t11, lib VIII, Cap. X p. 297）。

「首長たちは、暇つぶしに球戯をやっていた。彼らはこの球戯のためのゴム製の球《まり》をもっていた。これは棒倒し遊び bolos のときの球ほどの大きさで〔直径一五センチくらい〕、ulli というゴムでつくられて、堅くて軽く、よくはねかえった。

彼らは自分たち同士でもこのゲームをしたが、また自分の輩下に選手のチームをつくっていて、他の首長のチームと戦わせ、これを観覧した。そして賞品としては、金やトルコ石や、奴隷や、立派な毛布や、羽根や、カカオ、あるいはまた、とうもろこし畑や家などが与えられた。

この球戯場は tlaxtli または tlachtli とよばれていたが、幅二〇ないし三〇ピエ（約一五メートル～二五メートル）のあいだをはさんで長さ四〇ないし五〇ピエ（三〇メートル～四五メートル）、高さ二〇メートルくらいの二つの壁が立っており、この壁の面積は一五エスタード（一エスタードは四九平方ピエ）であったが、この壁も、壁に囲まれた地面も、白灰で塗りつめてあった。球戯場の真ん中は線で仕切られていたが、この両方の壁のちょうど真ん中にはやっと球《まり》が通るくらいの大きさの穴のあいた石作りの臼のような環が突起していた。そして、この穴に球を通したほうが勝であった。

球を打つには手に手袋をはめ、臀部には皮帯をつけていた。球を受けとめるには手を使わず、この臀部を使った」

（2）チル Chil、正確にはどんな虫であったかわからないが、『マヤ語・キチェー語・カクチケール語単語集』にしたがえば「むかで」をさしているようである。

（3）この会話の意味はきわめて難解である。ブラシュールも不明としている。語呂合せがあるようだが、ここでは「じゃぐゎーるの頭ではない。ぴゅーまの頭の番だ」と言っているようにもとれる。いずれにしても、この球戯の際に使った特別の用語と考えられる。すなわち、ユカタン地方のマヤの遺跡チチエン・イッツァにある球戯場の横にはじゃぐゎーるが彫られた殿堂（「じゃぐゎーるの神殿」とよばれている）が建っており、この動物が球戯と何らかの関係があったことは疑いない。

（4）若者たちは自分自身の球を使ったので、すぐに相手方の環の中へ入れることができ、球戯に勝つことができた。

（5）前者はキチェー語で Caca-muchih という花。ヒメーネスが「チピリン」と訳したが、豆科の植物で、学名 *Crotalaria longirostrata*。後者のカリニマックの花は不明である。

（6）「夜が明けたなら」という意味であるが、その夜は、後述のとおり、剣の館で過ごすことになっていた。

（7）「刃の蟻」は Chai-zanic、すなわち、スペイン語でいう hormigas cortadoras の訳であるが、とくにどういう蟻をさしたものかわからない。

Zampopos は「赤黒い蟻」という意であるが、夜出て来て、花や柔らかい葉を食べる蟻を、グァテマラでは一般にこの名でよんでいる。

（8）現在、キチェー族およびカクチケール族は、イシュプールプヴェック、プフユーのいずれも「ふくろう」の意味に使っているが、その鳴声から来た名前である。しかしこの話に出てくる鳥は、ふくろうよりもむしろ食虫鳥 *Caprimulgus europaeus* のようである。

第十章

（1）カマソッツ Camazotz は「死の蝙蝠」で、マヤのコデックス（古絵書）に出てくる吸血神である。一方の手に供犠の刀を、他方に獲物を持った姿で描かれている。

（2）「堅い棒」は、キチェー語で Chaqui tzam（スペイン語で Punta seca と訳されている）。「火でよく焼き、かたくした棒」の意味である。

第十一章

（1）この部分は、ブラシュールはじめ多くの訳者が、異なった翻訳をしているが、キチェー語の原文では句読点が明らかでないので、難解である。私は、鳥の名を、ヒメーネスにしたがい、「ソピローテ」と訳したが、ソピローテは黒い羽根の鳥で、この鳥が羽根をひろげて太陽をかげらし、フンアフプーの偽造の頭をかくした、という伝説から出ている。

（2）ヒメーネスは「トマト畑」とし、ヴィリァコルタは「屋根の穴」としているが、「樫林」が適当と思われる。

第十二章

（1）シュルー Xulú は、バレラ Barela 神父によれば、水辺に現われる小さな妖精であるが、ahxulú には「予言者」の意味がある。

パカム Pacam は「秀でた」の意である。

（2）フンアフプーとイシュバランケーの顔のことである。

第十三章

（1）Vinac-car は、文字どおりに訳すと、「魚人」である。ここで著者は、この物語の二人の主人公が「水から生まれた子供」であった、といおうとしているようである。しかし Vinac-car は実際には魚の一種で、バレラも、「バルバスコ漁法〔ジローは、アルカロイド成分の薬を水中に入れて魚を麻酔させて獲る方法としており、チョルティ族はこの方法で今でも魚をとっているとしている〕でとる大きな魚」としているが、『マヤ語・キチェー語・カクチケール語単語集』には、「大きな魚および人魚」となっている。

（2）「イシュツール Ixtzul の踊りでは、踊り手は小さな面をかぶり、後頭部におうむの尾羽をつけていた」

とバレラは述べている。ランダはまた、竹馬の踊りについて、「新年の祝日にはこの日が mulúc の日に当たると、ユカタン地方のマヤ族は、とても高い竹馬に乗って踊った」と述べている〔ここで「竹馬」と訳したが、ジローは、この踊りでは、とうもろこしの茎の上にのったとしているから、正確には竹馬ではない〕。

(3)　文字どおりには「新しく作った」となっている。

(4)　ここでは、鄭重を意味する同義語がいくつも並べられているが、フンアフプーとイシュバランケーはシバルバーの主たちを騙そうと思って浮浪者の姿をし、いかにも鄭重な身振りで近づいたことを示そうとしている。

(5)　インドの行者のする欺術を想起させられるこの種の術は、メキシコ（ユカタン地方）のマヤ族のあいだでもよく知られていた。すなわち、サアグンは、ウアステック族（ユカタンのマヤ族と関係深い部族）の習慣について、次のように述べている。「パヌコへ再び戻ってきたとき、彼らは踊りのときにうたう歌や、踊りに使う装飾等をもたらした。彼らは人を欺すことが好きで、嘘のことを本当らしく見せて人々を騙した。たとえば、本当に焼きもしないのに、家を焼いたように見せかけたり、魚の入った水瓶を取り出してみせたりした。こんなことは、みな幻覚にすぎないのであった。また彼らは自分たち自身を殺して、その肉を細切れにしたように見せかけたり、いろんなことを、実際にやらないのに、やったようにしてみせた」(Sahagún lib. X, Cap. XXIX. rrafo. 12)

なおブラシュールは、このサアグンの記述は、『ポポル・ヴフ』からとったもののようであるとしている。

(6)　もちろん、フンアフプーとイシュバランケーが、二人の貧しい男に姿を変えて、魔術により、シバルバーの連中を欺いたことを指している。

第十四章

（1）原文では、Xhunahpú Xbalanqué となっているが、xはキチェー語の縮小辞で、これによってフン・フンアフプーとフンアフプーの父子の関係を表わそうとしたものである。

（2）「血の位を下げる」で大体の意味を伝えていると考えるが、ブラシュールも、ここには語呂合せがあり、翻訳は難しいとしている。

（3）球戯は、一部の重だった者のみがすることを許されていた。

（4）この箇所もきわめて難解で、従来いろいろな解釈がなされている。

（5）「みみずく」は Ah-tucur。「万人の敵」と訳すのは Ah-Tza で、直訳すれば「戦をする者」。ブラシュールは、後者はグァテマラの北部のペテン・イッツァ地方に住むマヤの一部族 Itzaes と関係あり、前者はベラパス州の一村 Tucurú の住人と関係があろうとしている。キチェー族、カクチケール族は、これらの部族の専制から逃れて北部から新天地を求めて移住して来たもののようである。

（6）「黒と白」は、すなわち「二枚舌」「二つの仮面」であり、偽、嘘の象徴である。

〔7〕〔ここでも原文は「イシュ・フンアフプー」と「イシュバランケー」となっている〕。

バルトロメ・デ・ラス・カーサス神父が、ベラパスで聞き集めた物語のなかに、同州で生まれたエシュバランケンという神の物語がある。すなわち「エシュバランケンは地獄へ戦に行き、地獄の者どもを征服し、その王をはじめとする一軍を捕虜にした。エシュバランケンはこの王をひきつれて帰って来たが、もうすぐ地表へ出るというところで、王は、どうか地表へ出さないでくれと懇願した。それでエシュバランケンは、彼に『帰れ。そして腐ったもの、捨てたもの、臭いものがおまえのものだ』と言って蹴とばした」としているが、ラス・カーサス神父はさらに「エシュバランケンは、ベラパスへ戻って来たが、ここでは彼が期待していたような歓迎を受けなかったので、彼が満足するような迎え方をしてくれる他の国へと行ってしまった。人間を犠牲にする習慣は、この地獄の征服者エシュバランケンのときから始まったものである」（Las Casas, 1909, Cap. CXXIV, p. 330）と述べている。彼がベラパス州で聞いた、いろいろな物語を全部書き残さなかったことは、いかにも残念であるが、この話からみても、『ポポル・ヴフ』に出て来る物語と符合するいろいろな物語や伝説が各地にあったものと思われる。

(8) 原文では「フンアフプイルはその名を呼ぶことはできなかった」となっているが、ブラシュールは、これは複数形で、二人のフンアフプーとしている。しかしここでは、ヴクブ・フンアフプーのみをさしていることは明らかである。二人の息子たちは、球戯場に埋められていたヴクブ・フンアフプーの首だけを見つけ、この首としゃべったのである。

一方、フン・フンアフプーの首は胴から切り離され、ヒカロの木にかけられて、その実になってしまったのである（第二部第二章）。

第三部

第一章

(1) 序文注〔3〕参照。

(2) パシール Paxil は「分岐点」「水のある広々としたところ」または「洪水」を意味し、カヤラー Cayalá は「腐ったもの」または「腐った水」を意味する。

アメリカ大陸の原住民族の基礎食糧であるとうもろこしが初めて見出されたとされるこの伝説の地は、ブラシュールの説にしたがえば、グァテマラの北部を流れてメキシコに入るウスマシンタ Usumacinta 川が、同国タバスコ州でいくつかの支流に分れる地区で増水するときには、いつも浸水する所であるとしている。またバンクロフト Huber Howe Bancroft は、この二地点はパレンケおよびウスマシンタ地区（いずれもメキシコ南部）にあったとしている。いずれにしても、この二つの地は、グァテマラの原住民族が南部へ移ったときに一時安住していた地区と思われるから、この二説ともかなり信をおいてよかろう。

(3) 原語では Echá すなわち「食物」。ここでは、原住民の主食であった、とうもろこしを粉に挽いて、ゆでたものをさす。キチェー族は、最初の人間がつくられるにあたっては、自分たちの主食が役立ったと考えていたわけである。

（4）ヒメーネスは、この後に、「それは天国《パライソ》であった」とつけ加えているが、原文にはない。

なお『カクチケール文書』*Manuscrito de Cakchiquel* には「創成主、造物主は人間をつくったが、彼らに食べさせるものがなかったので、コヨテ（山犬）と鳥に、どこに食物があるかと聞きただしたところ、パシールにとうもろこしがあると教えてくれたが、このコヨテは、とうもろこし畑で殺されてしまった。そして、このとうもろこしを蛇の血でこねたもので人間がつくられた」という記述がある。また、メキシコの伝説にも、とうもろこしが同じようにして発見されたことが出ている。すなわち、『チマルポポカ絵文書』*Codice Chimalpopoca* には「蟻のアスカトル Azcatl が、ケッツァルコアトル Quetzalcoatl に、とうもろこしがトナカテペトル Tonacatepetl にあることを教えたので、ケッツァルコアトルはすぐに黒い蟻に身を変え、アスカトルに伴われてこの地に赴き、とうもろこしをタモアンチャン Tamoanchan へ持って来た」ということが出ている。

（5）パタクステ Pataxte は、キチェー語でペック Pec といわれる植物で、カカオの一種、学名 *Theobroma bicolor*。カカオ Cacao はマヤ・キチェー語でカカウ Cacau とよばれていた。

サポテ Zapote はこの地方特産の熱帯果で、マメイとよばれ、学名 *Lucuma mammosa*。

アノーナ Anona も同様に熱帯果。メキシコではチリモヤ Chirimoya とよんでいる。ホコーテ Jocote は、ナウア語の Xocotl から出た名前で、学名 *Spondias Purpurea L.* の果実。

ナンセ Nance は、グァテマラではタパール Tapal とよばれている学名 *Byrsonima crassifolia* の熱帯果。すべてグァテマラに産する果物である。

マタサーノス Matasanos は学名 *Casimiroa eduis*。

第二章

（1）ヒメーネスは、この四人の名前の意味を次のように説明している。バラム・キツェー Balam-Quitzé は「柔和な笑いのじゃぐゎーる」、バラム・アカブ Balam-Acab は「夜のじゃぐゎーる」、マフクタフ Mahucutah は「ちりを払っていない男、ブラシをかけていない男」、イキ・バラム Iqui-Balam は「月のじゃぐゎーる」または「とうがらしのじゃぐゎーる」または「黒いじゃぐゎーる」の意であるが、ユカタン地方の一村でも、黒いじゃぐゎーるの像がエク・バラム、またはエケ・バラムとよばれて崇敬されていた（*Relaciones de Yucatán*, t. 11. p. 53)。

これらの名前の語原を調べることは、不可能ではないにしても、きわめて難しいことである。ヒメーネスの解釈は完全とは言えないが、大体において妥当なものと言ってよいだろう。しかし、バラム Balam には「妖術師」の意味もあり、むかしのキチェー人は魔術や妖術を信じていたから、この最初の父たちに魔術師や妖術師的なものを現わそうとしたということも考えられる。

（2）レシーノスの訳では「われらの最初の母と最初の父たち」となっているが、ここでは男だけであり、その注において「祖先」を意味するとしているので、それにしたがい「祖先」と訳した。

（3）家族の名をもっていなかった。すなわち「祖先がなかった」の意。人類の初めであったからである。

（4）原文では、アフツァックとアフビト、アロムとクァホロム。

（5）原文ではツァコルとビトル、アロムとクァホロム。

（6）レシーノスでは Creador y Fomador、原文ではアフツァックとアフビト。

（7）原文では、ツァコルとビトル。

第三章

（1）ヒメーネスは、これらの名前の語義を次のように説明している。カハ・パルーナ Cahá-Paluna は「垂直に上から落ちてくる水」。チョミハー Chomihá は「選ばれた美しい水」。ツヌニハー Tzununihá は

「雀の水」（グァテマラで俗に「雀」と言われるのは Trochilus colubris で、蜂鳥をはじめとする小鳥）。カキシャハー Caquixahá は「おうむの水」。『トトニカパンの首長の記』*El Título de los Señores de Totonicapán* には、このキチェーの最初の四人の男の妻が若干異なった名前で出ている。すなわち、バラム・キツェーの妻はサカ・パルーマ、バラム・アカブの妻はツヌニ・ハー、マフクタフの妻はカキクサ・ハーとなっており、イキ・バラムは独身とされている。

（2） ここに現われてくる名前は、部族の名前と思われるが、このうち次の二つだけは判明している。すなわち、テペウはキチェー族とともに移動した、トルテカ起原の部族の一つであり、オロマンはメキシコのベラクルスの南部にいたオルメカ族であり、この二部族ともキチェー族とは密接な関係をもっていた。

（3） タムブ Tamub 族の首長はコピチョチ、コチョチュラム、マフキナロン、アフカナビルの四者であったことが、『トトニカパンの首長の記』に現われており、ファン・デ・トーレス D. Juan de Torres のキチェーの歴史にもこれが記されている。また、イロカブ Ilocab 族の首長も『サカプーラスの首長の記』*El Título de los Señores de Sacapulas* に出ていることを、ブラシュールが明らかにしている。

（4） 「テクパンの十三の分族」とは、ブラシュールによれば、『トトニカパンの首長の記』に Vucamag Tecpán と記されている部族で、ポコマム族とポコンチ族に属する。また、ラビナール Rabinal 族は現在のグァテマラの中部地帯に定住した部族で、この子孫は現在でもキチェー族の重要な中心をなしている。カクチケール Cakchiquel 族はキチェー国に対抗する強力な王国をもっていた。その首都は Iximché であったが、この町をメキシコ人は Tecpán-Quauhtema-llán とよんでいた。今日の「グァテマラ」の名は、じつはここから出ている。チキナハー Tziquinahá 族はアティトラン Atitlan の湖畔を首都とし、この湖をとりまくグァテマラの西部に住んでいた。サカハー Zacahá 族は、ケッサルテナンゴ Quezaltenango に近く、現在、サルカハー Salcajá とよばれている地名。ラマック Lamac 族、クマッツ Cumatz 族、トゥハルハー Tuhalhá 族、ウチャバハー Uchabahá 族は、ともにサカプーラス Sucapulas の近くにあった、とブラシュールはしている。

その他については不明である。バラミハー Balamihá 族は、チマルテナンゴ州のバラムヤーと現在よんでいる地点に定住した部族かとも思われる。

(5) ここでは、明らかに、東のほう、すなわちユカタン地方にいろいろな種族が住んでいたことを言おうとしている。「黒い人間、白い人間」とは、皮膚の色が暗色であったり明色であったりしたことを言い、いろいろな言葉は、これらの種族の言語がそれぞれ異なっていたことをさしている。これらの部族と違ってキチェー族は、人種的にも言語的にも統一されていたことが、この後の記述で明らかにされている。

(6) レシーノスの訳では、「ゼネレーシオンがいくらもあった」となっている。ヴィリァコルタは「このような人間が天の下にたくさんいた」と訳している。

(7) この項でキチェーの神々が総揃いしている。新しくヴォック Voc とチピ・ナナウアク Chipi-Nanauac、ラサ・ナナウアク Raxa-Nanauac が加わっている。

ヴォックまたはヴックは既出の鷹で、フン・フンアフプーとヴクブ・フンアフプーの球戯を見に行った、フラカンの使者である。チピ・ナナウアクは「小のナナウアク」、ラサ・ナナウアクは「大のナナウアク」の意で、ナナウアクは「全智、博識」を意味する。ブラシュールによれば、これは『チマルポポカ文書』に現れる Nanahuatl (「腫物の出ている男」の意) と同一人である。

第四章

(1) 原文では「守るべき木や石」となっている。木や石の偶像のことである。

(2) ヤキ Yaqui はメキシコ人・トルテカ族。メキシコの原住民である古代トルテカ族やナウア族が南部のマヤ族といっしょになってグァテマラの原住民の起原となったのである。ここで神官と供犠師を「ヤキの人々」と呼んでいるが、他の章では、バラム・キツェー等を神官と供犠師とよんでいる(第四部第五章の終り)。

(3) 「御印」は「シンボル」の訳。偶像を意味すると思われ、ここでは偶像の前でたく薫香を探していたもの。

（4） この項は、キチェー族をはじめとするグァテマラの原住民や、そのむかしメキシコおよびユカタンの各地に定住した種族が、発生の地を一つにしていたことを示すものとして、きわめて興味深い。

トゥラン・スイヴァ Tulan-Zuiva は「トゥランの洞穴」、ヴクブ・ペック Vucub-Pec は「七つの洞穴」、ヴクブ・シヴァン Vucub-Zivàn は「七つの谷」の意で、ともに、ある一ヵ所の地名であるが、これは、メキシコの伝説に出てくるチコモストック Chicomoztoc ——ナウア語でも「七つの洞穴」を意味する——というキチェー語名である。現在、グァテマラの史学院に保存されているサアグンの手記には、次のような一節がある。

「彼らは、自分たちの祖先はチコモストックで生まれ、チコモストックからやって来た七つの部族であると考えていた」(Seler: *Los Cantares de los Dioses en Sahagún*, 1938. t. v. p. 84)

またマヤの伝説に出てくるマヤ族の誕生の地は、チラム・バラムの古書によれば、「スイヴァの洞穴」となっている。

この「七つの洞穴」のトゥランという町が、いったいどこにあったかは明らかでない。しかし、メキシコ、グァテマラの伝説が両国の諸原住民族の起原を一つとしていることは興味深い。

（5） トヒール Tohil または Tojil は、ヒメーネスによれば、「雨」を意味する toh の語から出ている。作者は、あとで、トヒールとケッツァルコアトル Quetzalcoatl は同じ神であることを明らかにしている。また *Memorial de Sololá* には、キチェー族の主神をトホヒール Tohohil とよんでいる。アヴィリシュ Avilix とハカヴィッツ Hacavitz は語原不詳である。ニカフタカフ Nicahtacah は「平野のなかに」を意味するが、この名はここに出てくるだけで、この後は現われない。おそらく、それはイキ・バラムがこの物語で第二義的な役割しかはたさず、その子孫を残していないことによるものであろう。

前記ソロラーの記録は、トホヒールの語原について、キチェー族はグァテマラの山岳地帯に入るまえ、すなわち低地に住んでいたころ、「雷がなり、天が響いた。天にこそわれらの救があるのだ」と言ったので、彼らを「トホヒール」（雷、雨）とよぶようになったとしている。トヒールは、このトホヒールと関係があるものと思われる。

（6）　この場合は、インディオが作物などの荷物を運搬するために、背に担ぐ木のひつ、または籠をさしている。

（7）　注（5）を参照。

（8）　メキシコのユカタン半島をさす。

〔9〕　原文では、前記の三つの名前、すなわち、トゥラン・スイヴァ、ヴクブ・ペック、ヴクブ・シヴァンが記されている。

第五章

（1）　木の棒を早くまわして火を起こす原始発火法をさしているものと思われる。*El Título de los Señores de Totonicapán* では、バラム・キツェーとその同行者たちは、木と石を摩擦させて火を起こした最初の者たちで、またヴカマッグ族はキチェー族に娘を提供して、やっと火を少し分けてもらうことができた、としている。

〔2〕　レシーノスの訳には「これは」となっており、ヴィリァコルタの訳には「彼は」となっているが、もちろんトヒールをさすものと思うので、「トヒールこそは」とした。

（3）　「ここでシバルバーの使者が出て来ることはきわめて不可思議である」と、ヒメーネスもその訳で述べている。事実、シバルバーは、キチェー族にとって影の国、幻の国であったのに、その国の者が創造者、創成者の使であるというのは不可解である。

（4）　これは、メキシコ式に、胸を石刀で開き、その心臓を神に捧げるため、犠牲に供する者を渡せ、ということである。

第六章

（1）キチェー語で Zotzilá-ha、「ソチーレスの家」または「蝙蝠の家」の意。これはカクチケール Cakchiquel 族の王家の名で、王はアフポップ・ソチール Ahpop-zotzil すなわち蝙蝠の王または首長の称号を持っていた。

（2）チャマルカン Chamalcán は「美しい蛇」の意。現代のカクチケール族は「大蛇」のことをチャマルカンとよんでいる。マヤ語では「北方の蛇」をカナルカン Kanalcán と呼んでいる。

（3）イコキフ Icoquih の語義は「太陽を担ぐ者」の意で、金星をさす。

（4）ラス・カーサスは、「土人たちは太陽を第一にあがめ、その次には暁の星をどの星よりも崇拝していた。というのは、ケッツァルコアトルが死んで、この星になったと考えていたからである」（1909, Cap. CLXXIV）とし、さらに、「彼らは毎日、この星の出るのを待っていて、礼拝し、香をたき、自らの血を流して崇めていた」と述べている。

第七章

（1）チ・ピシャブ Chi-Pixab は、おそらく、*El Título de los Señores de Totonicapán* に、チ・キチェー Chi-Quiché の名で出ているところであると思われる。この書によれば、部族たちは Tulan Pa Civan から出て、海を渡り、湖水の岸に到着し、ここに藁葺きの小屋をつくったが、やがてこの地が気に入らなくなり、Chicpach という所へ移った。この地に石碑をつくり、さらに、木の根を食としてその流浪をつづけ、チ・キチェーと名づけた場所にやって来た。そして、最後にハカヴィッツ・チパールとよぶ山に達し、ここに住みついた、となっている。

（2）ガグチェケレブ Gagchequeleb は「赤木」または「火の人々」の意。

（3）チキナハー Tziquinahá は現在のアティトランの住民。

（4）*Manuscrito de Sololá* にも、部族の者たちが食糧難にあい、飢えていたことが出ている。すなわち「食べるものが全く何もなかった。われわれは木の皮を食べたり、杖の先のにおいをかぐだけで満足していた」と。

第八章

（1）エウアバール・シヴァン Euabal Zivan は「隠れ場所の谷」の意。
（2）パヴィリシュ Pavilix は「アヴィリシュに」「アヴィリシュにおいて」の意。
（3）原住民族が祭殿の基盤としてつくったピラミッドで、これを赤色に塗ることがあった。今日でもこの赤色の残っているピラミッドが発見されている。
ブラシュールは、*El Título de los Señores de Totonicapán* に「彼らは、ハカヴィッ・チパールに長い間住んでいた」と記述している。
ハカヴィッ山はラビナール村の北、チシォイ川から約三レグワの地点にある山である。チシォイ川の西、クシュマタネス山中の一八〇〇メートルの高地に、チパール Chipal の遺跡があるが、これがハカヴィッ・チパールの遺跡と思われる。
（4）カンティ Canti は毒蛇の一種で、*Trigonocephalus specialis* と学名でいう。この種の動物を原住民は随神と考えていた。
（5）アマック・タン Amac-Tan は「タンの村」の意。
（6）ウキンカット Uquincat は「かぼちゃの木」の意。*El Título de los Señores de Totonicapan* には、この地がウキン Uquin（かぼちゃ）の名で出ており、タムブ族やイロカブ族といっしょに Vacamag-Tecpana という十三部族がいたとされている。
（7）「苔」とあるのは *Tillandsia Species Pluribus* で、樹木に寄生し、灰色で、鬚のように垂れ下る地衣類の一種、グァテマラではふつう「パクステ」と呼ばれている。
（8）サキリバール・パ・トヒール Zaquiribal Pa-Tohil、パヴィリシュ Pavilix、パ・ハカヴィッ Pa-

Hacavitz は、「トヒールとアヴィリシュとハカヴィッの山々」。*El Título de los Señores de Totonicapán* には「キチェー国の首長たちがいなくなったとき、その子供たちは魔術により、神々のいる山に移されていた。この山々は、サキリバール・トヒール、サキリバール・アヴィリシュ、サキリバール・ハカヴィツという名前であった」とある。

第九章

（1）マヤ語やキチェー語でポム Pom といわれる香りの高い樹脂で、原住民族は宗教儀式の際にこれを火にくべたものである。普通、スペイン語でコパール Copal とよばれている。これをとる熱帯樹、しゃぼてんの一種にも同名のものがある。Copal はナウア語の Coppalli から出ている。

（2）ミシュタン・ポム Mixtán-Pom、カヴィスタン・ポム Caviztán-Pom、カヴァウィル・ポム Cabauil-Pom。これらの香の名前は、いずれもメキシコ起原、すなわちアステカ語から来たものと思われる。

ミシュタン・ポムは「ミクタン・アハウ Mictan Ahau に捧げる香」、カヴィスタン・ポムは「カヴェスタン・アハウ Cavestán Ahau に捧げる香」の意味で、両者ともカクチケール族の随神（主な神々ではない）(P. Guzmán: *Compendio en lengua cakchiquel de nombres*)。Mictan はアステック語で「地獄」を意味している。

カヴァウィル・ポムは一般的に「神に捧げる香」の意と思われる。すなわち Cabauil はマヤ語の Kavil（神）から出ていると考えられるからである。

このように各種の香を焚いたのは、キチェー族がいろいろな種類の、違った匂いの香を神々に捧げることを欲していたからであろう。

（3）ケレッツー Queletzú は、きつつきのように木に登るおうむ属の鳥で、キチェー語で Quel というのは、ふつうグァテマラでチョコヨとよばれている、かささぎのような鳥である。

（4）キチェー語の Zaccuus で、禿鷹の一種で「白い蒼鷹」、学名 *Gypargus Papa*。グァテマラではふつう

「ソペ王鳥」と呼ばれ、ふつうの禿鷹よりは大きく、羽根は白色と黒色である。

(5) 「動物が石に変わった」は、おそらく宗教が変わったこと、すなわち動物に対する信仰が星などの天体に対する信仰に変わったことを意味しているのであろうと、チャヴェロ Alfredo Chavero は述べている。

(6) 原文では、「立っておれなかっただろうし」となっている。

(7) ヒメーネスは、この項を「人々がハカヴィツの山の上にいたときは、まだ大きくなく、小さかった」と訳している。

(8) カムクー Camucú は、「われわれは見る」または「われらの鳩」の意と解せられる。マヤ語では Mucuy である。

(9) ヨルクアト・キッツァルクアト Yolcuat-Quitzalcuat はメキシコの土語で、Yolcuat は「がらがら蛇」、Quetzalcoatl は「緑のうろこの蛇」である。このケッツァルコアトルはマヤではククルカン Kukulcán とよばれる神であり、キチェーではグクマッツ Gucumatz である。
この項においてケッツァルコアトルがトヒールと同じ神であったことが明らかにされている。双方とも雨の神である。

(10) この地名は、第三部第八章にタムブ族の居所としてあげられている。

(11) ツォチハー Tzotzihá は「蝙蝠の家」の意である。カクチケール族は、チァパス州のソチール族 los Zotziles と同様、蝙蝠をそのシンボルとしていた。チマルカン Chimalcán またはチャマルカン Chamalcán は、第三部第六章にあるとおり、蛇の名。蛇は中央アメリカ地域では神として崇敬されていた。

(12) アフポソチール Ahpozotzil とアフポシャー Ahpoxá は、カクチケール族の王族の名。アフポソチール家を一九二四年に滅ぼしたスペイン人はこれをシナカン（ナウア語でやはり「蝙蝠」を意味する）と命名した。これに次ぐ重要な王家としてシャヒール Xahil 家があった。この後裔であるフランシスコ・

エルナンデス・アラーナ Fransisco Hernández Arana が、カクチケール国の歴史を記した *Memorial de Sololá* を著した。

(13) この「石の傍で」の意味は謎であるが、新大陸の神々が常に石と結びついていることを想起すれば、若干意味が明らかになるようである。すなわち、『チュマユェールのチラム・バラムの書』*El libro de Chilam Balam de Chumayel* は世界の創造について、「天も地もなかったとき、神は石のなかにかくれていたが、やがてそこから出て、二番目の石の上に落ち、そこでその神性を宣言した」と述べている。

またキチェーの文献には、これらの種族はトゥランを出るときにナクシット Nacxit から石を与えられ、彼らはこれをその魔術に使っていたとなっている。また、カクチケールの文献には、彼らが崇敬していたオブシディアナ Chay Abah 石（黒曜石）のことが述べられている。

第十章

(1) キチェー族は、東方の香のかわりに、ここに述べられているような各種の匂いのあるものを、神前で焚いていた。松やに（キチェー語で Col または Pom とよばれ、メキシコでは Copalli とよばれていた）、ノフ・ゴム（ノフ Noh とキチェー語でいう樹脂）や菊科植物のペリコン草 *hypericum, Tagetes lucida* がすなわちこれである。

サアグンによれば、アステカ族は Yiauhtli とよぶ草の乾したものの粉を香として焚いていたと述べているが、この草はキチェー族が Yiá とよんでいる草と同じもののようであり、また、この項に述べられている noh は、ユカタン地方のマヤ族が Xnoh とよんでいるのと同じもののようである。Roys は Xnoh を「松の木から流れ出る樹脂」としているから、松やにのことであろう。

(2) ここで「鹿」quch というのは、すべての四足獣をさしている。

〔3〕 レシーノスの訳には「鹿の毛」とされているが、その注で「これはおそらく毛のついた鹿の皮であろう」と述べている。

(4) ここでは、三人の神々がいっしょになって部族の者たちに語っている。
(5) ホロム・オコッシュ Holom-ocox は文字どおりには「この頭」で、ヒメーネスは、草の一種と解説している。

第四部

第一章

(1) 「杯」はヒカラまたは瓢の意味で、メキシコの原住民が供犠にした者の血を入れた Xicali と同じものである。「石」とあるのは、あとで説明するように、神の姿をした石像である。
(2) この後段の意味は不詳であり、前段とのつながりも明らかでない。しかしこの段は、キチェー族の敵であったヴク・アマグ Vuc-Amag 族の討伐の序幕を意味するものと思われる。次章でも明らかなように、神官たちは北部（メキシコ）で習って来た方法にしたがって、彼らを犠牲にしようと考えていたのである。

第二章

(1) トヒールの浴川 Chi r'Atinibal Tohil。ブラシュールは Joyabaj への道、Cubulco から五、六レグワ南西の地点にある、二つの村の境をなしている山の上にある川がすなわちこれであるとしている。
(2) カヴェック Cavec は、キチェー族のなかで最も有力かつ多数を占めていた部族である。
(3) キチェー族の敵であるヴク・アマグ族の首長。この二人の乙女の父親は、*El Título de los Señores de Totonicapán* によれば、Rotzhaib, Uxab, Quibahá, Quebatzunuha という名であったとされている。
(4) イシュタフ Ixtah、イシュプッチ Ixpuch については、ブラシュールによれば、カクチケール語では Ixtán は「少女」を意味し、ナウア語では、Ichpoch も「少女」の意味である。*El Título de los Señores de*

Totonicapán には、Quibatzunah（「よくめかした少女」の意）というもう一人の少女が出てくるが、この物語では三人の男を誘惑に行く以上、三人の少女がこの使命を帯びて行ったと言うほうが理屈に合っていると思われる。また前記書によれば、誘惑に行った相手は、カヴェック族の三神ではなく、バラム・キツェー、バラム・アカブとマフクタフの三人となっている。

（5）ここでは三人の総合体の名として使われている。

（6）キチェーの信仰によれば、トヒールの浴川に現われる若者たちは、神々が人間の姿に身を変えたものとされている。

（7）ここでは、イキ・バラムの名も、他の三人のキチェーの首長の名とともに出てくるが、ケープの絵を描いたのは三人だけであるとあとに出ている。

第四章

（1）部族の軍が二万四千人以上であったことを言おうとしている。*Memorial de Sololá* にも同じような数の使い方をしている。すなわち「八千も一万六千もやって来たのではなかった。全国民がやって来たのであった」と。

なお一万六千「人」、二万四千「人」と訳したが、原文には「俵」（アーモンド八千粒を入れた袋）となっている。軍隊を数えるときには「俵」を「人」のかわりに使用したものである。

（2）原文は「太陽の運行する間、光のあるかぎり」となっている。

第五章

（1）キチェーのこの二部族を、原本では、カヴィキブ Caviquib とニハイバブ Nihaibab としているが、これはそれぞれカヴェックとニハイブの複数である。

またマフクタフから出た第三の部族は、アハウ・キチェー Ahau Quiché である。

（2）マヤ族のあいだでも、あるいはまたキチェー族のあいだでも、「鹿の主」C'ahaual Queh は消失および離別の象徴とされている。ユカタン地方では「鹿の主」Yumilceh（スペイン語では Señor Venado）とよばれている。

『チュマユェールのチラム・バラムの書』*Libro de Chilam Balam de Chumayel* によれば、この鹿の君は、マヤ族が Xocné-Ceh へやって来たときの守護神または尊神とされていた。

（3）ピソム・ガガール Pizom-Gagal は、権力と尊厳の象徴である「包」。神殿に仕える神官が、権威と主権の印として守蔵していた神秘的な包である。

この尊い包については、*El Título de los Señores de Totonicapán* にも若干の記載がある。すなわちこの書には、キチェー族がバラム・キツェーに率いられて、トゥラン・シヴァンから出かけるとき、偉大な父ナクシット Nacxit は彼らにギロン・ガガール Giron-Gagal という贈物を与えた、と明記されている。Giron または quirón は quira（包を解く、開ける、あるものを保存する）から出ている言葉である。

さらにまた、同書には「キチェー族が東方から立去るときに老ナクシットが与えたこの贈物を、彼らは初めてハカヴィッ・チパール Hacavitz-Chipal で開いた」と記されており、「この贈物を彼らは畏敬していた」としている。

この贈物は石で、彼らが妖術に使用した、いわゆるナクシットの石であるが、おそらく *Memorial de Sololá* にも出てくる、カクチケール族が昔から神性の象徴としていた Chayabal という葉岩《スレート》、または黒曜石《オブシディアナ》の一種と同じものと思われる。

他方、トルケマーダによると（Monarquía Indiana, 2a Parte lib: VI, Cap. XLII)、メキシコの原住民は死んだ神々の套衣でつくった Haquimilolli とよぶ包をもっていたが、この包のなかには数本の棒きれと、緑色の石と、蛇と、じゃぐゎーるの皮が入っていた。彼らはこの包を最も重要な神の象徴として崇拝していたと述べている。

El Título de los Señores de Totonicapán によれば、バラム・キツェーは子供たちと別れるとき、「われら

の父、ナクシットがわれらに与えた大切な贈物を護持せよ。われわれはまだ落着く場所を見出していないから、これを大切に守れ。アフポップ、アフポップ・カムハー、ガレール、アフチヴィナックの位に値する子供たちをもうけよ。われらの父ナクシットが与えた火と、尊厳に満ちあふれた子をつくれ」と言った。

第六章

〔1〕レシーノスの訳では「たくさんの親族が出来ていった」とあるが、原注により「姑や小姑が出来ていった」と訳した。

（2）ここに述べられている東方への旅は、ディエゴ・レイノーソ Diego Reynoso がその著 *El Título de los Señores de Totonicapán* の第四章に述べている、第二回目の東方への旅である。この書によれば、この遠征に参加したのは四人の王子、すなわちクォカイブとクォカヴィブの兄弟と、クォアクルとアクテックの兄弟となっており、その後、ニム・チョコフ・カヴェックの称号をもち、のちにチョコヒル・テムの称号を得た第五の王子がこれに加わったとなっている。

（3）ナクシット Nacxit というのは、東方の王、すなわち、かのトルテカ族の王、ケッツァルコアトル Topiltzin Acxitl Quetzalcoatl のことで、ナクシットという名前はキチェー族やカクチケール族がこのトルテカの王の名を略して称したものである。この王は、十世紀末、北方（メキシコ中部）の領土を放棄することを余儀なくされて、ユカタン——本書をはじめとするマヤの古文書で「東方」とよばれているのはユカタンのことである——に移り、マヤパンの町を建設し、チチエン・イッツァを再建して、このユカタン半島を開化したが、その後ふたたびもとの国へ帰って行った。彼が移り来たった伝説の国トラパリャン Tlapallan とは、シカランコ Xicalanco から東にのびる地帯、すなわち現在のメキシコのタバスコ、カムペーチェ、ユカタンの各州の海岸地帯をさすものと思われる。

ユカタンの『チラム・バラムの書』などの古文書では、この王のことを、Naxit-Xuchit とよんでいるが、これらの古文書には、このKukulcan-Quetzalcoatlがまた戻って来るという予言が記されている。

(4) アフポップAhpopというマヤ語は、そのまま、グァテマラの諸言語に取り入れられている。語義は「むしろの人」で、「むしろ」を意味するpopは王家の象徴であり、グァテマラのペテン地方に起原をおくマヤ古代帝国の時代の古い建造物にも、首長はこのむしろに坐して表現されている。アフポップは、キチェーの王で、カヴェック族（家）の長であった。アフポップ・カムハーAhpop Camháもカヴェック族に属し、第二代の王であった。ちなみに、アハウ・ガレールAhau Galelがニハイブ族（家）の長、アフチック・ヴィナック・アハウAhtzic Vinac Ahauがアハウ・キチェー族（家）の長であった。

その他のキチェーの王族も、アフポップ、アフポップ・カムハーの称号を有していたものである。アフポポル、アフポップ・カムハイルという場合は複数である。

(5) ナクシットが与えたこれらの贈物の名が、いったい何をさしているかを明らかにすることはきわめて困難である。それは、これらの名がいずれもキチェーとマヤの古語で示されているからである。『ポポル・ヴフ』の最初の翻訳者も不明のままにしていたこれらの名前を、自分はできるかぎり解訳することにつとめ、不明なものを少なくしたつもりである。

「天蓋」はキチェー語ではmuhとなっており、「天蓋の影」を意味する。「王座」はgalibalで、王または首長が坐る高い場所。「骨の笛」はzubacの直訳である。「チャム・チャムcham-cham」は、ヒメーネス神父は「笛」と訳しており、ブラシュール、ゼラー、レイノーの各氏は「太鼓」と訳している。後者をとれば、アフリカのタム・タムに音が似ている。「黄色の首飾り」はtitil canabahで、カクチケール語の辞書によれば、canabahはインディオが身体を染めるのに使った黄色の染料となっている。かのヒメーネス神父は、これはすなわちchalchinuites、青色または黄色の蛇紋石の首飾りと同じものであるとしている。マヤ語ではtetil kanが、占や飾に使った宝石や石の数珠を意味している。すなわち、*Diccionario de Motul*の辞典では「現地人の女が通貨や、首飾りに使った種または石」となっている。

「ぴゅーまの爪」「じゃぐゎーるの爪」は、tzicvuil coh および tzicvuil balam で、これは *El Título de los Señores de Totonicapán* にナクシットの贈物として出てくる「じゃぐゎーると鷲の爪、およびその他の獣の皮、その他、石や棒」と一致している。ゼラーもこれと同じように訳している。

「鹿の頭と脚」は holom, pich, queh の直訳である。

「天幕」は macutax であるが、カクチケール語で macamic は「天幕、テント」、macom が「天蓋のように作ったむしろ」であり、macubal が「天蓋」である（『マヤ語・キチェー語・カクチケール語辞典』による）。*El Título de los Señores de Totonicapán* には、首長たちに許されていた天蓋または天幕を列記しているが、アフポップ Ahpop は天蓋を四つと弓を一つ、アフポップ・カムハーは天蓋を三つという風になっている。

「蝸牛の殻」は tot、すなわち「海の貝殻」の訳。「葉巻」および「小瓜殻」は quz および buz を訳した。すなわちナクシットが住んでいたユカタン地方のマヤ語では、cuz および kutz が「葉巻」で、bux が「小瓜殻」（葉巻入れの）であるからである（Motul の辞書による）。マヤ族は葉巻を妖術、幻術に使用していたものである。ただしマヤ語で野生の雉 *Meleagris ocellata* を kutz ともいうから、quz はこれをさすのかも知れない。これも、王の贈物に相応しいものである。ただここで興味深いのはテソソモック Fernando de Alvarado Tezozomoc の *Crónica Mexicana* によれば、アステック族がモクテスマ Moctezuma を王位につけるときに、葉巻を入れるための小さな瓜殻を佩せしめたとあることである。

「おうむの羽根」は chiyom の訳で、この語はフランシスコ・バレラ神父のカクチケール語集にも出ている。青羽根のおうむはユカタン半島に多く、この青い羽根で王子および戦士の衣服の装飾を作ったものであるが、ここではグワカマヨというおうむの一種の、赤い羽根や青い羽根を指している。これらの羽根も前者と同様の目的に使用されたものである。

「白鷺」は aztapulul、アステカ語の aztapololli から出ていることは疑いない。サアグンは、これを雪のように白い鷺であるとしており、この羽根でインディオたちは旗を作ったと述べている。

タタム tatam とカシュコン caxcón は意味不詳である。

（6）トゥーラ Tula からトルテカ族が持って来た、彼らの古事を記した絵文書をさす。キチェーの絵文書は現存していないが、かかる絵文書があったことを信ずるに足る証拠は残っている。すなわち、ソリータ行政司法官は、「自分はウタトランで八百年以上もまえの絵文書と、古老の話から、むかし彼らのなかには三人の首長があったことを知った。第一の首長は三つの、とても立派な羽根で作った天蓋または幕をその座においていた。第二の首長はこれを二つ、第三の首長は一つもっていた」と述べているが、一五五〇年に「八百年以上もまえ」といっているこの絵文書が、トゥランの絵文書をさしているのかも知れない。

（7）*El Título de los Señores de Totonicapán* には、このキチェーの王子たちの二度の東方旅行についての記述があるが、その第三章にはバラム・キツェーが他の人たちに、「もうそろそろわれらの父、ナクシット様に使者を送り、われらの仕事の様子をお知らせし、もうこれから絶対に敵がわれらを征服しないような処置をとってくださるよう、そしてわれらのこの生れの貴さが犯されることがないように、またわれらとわれらのすべての子孫に名誉を与え、かつまた仕事に値する者には仕事を与えてくださるようにと、お願いする時が来たようだ」と語り、そのためにバラム・キツェーの二子、クォカイブとクォカヴィブが選ばれ、二人は命を受けて出かけて行ったことが記されており、「クォカイブは東方へ、クォカヴィブは西方への道をたどって行った」となっている。

これはすなわち、クォカイブがグァテマラの東海岸を通り、ユカタン半島に入り、チチエン・イッツァ、すなわちケッツァルコアトル（またの名はアクシトル、またはククルカン）の宮殿のあった、同島の首都に赴いたことを意味し、一方、クォカヴィブが、ハカヴィツの近くを流れていたチシォイ川とウスマシンタ川を通って、ユカタン半島の西海岸に至ったことを意味していると思われる。一年以上かかったと考えられるこの長旅の後、クォカイブは、チチエン・イッツァに到着し、ケッツァルコアトル王にも会い、その目的を達したが、クォカヴィブについては、「メキシコの湖畔（テルミノス湖をさすものと思われる）で困難に遭遇し、目的をはたさずに帰った」と前記にあり、さらに彼は国へ帰って、「家族といっしょになったが、そこで弱い魂にめぐり合い、道ならずもその兄嫁であるクォカイブの妻を知った」とされている。「やがてクォカイブは帰って来て、その使命をはたしたことを報告したが、彼は『アフポップ、アフツァラム、ツァンチナミタールの称号をはじめ多くの称号をもって帰り、じゃぐゎーると鷲の爪、その他の獣の皮や、奇石や杖などの権威を示す品々を将来した』。そこで、彼は妻が生まれたばかりの幼児を腕に抱いているのを見て、『どこからやって来た子供か』と尋ねた。妻は『これはあなたの血と肉と骨を分けた子供です』と答えた。クォカイブはこれを諒承し、ゆりかごに手をかけて、『今日より未来永劫にかけて、この幼児をバラム・コナチェー Balam Conaché と名づける』と言った。そしてこの子がコナチェーとイスタユール家を創始した」となっている。

二人の王子たちの二度目の旅行について前記の書には「二人はハカヴィッツ・チパールに満足して帰って来て、持ち帰った印綬を示した」と述べられている。

（8）チ・キッシュ Chi-Quix は、「とげの中」の意。『ポポル・ヴフ』の記述を解釈するのに非常に役立っている、例の *El Título de los Señores de Totonicapán* の書には、キチェー族がハカヴィッツに定住するまえにいた場所としてチ・キチェーの名を挙げており、その後、ハカヴィッツを出てからキチェー族が通った場所を二十ヵ所ほど挙げているが、チ・キッシュの名は見当たらない。おそらくイスマチーへの道すがらキチェー族が通過した部落の一区画の名ではないかと思われる。

（9）*El Título de los Señores de Totonicapán* によれば、キチェー族の娘の結婚には、とうもろこしでつくった飲料（これにココアを加えることもある）を入れた瓶をおいて式典をおこなった。結婚の贈物はアボカート〔英語で Alligator pear とも呼ばれている熱帯果実〕一籠と、野豚の脚一本と、つる草でくくったタマール（とうもろこしの粉をこねてその葉で包み、むしたもの）の一束で、この贈物で結婚が取決められたとなっている。

第七章

（1）チ・イスマチー Chi-Izmachi は「ひげのなか」の意。この町は、キチェーの最後の首府ウタトラン Utatlán の南にあった。

（2）文字どおりには「石灰と石膏を粉にひいた」であるが、ヒメーネスもブラシュールも「石と石灰で家をつくった」と訳している。

（3）本書の終りに付した『首長の起原の書』によれば、バラム・コナチェーはキチェーの第三代目の王であった。彼は、ニハイブとアハウ・ガレール両家の第四代の王で、ニハイブ家の第一代の王に当たるベレヘブ・クエフとともに統治した。バラム・コナチェーはクォカヴィブとその兄、クォカイブの妻のあいだに生まれた子（第六章注（7）参照）である。クォカイブはこれを自分の子として認めたので、彼がコナチェーとイスタユール家の元祖となり、イスタユール家の第二の称号であるアフポップ・カムハーの権威を創始した。

（4）イスタユール Iztayul は、バラム・コナチェーの息子。

（5）原文では「谷間の町」。原住民族は、外敵から自らを守るために、谷にとり囲まれた場所に町をつくる習慣があったので、町をこのように呼ぶ習慣があった。

（6）原文では、「薪を持って来るとき」となっているが、これは、女に結婚を申し込むときには女の家へ薪を運ぶ習慣があったからである。

（7）原文では、「色塗りのヒカラ（瓜殻）で酒を飲み」となっている。このヒカラは現在、ラビナールでつくられている Och とよばれているものと同じである。

〔8〕スペイン語訳では se identificaron となっており、モーレイの英訳注で、“there they distinguished themselves. that is, they were identified, one from another”となっている。

（9）七つの主な部族は、Vuc-Amag のことで、『トトニカパンの首長の記』にもよく出てくる名である。

第八章

（1）グマルカアフ Gumarcaah は、ヒメーネスによれば、「朽ちた小屋」を意味する。メキシコ人（トルテカ族）は、これを自国語に訳してウタトラン Utatlán と名づけた。この町は、スペイン人が到着したころの中米における最も重要な町であった。この地方の征服者ペドロ・デ・アルバラードは、エルナン・コルテスにあてた最初の手紙のなかで「この町はよくつくられ、まったく素晴らしいほど堅固である」と述べており、また征服から数年経った後、グァテマラを訪れたラス・カーサス神父は、その著 *Apologética Historia* のなかで「自分は非常に深い堀をめぐらした、グァテイマラ（カクチケール王国の首都イシムチェー）という町や、また王国の首都であるウタトランという町を見たが、このウタトランでは石作りの素晴しい家をたくさん見かけた」と述べている。ラス・カーサス神父と同時代のアロンソ・デ・ソリータ博士はその著 *Historia de la Nueva España* のなかで、グァテマラ州のウタトランもまた原住民が聖地としていたところで、この町やその周辺にはクェスと呼ぶ素晴しい建築の大きな寺院がたくさんあった。自分はグァテマラ地方庁の行政司法官をしているときに同地に赴き、いくつかの寺院を訪ねたが、非常に破壊されていた」と述べている。

また、一八五七年にウタトランを訪ねたフランスの建築家セザール・ダリイ César Daly は、「これは世界の奇妙な建築の一つである。谷底のようななかから三つの突起が飛び出し、そしてその突起の上に台場があって、町がつくられている」と述べているが、ダリイは、六週間をこの町に過ごし、この町と、カクチケール族の首都イシムチェー Izimché の地図を書き残している（Notes Ponvant servir à l'xploration des anciens monuments du Mexique. en Archives de la Commission Scientifique du Mixique. Paris 1865. 第一巻一四六頁より一六一頁まで参照）。また、英国の考古学者のモーズレイ Alfred Percival Maudslay は一八八七年一月、ウタトランとイシムチェーを訪れ、この二都市の地図を書きあげている。

植民地時代の歴史家たちも、このキチェー族の首都とトヒールの神殿の模様を、多かれ少なかれ、書き残しているが、なかでも、最も明瞭なのはヒメーネス神父の記述である。その要旨は、「グマルカアフの神殿やその他の建物は、大きな谷に囲まれた山の丘に建てられていた。この丘の上は台場のようになっていて、そこに二四軒の首長の邸があった。この邸は、広場をとり囲んで並んで建てられており、それぞれの邸は大きな部屋のようになっていて、地上から二尺ほど高く建てられ、廊下がついており、屋根はわらぶきであった。この広場になっているところで、祭日には踊りが催された。この広場の中央にピラミッドの形をした四角い底辺をもった、がっちりした壇が立っていた。そしてこの壇の各面には階段があり、またこの壇の角には砦のようなものがつくられており、上に行くにしたがってこれも小さくなっていた。階段は非常に狭く、これを上って行くのはおそろしいほどである。階段は三〇段または四〇段ほどあるが、この壇はみな石作りであった。

神殿とも塔ともいえるこの壇のすぐ傍に高さ一メートル半ほどで幅が二メートルほどの壁があり、その壁の上にまたたくさん穴のあいた高さ三メートルほどで幅二メートルほどの壁がのっており、この穴に綱が渡してあって、この綱に、犠牲にされたものを、ちょうど神に面するようにつるしたものであった。この塔からは、民衆が集まるすべての広場を見渡すことができ、だれでもトヒールの神像を拝することができるようになっていた。この神殿のもう一方の傍には球戯場があった。これは石でふちをとった大きな貯水池のような形をしており、この球戯は王やその他の首長たちの慰安に供されたもので、ここへはたくさんの人が入ることができた。

建物の住宅に面しないほうは、いずれも tzalam-coxtum、すなわち「板の城」とよばれる石の壁で塞がれていた。これはこれらの建物が儀式に使われるとともに、外敵から守るため城塞の役割をはたしていたことによっている。それゆえ丘の高い所に建てられていたのである」（*La Historia del Origen de los Indios de esta Provincia de Guatemala*, 1857, p. 165-167）。

またグスマン Fuentes y Guzmán（*Historia de Guatemala* 第七巻第十三章）はウタトランの諸邸宅を非常に綿密に、しかも想像豊かに記述しているが、神殿の模様などはあまり明確に記していない。ただ興味あるのは「第四段」目にあった石についての記述である。すなわち「この石は約二メートル半の平たい石で、幅が約一メートル半となっており、この不吉な石の上で人間を犠牲にし、その胸をオブシディアナ石でつくった幅の広い石刀で開き、ぴくぴく動いている心臓を神像に捧げた」と記されている。

(2) イスマチーの町でしていたように、息子や娘の結婚を取決めるために、寄合って酒を飲んだり食事をしたりしなくなったのである。

(3) グァテマラの最初の司教フランシスコ・マロキンは一五三〇年にこの国に到着し、一五六三年、この地で生を終えるまでこの教区を主管した。ヒメーネスの歴史書(一九二九年版第一巻一一五頁 *Historia de……Chiapa y Guatemala*)によれば、この司教は一五三九年ころ、このキチェーの首都をサンタ・クルス・デル・キチェーと名づけて祝福し、信仰の旗を掲げたとなっている。このウタトランの町は、その後、放棄され、町は近郊の高原に移された。今日、キチェー州の首都となっているところである。

(4) アフポップ Ahpop は「王」の意。

(5) アフポップ・カムハー Ahpop Camhá は「王に次ぐ者」で、「王の継承者」でもあった。

(6) アフ・トヒール Ah-Tohil は「トヒール神の神官」。

(7) アフ・グクマッツ Ah-Gucumatz は「グクマッツ神の神官」。

(8) ニム・チョコフ・カヴェック Nim-Chocoh-Cavec は「カヴェックの偉大な代表」。ヒメーネス(一八五七年版末尾 *La Historia del Origen*……etc.)によれば、キチェー族には「偉大なる選ばれた者」とよばれる者が三人あって、すべての首長の父の役割をしていたとなっている。この「選抜者」または「代表者」といわれる者は主な分族に一人ずつあったものである。

(9) ポポル・ヴィナック・チトゥイ Popol-Vinac-Chituy は「チトゥイ顧問官」、収入役の職であった。

(10) ロルメット・ケフナイ Lolmet-Quehnay は「徴税官」。

(11) ポポル・ヴィナック・パ・ホム・ツァラッツ Popol-Vinac Pa Hom Tzalatz は「球戯係顧問官」。

(12) ウチュチ・カムハー Uchuch-Camhá は、ブラシュールの説によれば、「家令」または「執事」。

(13) ここに記されている名前は原文のとおりであるが、その数は一〇になっている。ブラシュールは、二者を一にして、九首長の数に合致するようにしている。

(14) *El Título de los Señores de Totonicapán* によれば、これがサキック・コトゥハー Zaquic-Cotuhá の二大分族で、王室の栄誉や職務はこの両家に分けられていた。第一はアフポップ、すなわち王で、これにつづいてアフポップ・カムハー、すなわち王の後継であった。ラス・カーサス神父は、十六世紀の中葉、その著（一九〇九年版第二三四章第六一六頁 *Apologética Historia de las Indias*）において「その王の下に、重だった男子をもって構成される評議会があって、彼らが法を司り、すべてのことを定めていた。彼らは、今日グァテマラにある地方庁 Audiencia の行政司法官 oidor のようなものであった、と現在の住民たちは述べているが、彼らは税を徴収し、これを配分したり、また王に所属する分を王に送っていた」と述べている。

第九章

(1) このグマルカアフの町も谷に囲まれていた。

(2) いままでの他の訳者は「生まれた日」とあるのを訳していなかった。

第十章

(1) チュヴィラー Chuvilá は「いらくさのなか」の意で、これをメキシコ人が「チチカステナンゴ」と訳した。

(2) パマカー Pamacá は、現在、サクアルパ Zacualpa とよばれており、ホヤバフ Joyabaj の山々の近くにある。

(3) カオケー Caoqué 国というのは、おそらく今日のサンタ・マリア Santa Maria と、サンティアゴ・カウケー Santiago Cauqué 村を含む地区を占めていたものと思われる。

れている。
（4）サクカバハー *Zaccabahá* は、今日、サン・アンドレス・サクカバハー San Andrés Saccabajá とよばれている。
（4）サクレウ Zaculew は「白い土」の意。現在、ウエウエテナンゴ Huehuetenango とよばれている町で、むかしのチナブフール Chinabjul 村の近くにあったマメー族の城塞である。
（5）チュヴィ・ミキナー Chuvi-Miquiná は「湯の上に」の意。現在のトトニカパン Totonicapán。トトニカパンはメキシコ語で同義。
（6）セラフウ Xelahuh は、現在のケッツァルテナンゴ Quetzaltenango のこと。マメー族の町でそのむかしクラハーとよばれていた。「十匹の鹿（または十人の将）の下に」の意。
（7）チュヴァー・ツァク Chuvá-Tzac は「城塞の前に」の意。現在のモモステナンゴ Momostenango。
（8）ツォロフチェー Tzolohché は現在のサンタ・マリア・チキムーラ Santa Maria Chiquimula で、サンタ・クルス・キチェーから短距離にある。「にわとこ」の意。
（9）ペタタユブ Petatayub の海岸は、明らかに、現在メキシコとの国境に接するグァテマラの村アユトラがある太平洋海岸である。
（10）アハウ・ガレール Ahau-Galel はニハイブ家の長。アフチック・ヴィナック Ahtzic-Vinac はアハウ・キチェー家の長であった。
（11）ウヴィラー Uvilá はチュヴィラー、すなわちチチカステナンゴ Chichicastenango のことで、この書でもまた、***El Título de la Casa Ixcuin-Nihaib*** でも、チチカステナンゴの住人のことを Ah-Uviá とよんでいる。
（12）カブラカン Cabracán は、現在、ケッツァルテナンゴ州 Quezaltenango にある村、カブリカン Cabricán のことである。
（13）パマカー Pamacá と同じで、現在、キチェー州にあるところのサクアルパ Zacualpa のこと。
（14）ショヤバフ Xoyabah は現在の Joyaboj。

(15) サクカバハー *Zaccabahá* は現在の San Andres Saccabajá。
(16) シャハー *Ziyahá* あるいはシハー *Zihá* は現在の Santa Catarina Ixtlahuacán。
(17) ミキナー Miquiná は現在の Totonicapán。
(18) シェラフフ Xelahuh は現在の Quezaltenango。
(19) ブラシュールはこの箇所の翻訳はきわめて困難であるとし、ヒメーネスもこれを省略していることを指摘している。私は句読点をつけることにより、少しはこれをわかりやすくした。

第十一章

(1) キチェー族の神々の家、すなわち神殿は、彼らがその町を放棄してから破壊されてしまった。ウタトランの町の廃墟から取り出された石やその他の資材は、この町の近くにスペイン人が建設したサンタ・クルスの町の建物のために使用された。このキチェーの首都の廃墟に現在まだ残っているのは、トヒールの神殿または供犠所の遺跡だけである。
(2) ツトゥハー Tzutuhá は「花咲く泉」で、カフバハー Cahbahá は「犠牲の家」、すなわち供犠所の意。カフバハーの地名は、サンタ・クルス・キチェーの近くに現在あるところの San Andrés Saccabajá に似る。*El Título de los Señores de Totonicapán* にはキチェー族が Tzutuhá にしばらく滞在し、そこでナクシットが彼らに与えたのと同じような石を発見した、と記されている。
(3) この書によれば、キチェー族の断食は完全な絶食であった。断食はメキシコの原住民のあいだでもよくおこなわれていた慣習であるが、メキシコの場合はこれほど完全なものではなく、日中と夜に一回ずつ軽食をとっていた。
(4) ラス・カーサス神父もその著 *Apologética Historia*（第一七八章四六八ページ）に、グァテマラのインディオが人間を犠牲にするときに捧げたという祈りの文句を記しているが、その要旨は次のとおりで、この祈りと似ている。すなわち、

「おお神よ、われらが汝のものであることを忘れ給うな。汝の民がみち殖え、汝に仕えるよう、われらに健康を与え、子孫と繁栄を授け給え。われらが養いをとり、われらが生きのびるよう、水を与え、雨を与え給え。われらが祈り、われらが願いを、きこしめし給え。われらを敵より守り、われらに休息を与え給え」

（5）Raxón（Cotinga）という鳥の羽根のことで、この羽根は Quetzal の羽根とともに神や王の装飾に使用された。その使用方法について Zúñiga の Pokonché Castellano 辞典は「この羽根は、細い糸を巧みに結んでつなぎ合わされ、インディオたちは、この青い羽根の冠を額とこめかみのところにつけて踊ったものである」としている。

（6）*El Títulos de la Casa de Ixcuín-Nihaib* にも、キチェーの諸王のなしとげた征服や、またこれらの征服された国々が彼らに捧げた貢物についての興味ある記述がある。

第十二章

（1）ここは第二代としてクォカヴィブ Qocavib が記されており、クォカイブ Qocaib（バラム・キツェーの子で、その後継者）の名が出ていないが、第四部第六章には Qocaib, Qoacutec, Qoahau の三人の王子が東方から帰って、ハカヴィツにやって来たことが出ており、またこの三人はそれぞれキチェー国の三大部族の各部族を代表しているもので、彼らは帰ってから「ふたたび種族を治めることになった」ことが明らかにされている。したがって、ここにクォカヴィブとあるのは、クォカイブの誤りで、最初の写本の際の誤写かと考えられる。

（2）バラム・コナチェー Balam Conaché は、クォカヴィブと、その兄クォカイブの妻のあいだに生れた子で、クォカイブにより正式の子として認められた（第四部第七章注（3）参照）。

（3）コトゥハー Cotuhá は、*El Título de los Señores de Totonicapán* によれば、キチェー族が、わに狩をしているとき、この男に出会い、いっしょに来ることをすすめたところ、コトゥハーはこれに応じてやって来て、先に死んだイキ・バラムの地位を占め、イスタユールとともにこの国を治めた。イスタユールはバラム・コナチェーの子である。名前の意味は「ひうち石の心」である。

（4）「魔術の王」「素晴しい王」または「おそるべき王」。コトゥハーは同名の第二代の王である。*El Título de los Señores de Totonicapán* によれば Quicab の父である。この王たちの代になって、彼の首府は Gumarcaah に移され、ここで二四の大家、すなわち貴族が設けられた。前記の書によれば、カヴェック族の九つの分族は Qocaib 王家から出たとなっている。

（5）キカブ Quicab とカヴィシマフ Cavizimah は、*Títulos de Ixcuín-Nihaib* によれば、「ググクマッツとコトゥハーは太平洋岸の諸族の征服に赴いたが、グクマッツは大いに満足していたため、またその兵士たちを喜ばすために、わしに身を変え、海の中に入りこんで、征服を誇った」となっており、この王の変化《へんげ》については、第四部第九章にも記述がある。キカブはヒメーネスによれば、「たくさんの腕」を意味する。

キカブとカヴィシマフが、グァテマラの内部の諸部族を征服したことは第十章に出ている。

（6）テクム Tecum とテペプル Tepepul は、ヒメーネスによれば、この王たちの代にカクチケール族が叛乱を起こした――キカブによって、さきに平定されていた――。*Memorial de los Cakchiqules* によれば、キチェー族はカクチケール族により、イシムチェーにおいて敗られ、その王は捕虜となった。

（7）ヴァフシャキ・カアム Vahxaqui-Caam は「八本のつる草」の意で、ブラシュールは、これはアステカ暦の十二番目の日を意味する Chicuey Malinalli の訳名であろうとしている。ヒメーネスによれば、キチェー族が Quiché-Vinac とよんでいる踊りのなかに出てくる「カクチケールの出来事」というのは、この王の代に起こったことである。すなわち、この事件というのは、カクチケールの王子と思われる男が、夜になるといつも大声でキチェーの王をののしりにやって来ていたので、とうとうこの男をつかまえ、さてこれを犠牲にしようとしたところ、この男は次のように述べて、スペイン人がやがてやって来ることを告げた、というのである。すなわち、

「やがて、御身らの上にふりかかる災厄に御身らが絶望し、苦りきったおいぼれ（王のこと）も死んでしまわねばならぬ時の来たることを知れ。やがて、われらのように裸ではなく、足の先から頭まで着物を身につけ、甲冑に身を固めた男たちが、これらの建物を壊して、ふくろうや山猫の住家にしてしまい、かくして王室のすべての荘厳は終わってしまうだろう」

（8）ヴクブ・ノフ Vucub-Noh は 7 Noh で暦の名。ヒメーネスによれば、Cauutepech は「金環で飾った男」の意。この王が金環で身を飾っていたからこの名がある。

（9）オシブ・クエフ Oxib-Queh は、Zvenudo（鹿）、ベレヘブ・ツィ Beleheb-Tzi は、9 Perro（犬）で、いずれも暦の名。ドナディウ Donadiú は Tonatiuh で、ナウア語で「太陽」を意味する。これは、キチェー族を平定したスペインの征服者ペドロ・デ・アルバラードに対してメキシコ人がつけた名前である。

（10）テクム Tecum。この王は、スペイン人と戦って死んだキチェー軍の将軍とは別人である。テクム王がどのような運命をたどったかは明らかでないが、テペプル Tepepul は、征服に関する諸記録が Sequechul 王と呼んでいるのと同人で、一五二四年から二六年まで王の地位にあった。彼は、一五二六年、スペイン人に対して叛乱を起こしたために捕えられ、一五四〇年まで幽閉されていたが、同年、アルバラードにより、カクチケールの王 Belehé-Qat（スペイン人は Sinacán とよんでいる）とともに絞殺された。

（11）ニム・チョコフ Num-Chocoh は「偉大なる選ばれた男」または「偉大なる諮問官」の意で、政府の制定する諸事項を発表し、実施する役職であった。

（12）文字どおりに訳すと、「母たちの言葉、父たちの言葉を世に出した（……言葉に光をあたえた）」。

（13）ここで著者は、最後に当って、そのむかし王たちが、この国の過去を知り、その将来を占ったという古書が、すでにもうなくなっているので、ふたたびこれを書くことにしたことを説明している。

（14）すでに述べられたように、キチェーの首都にかわって、スペイン人が建設した町をサンタ・クルスと名づけたのは、マロキン司教であった。

付　録

〔1〕この書は、一五七二年、ファン・デ・エストラーダ行政司法官がスペインの国王に送った *Descripción de Zapotitlán y Suchitepec* という書のなかから発見されたもので、キチェーの首長たちの系譜である。原本は、現在、テキサス大学のラテン・アメリカン・ライブラリーに保存されている。

原訳者あとがき

一九四一年の夏、私は初めてシカゴのニューベリー図書館を訪ねて、エドワード・E・エイアー氏蔵書の三百種以上のアメリカ大陸の土語および方言に関するすばらしい言語学的資料を検討することができたが、グァテマラに関する資料を調べているとき、私は『カクチケールとキチェーとツトゥヒールの三言語の術の書』という手書本を発見して、喜び、かつ驚いたのであった。この文書は、今日、チチカステナンゴとよばれているサント・トマス・チュイラーの教区神父フランシスコ・ヒメーネスによって、十八世紀の初期に編纂されたものであり、前世紀の中ごろにはグァテマラ大学の図書館にあったものである。それが、一八五五年、ブラシュール・ドゥ・ブールブール神父の手に渡り、ヨーロッパに持ち去られ、彼のコレクションの一部となり、彼の死後、エイアー氏によって購われ、その数多い言語学関係蔵書中の一冊となっていたのであった。

この『……三言語の術の書』は三六二ページよりなり、これには、この三つの言語の文法のほかに、ヒメーネスのいくつかの労作が含まれていたが、さらにそのほかに、キチェー語の『ポポル・ヴフ』をラテン文字で綴ったものと、その最初のスペイン語訳があったのである。それは、一行間隔に綴られた一一二枚の原稿で、「このグァテマラ州のインディオの起原に関する歴史が始まる」と書きはじめられていた。

このスペイン語訳は、一八五七年、ウィーンにおいて、カール・シェルツァー博士により刊行されているが、これは、同博士が一八五三年と五四年にわたって中米旅行をしたときにグァテマラでこの原本からとった写しによったものである。

『ポポル・ヴフ』のキチェー語文のほうは、一八六一年、パリにおいてブラシュール・ドゥ・ブールブール神父により、そのフランス語訳とともに出版され、初めて世に知らされた。

このヒメーネスによる『ポポル・ヴフ』の労作がニューベリーの図書館にあったことは、図書館員すらも知らなかった。それは、E・エイアー氏のコレクションのカタログには「三つの言語の術の書」とのみ書かれていて、この貴重な文献の名は記されていなかったからである。

私は、ブラシュール氏により刊行されたものと、ヒメーネスの手になった原本とを比較してみて、この書の解釈に影響を与えるような若干の相違点や、かなり重要な遺漏などがあることに気がついた。それで、いままでの翻訳の不完全な点を少しでも直し、これを修正し、解明することに役立ちうるならばと考えて、先覚者たちの労作を参考にしつつ、キチェー語からスペイン語への新訳をつくり、かのバンクロフトが「新大陸における原始民族思想の最も貴重な遺産」としたこの文献の解明に貢献したいと考えた。

本訳書は、数ヵ年にわたる長い期間の研究と調査の結実であるが、私は原本を忠実に訳することに努め、優雅ではあるが素朴な、しかも合成的なキチェー語の原語に厳格に則することにつとめた。現代の読者にもっと好まれるような文学的表現をもってこの物語を訳すことはけっして困難なことではない。しかしそれは、この種の訳業にあたって翻訳者が規範としなければならない忠実という点を犠牲にして初めて可能である。したがって私は、原文の構造、動詞の受身の用法、繰返しなどもそのまま訳した。訳業にあたって、ヨーロッパ諸国、アメリカ合衆国、メキシコのいろいろな図書館に現在残っている、スペインの宣教師のつくったキチェー語、カクチケール語の文法書や単語集が非常に役立った。

原本の単語で、ブラシュールの写本に脱落したり、あるいは違っているようなものについては、注を付しておいた。固有名詞などの綴りはすべて原文のままとし、ヒメーネスの訳文にときどき現われている、パーラの発音記号は載せなかったが、そのかわりに、大体承認されていると思われる該当発音文字を当てた。私はもちろん、キチェー語の単語をその発音にしたがってスペイン語に書き変えた、ヴィリァコルタ、ローダス両氏の労作を多とはするが、自分の訳業にあたっては、ヒメーネスが二〇〇年以上もまえに写した綴りをそのまま尊重するという道を選んだ。これが、当時のその他の文書や、スペインの宣教師が残した記録や、原住民に宗教教育をするために書かれた文法書や、単語集に現われている綴りであるからである。

したがって、文中のhはスペイン語のjまたは現代英語のhと同様に発音する。例えばHunahpú は junajpú フンアフプー、Culahá は culajá クラハーである。vの音はu、またはguまたはwの音であり、Popol Vuh は、したがってポポル・ヴフと発音する。

ヒメーネスの手書本は部や章に分かれておらず、最初から終りまで区切りがつけられていないが、この訳では、ブラシュール・ドゥ・ブールブールにしたがって四部に分け、章に区切ることが合理的であり、かつ内容に合っていると考えた。それに彼のフランス語訳が『ポポル・ヴフ』の訳としては最も知られているものであるから、読者が訳文を比較するのにも便利かと考えたからである。

固有名詞の語原を尋ねることはきわめて難しい仕事であるし、かつ誤解を招く危険なことでもある。それで私も、妥当と思われるものだけをとり入れ、あまり役に立たないと思われる古い名前の分析はやらなかった。

しかしながら私は、キチェーの固有名詞とマヤ語、ときにはナウア語との関連をときどき指摘しておいた。それはマヤ語とキチェー語はきわめて相似しているし、また、ナウア語は中央アメリカの言語に多大の影響を与えているからである。

地名についても私はかなり用心をした。本書に出てくる地名は、今もそのままのものもなかにはあるが、征服後、メキシコ語またはスペイン語に変わってしまったものも少なくない。判明するものについては現在の地名を注として掲げておいた。

本書のためにとくに作られたマヤ、キチェー地区の地図は、グァテマラの原住民族の移動状況およびその定着地帯を理解するのに役立つことと考えるが、私はさらに、この地図が、メキシコ南部およびユカタン地方の諸国と、十六世紀においてグァテマラ地区に住んでいた原始民族の諸国家間にあった地理的かつ民族的な統一性を説明するのにも役立つと考える。この地図にはまた、国際商業の通路として、当時、活発に使われていた河川をかなり明瞭に示しておいた。

メキシコにおいて

一九四六年

アドリアン・レシーノス

訳者あとがき

中米の国グァテマラを初めて訪れる人はだれしもみな、その緑したたる山々と、部落を過ぎるごとに変わって行く人々の華麗な風俗に魅せられてしまうが、この国の住民の約七〇パーセントは、かつて、グァテマラからホンデュラス、エル・サルバドール、及びメキシコの南部からユカタン半島にかけて壮麗な文化の花を開かせたマヤ族の後裔であり、今もマヤの言語を語り、その風習を守りつづけている。

マヤは、紀元前三〇〇年頃からすでにその繊細な文化の萌芽を見せ、西暦三〇〇年代から約六〇〇年間に、コパン、ティカール、パレンケ、ウシュマールなどに部落を形成し、壮大な石造の神殿を建設した。そして八世紀には、いわゆるマヤ古典期文化の最盛期を現出していたのだが、九世紀に入ると、どうしたことか、にわかに衰退しはじめ、その神殿都市は次々と放棄されて、荒廃し、熱帯樹の蔽うままに密林の中に埋もれてしまった。

その後、ユカタン半島のマヤは、十世紀の終りにメキシコの高原地帯から南下してきたトルテカ系の部族の影響を受けて、同半島に、チチェン・イッツァ、マヤパンのような都市を建設し、新マヤあるいはトルテカ・マヤと呼ばれる新しい時代を開いたが、グァテマラへも十一世紀の初頭、トルテカ系の部族が侵入してきた。そして、この地では、チチェン・イッツァのような大建築こそ行われなかったが、キチェー、カクチケール、ツトヒルなどの王国が形成され、マヤの伝統が維持されていた。特にキチェーは最大の王国として、ウタトランに都を置き、一五二四年にペドロ・デ・アルバラードがこの国を攻略したときにも、七万の軍勢を動員して、果敢な抵抗を試みたのであった。

マヤ文化の最も大きな特徴とされるものは、その秀れた暦と象形文字である。なかでもマヤの象形文字は、起原こそメキシコ高原のオルメカ文化やサポテカ文化に在るといえるが、この初期のものと比べれば、はるかに複雑かつ多様であり、これらは今も、密林の中から発見されたマヤ古典期の神殿の壁や、その域内に散立する石碑にぎっしりと刻みこまれている。それのみならず、今日、ドレスデン、マドリッド、パリの各博物館には、木皮で作った薄板を屛風のように幾重にも折って石膏を塗り、その上に極彩色で象形文字を描いたマヤの絵文書が残されている。

しかし、この幻想的とも怪奇とも形容できる彼らの象形文字は、現在、暦の文字や数字や固有名詞など、かなりのものが解読されているとはいうものの、まだその大部分は意味不詳のままに沈黙をつづけているのである。

　こうしたマヤの絵文書は、現在のところ、前記の三つしか残っていないが、スペインの征服当時にはまだ多量に存在していたことが、当時のスペイン人の記録から明らかになっている。彼らは、これらの絵文書を、原住民のキリスト教化の妨げになる邪教の書として、見つけ次第に焼却してしまったのだが、そのなかには、彼らの首長の歴史や、伝承や、祈禱の文言などが描かれていたものと想像される。


　さて、ここに訳出した『ポポル・ヴフ』は、スペインによる征服後、スペイン人の神父たちからローマ字を習ったキチェー族のだれかが、自分たちのキチェー語で、ただしローマ字を使って、書き綴った文書である。おそらくその筆者は、失われた絵文書に描かれていたような事柄や、語り部の話を基にしてこれを書いたものと推定される。この文書はチチカステナンゴの教区神父フランシスコ・ヒメーネスによって、一七〇二年頃、同地のサント・トマス聖堂において発見されたが、ヒメーネス神父は、これを写記するとともに、スペイン語に翻訳した。そしてその手書本が、現在、シカゴのニューベリー図書館に所蔵されているのである。

　この書の内容については、すでにレシーノス博士の解説に詳しく述べられているが、文化人類学の泰斗、故石田英一郎先生が、本訳書の初版のためにお寄せ下さった序文の

なかにあるご解説は、読者の理解を助けるところが多いと思うので、ここにその部分を引用させていただくこととした。すなわち、

『ポポル・ヴフ』は、ちょうどわが『古事記』やヘブライ人の『旧約聖書』のように、天地万物の創造に始まって、キチェー族諸代の王家を中心とした歴史をたどる部分を本幹とし、その間に、現世の人間以前の世界に活躍した神々と巨人や悪魔などの争いの物語をはさんだものと解することができると思う。すなわち、現在の章の分け方による第一部の第一・二・三章には、第二部および第四部の物語があとに続き、宇宙と人類の形成から、キチェー族の四人の始祖の創造とその子孫の移動、征服、供犠、祭祀、日月星辰の最初の昇天などにいたるまで、マヤ族本来の宇宙観によって、神話と歴史とが渾然たる一連の統合を示している。一般の読者にやや唐突と思われるかもしれぬのは、この間第一部の第四章から第九章に見る、双生児のフンアフプーとイシュバランケーの二神が、巨人ヴクブ・カキシュとその子シパクナーおよびカブラカンを次々に退治する物語の挿入であるが、これは「夜のうちに」、つまり現在の日月もなく、人間もいない過去の時代の出来事であった。マヤの宇宙観では、過去の世界はいずれも大異変によって破滅した三つの時代を経過しているのであり、現在の人間はそのあとの第四の時代に住んでいるのである。しかし、滅び去った前代の事物は、形を

変えて現代のそれに転化、合体する。マヤの生活はこの意味で過去につらなり、神話と歴史はマヤの意識や儀礼の中に何の矛盾もなく結び合う。第一部の第九章のあとを受けた第二部は、この双生児の誕生を語るため、その父に当るフン・フンアフプーと叔父ヴクブ・フンアフプーの兄弟が地下のシバルバーの神々に敗れ、木に吊されたフン・フンアフプーの首がヒカロの実となって唾で少女を孕ませたという過去の物語にさかのぼる。こうして生誕した双生児は、異母兄フンバッツとフンチョウエンを猿に化せしめ、シバルバーの神々を滅ぼして父の仇を報い、最後に日月と化して天に昇った。この第二部は全十四章にわたり、本書中の圧巻で、さきの第一部第四章以下の巨人父子を斃す話と併せて、この文化英雄的な双生児の神が、マヤの農耕社会の信仰に大きな位置を占めていたことを示しているのである。

私どもが右のような内容を盛った『ポポル・ヴフ』の中から示唆をうける問題はきわめて多い。ちょうどギリシアの神話がギリシア人の社会や文化の中にその機能を果たすもので、エジプトの社会には生まれえなかったように、『ポポル・ヴフ』の物語はどこまでも新大陸のマヤの文化構造の中に根ざしたものである。ここに現われる文化要素の一つ一つが、いずれも中米文明に固有のものであるばかりでない。マヤ族が今日なお森の奥の聖所で、ひそかにとり行なう深夜の秘儀に列することのできたある民族学者は、本書の神話が、これらの儀礼の次第と思想の中に再現されていることを指摘している。それはまた、マヤの遺跡遺物に残る彫刻や絵画、中米古来の暦法や慣行の意味を解釈する手がかりを与えるという。他方、歴史的記録としては、考古学上の資料から推定されてきた、メキシコ高原からマヤ地域へのトルテカ族の移動の一経路を物語っているかもしれない。一言でいえば、『ポポル・ヴフ』は、先スペイン期のマヤの歴史・文化・信仰のすべてを理解するために、必要欠くべからざる最古の文献資料なのである。

しかし、それにも増して私どもの興味をそそるのは、その文体の特異な美しさと、マヤの宇宙観に見るその《歴史哲学》である。氷河時代の末以来、旧世界の人類とはほとんど全く隔離してその文明を発展させてきたアメリカのインディオの中から、これだけ豊かで、しかもわれわれの心を動かす伝承のスタイルが生まれたことを思うと、遠い昔の古典に対する時と同様、やはり何か人間の心に普遍の共感の場のようなものの存在を感じさせる。と同時に、過去の世にはじめて造られた人間が現在の猿として残ったり、その次の世に創造された現在の人間が、「眼を見はれば、たちまち、近辺から、やがて天穹や円い地表までも見渡せる」ほどの視力と偉大な叡知を具えていたのを、「彼らが創造主である我らと同じでよいというはずはない」という「天の心」により、目に霞を吹きかけられて、近くにあるものだけしか見えなくなってしまったなどという、かなり手のこんだ進化もしくは退化の思想が展開されているのも面白い。

そうかと思うと、死と復活や転生のプロセスには、奇想天外で無邪気な原始的な要素もうかがわれる。

この拙訳は、私が最初のメキシコ勤務を終えて一九五五年に帰国して後、訳了し、一九六一年に初めて中央公論社によって刊行された。翻訳に当たっては、底本として使用した Fondo de Cultura Económica のスペイン語版の原訳者、故アドリアン・レシーノス博士のご協力と故石田英一郎先生のご指導を得たが、特に、当時、グァテマラの駐スペイン大使をしておられたレシーノス博士は、私の初歩的な質問に対しても、十数回にわたり懇切なご回答を下さり、訳業をお助けいただいた。なおこの初版には北川民次画伯が挿絵を描いて下さったが、僅か九七〇部の限定出版であったため、直ちに売切れとなってしまった。

その後、十年を経過して改版の話が持ち上がった際、私は再びメキシコに在ったが、たまたま、メキシコ画壇の巨匠ディエゴ・リベラの、『ポポル・ヴフ』を題材とした未発表の水彩画十七枚が、メキシコ国立近代美術館の所有となったことを知ったので、願い出て、その使用を同美術館より特にお許しいただいた。一九七一年の改訂版に収録されたこの画は、リベラ独特の華麗な色彩で彩られているが、この文庫版では、カバー及び口絵に使用したものを除いては、残念ながら単色とせざるを得なかった。

以上は一九七七年の文庫版に掲載した「あとがき」のほぼ全文だが、今回この文庫版の基《もと》となった初版の刊行時に、故三島由紀夫氏が書いて下さった書評をも取り入れた新文庫版が出ることになったので、この機会に当初の訳文の再検討を行った。

何分初版の一九六〇年から既に四十年以上も経っており、その底本としたレシーノス博士の原訳書の刊行（一九四七年）から数えれば、半世紀以上も経過していることになる。そしてその間にはスペイン語でも、英語でもいくつかの新しい翻訳が出ていて新しい解釈も行われていることが知られている。

従って再検討に当たっては少くともスペイン語の新しい訳本は対照したいと考えたが、入手出来たのは二冊だけだった。

その一つは、キチェー語文から直接訳されたとして、題名も「ポポ・ウフ」Popo Wuj と変えていた。そしてその訳文は、ヒメーネス本のテキストと同様、章句分けを斥けている上に、註も少く、しかも登場する神々や英雄の名前をその意味で表記しているため、一般の読者にはかなり読みづらいものとなっていた。

内容的にはレシーノスの訳本と異なったところがたしかに若干ある――その当否はキチェー語を解しない私には正確に判断しかねる――が、この文書の中核をなす創造神話や神々の所業の内容はレシーノス本とほとんど変わっていない。

そしてこの訳本の一つの特色である文書の題名と神々の名前及びその性格については

既にレシーノスが本文の註の中で、多説があることを指摘した上で、題名も「ポポル・ヴフ」を、採用しているものである。その上、この新訳が出た一九七九年以降でも、グァテマラを初めとするマヤ圏の諸国ではこの文書を学界の一部を除いては「ポポル・ヴフ」と呼びつづけており、その神々や英雄も、レシーノスの訳本にあるとおりが、公式にも一般的にも使用されている模様である。

そのようなわけで、私は今回の新改訂版でも、字句を若干改めただけで、題名は勿論内容についても旧版のままとしておいた。

最後に、この訳書の刊行に当たっては、初版から改訂新版まで、五回にわたる出版の折々に、内外の幾多の方々に大変お世話になったことを想起し、ここに改めて厚く御礼申し上げたい。

いずれにしても、若き日の仕事を二十一世紀の初頭に再検討する機会を与えられ、それをなしとげ得たことを心から感謝している。

二〇〇一年八月

林屋　永吉

限定出版『ポポル・ヴフ　マヤ文明の古代文書』一九六一年六月
改訂版『ポポル・ヴフ　マヤ文明の古代文書』一九七二年三月
いずれも中央公論社刊

中公文庫

マヤ神話《しんわ》　ポポル・ヴフ

2001年8月25日　初版発行
2016年4月25日　改版発行
2025年3月15日　改版4刷発行

原　訳　A・レシーノス
訳　者　林《はやし》屋《や》 永《えい》吉《きち》
発行者　安部 順一
発行所　中央公論新社
〒100-8152　東京都千代田区大手町1-7-1
電話　販売 03-5299-1730　編集 03-5299-1890
URL https://www.chuko.co.jp/

DTP　平面惑星
印　刷　大日本印刷（本文）
三晃印刷（カバー）
製　本　大日本印刷

Published by CHUOKORON-SHINSHA, INC.
Printed in Japan　ISBN978-4-12-206251-1 C1122